职业教育教师能力提升丛书

ZHIYE JIAOYU JIAOSHI NENGLI TISHENG CONGSHU

U0573887

师德修养

SHIDE XIUYANG

河南省职业技术教育教学研究室 组编

zjfs.bnup.com | www.bnupg.com

北京师范大学出版集团
BEIJING NORMAL UNIVERSITY PUBLISHING GROUP
北京师范大学出版社

图书在版编目(CIP)数据

师德修养/河南省职业技术教育教学研究室组编. —北京：北京师范大学出版社，2018.4(2020.3重印)
(职业教育教师能力提升丛书)
ISBN 978-7-303-23377-9

Ⅰ. ①师… Ⅱ. ①河… Ⅲ. ①中等专业学校－师德－研究 Ⅳ. ①G718.3

中国版本图书馆 CIP 数据核字(2018)第 013620 号

营 销 中 心 电 话　010-58802181　58805532
北师大出版社职业教育教材网　http://zjfs.bnup.com
电 子 信 箱　gaojiao@bnupg.com

出版发行：北京师范大学出版社 www.bnupg.com
　　　　　北京市西城区新街口外大街 12－3 号
　　　　　邮政编码：100088
印　　刷：三河市兴达印务有限公司
经　　销：全国新华书店
开　　本：787 mm×1092 mm　1/16
印　　张：16.5
字　　数：328 千字
版　　次：2018 年 4 月第 1 版
印　　次：2020 年 3 月第 3 次印刷
定　　价：36.80 元

策划编辑：林　子　　　　　　　责任编辑：林　子
美术编辑：高　霞　　　　　　　装帧设计：高　霞
责任校对：陈　民　　　　　　　责任印制：陈　涛

前　言

　　教育，是实现中华民族伟大复兴的中国梦的基石；教师，是教育发展和社会进步的原动力。

　　"学高为师，德高为范"，这是对教师最好的诠释，更是对教师最高的赞誉。中国历朝历代，无不通过对教师道德的期许和规范，彰显出教师对教育的巨大作用。历史车轮在进入新时代之时，对担负着教育重任的教师提出了更高的要求。作为一个新时代的教师，不但要做到传统性的"学高为师，德高为范"，而且还要延伸"学"的含义，即与学生共学、与朋辈共学、与新时代共学，还要提高"德"的水准，即德应体现以人为本、以能为先、以德促智、以协作共进为基的本质要求。

　　加强师德修养是缔造国家柱石、打造民族脊梁的核心要素。只有按照习近平总书记所要求的"做好老师，要有理想信念、道德情操、扎实学识、仁爱之心"的标准，教师才能无愧于担任新时代的角色。同时，教师应把自己放在新时代的环境中，既要做文明的继承者，还要做文明的传承者，更要做文明的发扬者，时刻与时代同步，要在这个伟大的新时代，刻苦钻研，锐意进取，奋发图强，不断加强师德修养，做一个真正符合新时代要求的新型教师，为党、国家和人民的教育事业贡献自己的聪明才智，奉献自己的青春才华。

　　基于以上理念，编者开发并编纂了一本具有新时代特色的师德修养教材，与热爱教育的同行共勉。

　　本书具有以下特点：

　　一是时代性。新时代教师的师德所体现的内容不单单是职业道德，还体现在职业观、爱国守法、专业能力、人本意识、团队合作能力、创新能力、持续学习能力等方面。之所以从这些方面进行师德修养，是因为新时代要求把学生培养成忠于祖国、热爱民族的人，培养成热爱党、热爱中国特色社会主义的人，培养成实现中华民族伟大复兴的中国梦的生力军。如果教师不具备这些素养，就难以培养出这样的后备军。因此，学习本教材，基本能够满足教师道德修养的时代之需。

　　二是应用性。教师应该是多面手，不仅要有师德修养理念，更应该在实践中践行师德。在师德修养方面，教师既要爱岗敬业，又要有较强的专业技术能力；既要爱国守法，又要有创新精神。本着这个原则，本书的内容，不但有理论高度，更有应用价值，能为教师加强师德修养提供广泛的应用性依据。

第一章　道德与师德

志于道，据于德，依于仁，游于艺。

——孔子《论语·述而》

内不欺己，外不欺人，上不欺天，君子所以慎独。

——金缨《格言联璧·持躬》

若无德，则虽体魄智力发达，适足助其为恶。

——蔡元培

五年寒窗固然能培养出工程师，但学会做人，则需要一辈子。

——苏霍姆林斯基

教育的最终目的为明辨善恶及真伪，并使人倾向于善与真，排斥恶与伪。

——塞·约翰生

第一节　道德

自有人类社会以来，就开始有了道德。道德是维系一个社会最基本的社会意识和行为规范，它保证了人们之间劳动、生活的正常秩序，保证了人际能够和谐相处。道德是调节和规范人际关系的重要手段之一。没有了道德，社会就不能实现有序、有效、有力的发展。

一、道德的历史传承

1. 道德的内涵

"道"是中国哲学的最高范畴。

"道"的概念是老子首先提出来的："道生一，一生二，二生三，三生万物。"(《道德经》第四十二章)《庄子·缮性》："道，理也。……道无不理。"《管子·君臣上》："别交正分之谓理，顺理而不失之谓道。""夫道者虚设，其人在则通，其人亡则塞者也，非兹是无以理人。"《易传·系辞上》："一阴一阳之谓道。"《韩非子·解老》以"道理"并提，认为"万物各异理，而道尽稽万物之理"，"故曰：道，理之者也"。可见，先秦思想家已经普遍在使用"理"解释"道"。

道，自然也。自然即是道。自然者，自，自己。然，如此，这样，那样。一切事物非事物自己如此，日月无人燃而自明，星辰无人列而自序，禽兽无人造而自生，风无人扇而自动，水无人推而自流，草木无人种而自生，不呼吸而自呼吸，不心跳而自心跳，等等不可尽言皆自己如此。因一切事物非事物，似乎有所统御，一切不约而同，统一遵循，无有例外。这个(假设的)统御者，不生不灭，无形无象，其大无外，其小无内，无所不包，亘古不变。其始无名，故古人强名曰：道。

清段玉裁《说文解字注》："德，外也。外当作登。辵部曰。迁，登也。此当同之。德训登者。公羊传。公曷为远而观鱼。登来之也。何曰。登读言得。得来之者，齐人语。齐人名求得为得来。作登来者，其言大而急。由口授也。唐人诗，'千水千山得得来'。得即德也。登德双声。一部与六部合韵又冣近。今俗谓用力徙前曰德。古语也。从彳悳声。多则切。一部。"《荀子·哀公》："哀公曰：'善，敢问何如斯可谓之君子矣？'孔子对曰：'所谓君子者，言忠信而心不德。'"(德，得也，洋洋得意之得)

"德"的字形由"心"、"彳"、"直"三个部件组成。"心"表示与情态、心境有关；"彳"表示与行走、行为有关；"直"，"值"之本字，相遇相当之义。(洪颐煊《读书丛录》："值本作直。"段玉裁《说文解字注》："凡彼此相遇相当曰值……古字例以直为值。")字形本意为"心、行之所值"，是关于人们的心境、行为与什么水平或什么状态相当的判断。说某人具有某德就是说某人在某一评价空间中到达哪里或站在哪里，说某德(如清德、和德、上德、下德)什么样就是说到达相应位点的行动者的行为表现会是什么样。德字甲骨文作值(从彳从直)，金文作惪(从心从直)或德(从心从彳从直)，字形的演变寓示人们在进行评价时的侧重点的不同，最终写定的"德"字，"心""彳"构件完整，似乎正寓示着一种综合与折中。

道德二字合起来，表达的是一种社会意识形态，它是人们共同生活及其行为的准则与规范。叶千华在《心灵夜语》中指出："道德是人本能的东西，更是后天养成的合乎行为规范和准则的东西。它是社会生活环境中的意识形态之一，它是做人做事和成人成事的底线。它要求我们且帮助我们，并在生活中自觉自我地约束着我们。假如没有道德或失去道德，人类就很难是美好的，甚至就是一个动物世界，人们也就无理性无智慧可言。我们应该清楚地认识到，是道德的驱使才建立了人类的和谐社会；是道德的要求才有了社会群众团体组织；是道德的体现，使人们自尊自重自爱；是道德的鞭策，营造人与人的生活空间。一个不懂得道德和没有道德的人是可怕的。"

2.道德的功能

(1)认识功能。道德是引导人们追求至善的良师。它教导人们认识自己，对家庭、对他人、对社会、对国家应负的责任和应尽的义务，教导人们正确地认识社会道德生活的规律和原则，从而正确地选择自己的行为和生活道路。

(2)调节功能。道德是社会矛盾的调节器。人生活在社会中总要和自己的同类发生这样那样的关系。因此，不可避免地会产生各种矛盾，这就需要通过社会舆论、风俗习惯、内心信念等特有形式，以自己的善恶标准去调节社会上人们的行为，指导和纠正人们的行为，使人与人之间、个人与社会之间关系臻于完善与和谐。

(3)教育功能。道德是催人奋进的引路者。它培养人们良好的道德意识、道德品质和道德行为，树立正确的义务、荣誉、正义和幸福等观念，使受教育者成为道德纯洁、理想高尚的人。

(4)评价功能。道德是公正的法官。道德评价是一种巨大的社会力量和人们内在的意志力量。道德是人以评价来把握现实的一种方式，它通过把周围社会现象判断为"善"与"恶"而实现。

(5)平衡功能。道德不仅调节人与人之间的关系，而且平衡人与自然之间的关系。它要求人们端正对自然的态度，调节自身的行为。

 知识拓展

联合国教科文组织关于"师德规范"的要求

联合国教科文组织通过了《关于教师地位的建议书》，提出的具体师德规范如下：

思想体系，并对以后两千多年的教师职业道德思想产生了深远的影响。孔子开创的师德传统，最珍贵的就是他毕生"学而不厌，诲人不倦"，"发愤忘食，乐以忘忧"，无怨无悔的敬业、乐业、勤业、精业精神。孔子认为，无论从政还是为师，都必须以身作则，自己行为不端正，就不能匡正别人，他说"子帅以正，孰敢不正"，"其身正，不令而行，其身不正，虽令不从"。只要为师为长者做出榜样和表率来，别人自然会跟着学。如果教师只重言教，"不能正其身"，就会使学生感到教师言不由衷，口是心非，而失去教育的力量。继孔子之后，孟子进一步发展和完善了孔子的教师职业道德思想，提出要"以其昭昭，使人昭昭"，而不可"以其昏昏，使人昭昭"。他强调"教者必以正"，教师要以身作则，以"慎独"的修养方法，提高自我道德水平。其后，荀子非常注重教师的地位，将师与君相提并论，认为是治国之本。强调教师劳动对于人的优良的思想品德的形成至关重要，全社会都应普师重教，而教师也应注重德行，加强自身的素质修养。荀子说的"礼者，所以正身也；师者，所以正礼也"，明示了教师在引导人的行为举止、塑造人的道德品质方面的作用，他还为教师从教提出了四个必备条件："尊严而惮""耆艾而信""诵说而不陵不犯""知微而论"。这里，荀子把教师的德行、信仰、能力、知识及其在学生中的威望统一起来作为教师职业道德的基本要求，将教师职业道德思想又向前推进了一大步。与此同时，墨、法等各家各派也都纷纷招生授徒，大大促进了教育的发展。《墨子·尚贤上》篇云："况又有贤良之士，厚乎德行，辩乎言谈，博乎道术者乎，此固国家之珍，而社稷之佐也。"墨子所言的"厚乎德行"，指的就是道德品质高尚。

3. 封建社会兴起时期师德理论的完善

汉唐时期，是我国封建社会逐渐兴起并走向鼎盛时期，封建的意识形态趋于完善。在教师职业道德思想上，儒家职业道德思想占据了统治地位，由于肯定教师在育才和化民两方面的作用，统治者把教育看成是巩固"大一统"的重要工具，"德教为先"的理念受到推崇，学校教育大大发展，教师职业思想更加体系化、规范化。这一时期，代表性的教育家有董仲舒、韩愈等。西汉董仲舒把"三纲五常"的道德教条作为教师职业道德的核心要求，并在这一原则下，对教师的道德品质、知识才干、言谈举止作了具体要求，要求教师加强修养、以身作则，"既美其道，又慎其行"。他还特别强调"学而不厌"的重要性，"强勉学问，则闻见博而知益明；强勉行道，则德日起而大有功。"教师学习上刻苦努力，就会学识广博，智慧日益明达；道义上肯于努力，品德就会日益积累，取得极大的成绩。董仲舒以后，在教师职业道德发展史上起着承前启后作用的是唐代的教育家韩愈。为了改变当时"师道之不传也久矣"的社会风气，他写了《师说》一文。《礼记·大学》早就指出："大学之道，在明明德，在亲民，在止于至善。"韩愈发展了《大学》的这一思想，在《师说》中明确提出了德教在教学中的地位："师者，所以传道授业解惑也。"他认为教师要"以身立教"，教师必须率先垂范，身体力行，才能更好地培养学生。《师说》一文提出了教师如何处理政治与业务、德育与智育、教书与育人、教师与学生之间各种关系的行为规范，不仅大大丰富了我国古代教师职业道德理论，而且对后代师德思想的发展产生了极大的影响。

4.封建社会中后期师德理论的发展

宋元明清时期，以朱熹、王守仁、王夫之为代表的教育家把儒家的教师职业道德思想发展得更加完善和严格。这一时期的教师职业道德一个很大的特点是强调知行合一、言传身教。南宋教育家朱熹在庐山东麓创办白鹿洞书院，并且在这里手订《白鹿洞书院教条》。《白鹿洞书院教条》既是学生求知问学的条规，也是教师从事教育的规范，这是我国古代第一次用学规的形式提出了对教师和学生的道德规范要求，也是关于师德规范较为完整、清晰的一次论述，因此，被后世历代教育家作为师德信条而奉持不渝。明代大学者、教育家王阳明就曾说过："夫为学之方，白鹿之规尽矣。"朱熹在《白鹿洞书院教条》中指出，"博学""审问""慎思""明辨""笃行"是师生共勉的道德规范。他还非常注意教师躬行实践，认为"学之之博，未若知之之要；知之之要，未若行之之实。"要使道德修养达到目标，"功夫全在行上"。他强调教师应注意自己的道德品质修养，作为一个教师和学者要"立志""主敬""存养""省察"。主张教人为学首先就要使学生明义理，会做人，而并非只是为学得杂博的知识，做些华丽文章，用以沽名钓誉，争权夺利。后来王阳明又在此基础上提出了"致知力行""知行合一"的主张，认为教师传道授业，应教学生以真知，注重知行并进。他说："知是行的主意，行是知的功夫。知是行之始，行是知之成。若会得时，只说一个知，已自有行在，只说一个行，已自有知在。"这就是说，知中已有行，行中也有知，知与行是互相并进、互为渗透的。他还认为真知必能行，不能行则非真知："未有知而不行者，知而不行，只是未知。"明末清初思想家和教育家王夫之也十分重视教师与教师道德品质问题，他认为："师弟子者以道相交而为人伦之一……故欲正天下之人心，须慎天下之师受。"这表明他重视教师的人选，认为教师是一种道义的化身，因为教师负有"正人心"的重要任务，因而教师的道德要求应该是高层次的。他还认为教师以身作则，言传身教，是陶冶和感化学生的根本。教师首先自己要立志向学，然后才可以为人之师。鉴于此，王夫之提倡要慎选人师，认为有两种人不能为师："夫人之不可为师者有二：智辩有余者，偶而有所见及，即立为一说，而不顾其所学之本业，议论一新，人乐听之，而使学者迷于所守。诵习有功者，熟于其所传习，乃守其一说而不能达于义理之无穷，持之有故，自恃为得，而使学者无所复通。"王夫之认为这两种人皆为伪学者，都背离了为人师者的基本治学精神，不配为人师表。

明清两代，书院教育有了较大发展，渐渐成为当时教育的主要形式。清代学者戴震说："讲学砥节，相语以道德，相勖以恭行。自宋以来，书院之立，咸若是。"可见，如果不是德高望重的学者、大家，是很难成为书院士子们的人生导师的。例如，当时豫南书院对于教师师德订有四条规范：其一，敦德行以端本原也；其二，勤研讨以践实学也；其三，重师友以求夹持也；其四，谨交游以遵礼法也。这样的师德标准，即使放到今天来看，也是非常合乎教育规律的。

知识拓展

美国的师德规范

美国的师德规范大体包括三方面的内容：

1. 师德理想。"相信每一个人的价值和尊严，追求真理，力争卓越，培养民主信念。"这是对教师提出的最高要求，它指明了教师应当努力的方向。

2. 师德原则。第一，在对待学生方面，要力争帮助每个学生实现自身的潜能，使他们成为有价值而且有用的社会成员；第二，在对待自己所从事的教育事业上，要竭尽全力提高专业的水准，争取条件来吸引那些值得信赖的人从事教育工作，并且防止不合格的人从事教育专业。

3. 师德规则。在美国《教育专业伦理规范》中，师德规则所占比重最大，它反映的是作为一个称职的教师最基本的要求。这些规则是从教师对待自己的学生和所从事的专业两个方面得到体现的。

道德故事

道德故事二则

故事一：百里负米

仲由，字子路、季路，春秋时期鲁国人，孔子的得意弟子，性格直率勇敢，十分孝顺。早年家中贫穷，他常常采野菜做饭食，却从百里之外负米回家侍奉双亲。父母死后，他做了大官，奉命到楚国去，随从的车马有百乘之众，所积的粮食有万钟之多。坐在垒叠的锦褥上，吃着丰盛的筵席，他常常怀念双亲，慨叹说："即使我想吃野菜，为父母亲去负米，哪里能够再得呢？"孔子赞扬说："你侍奉父母，可以说是生时尽力，死后思念啊！"（《孔子家语·致思》）

故事二：张伯苓以身作则戒烟

我国著名教育家张伯苓，1919 年之后相继创办南开大学、南开女中、南开小学。他十分注意对学生进行文明礼貌教育，并且身体力行，为人师表。

一次，他发现有个学生手指被烟熏黄了，便严肃地劝告那个学生："烟对身体有害，要戒掉它。"没想到那个学生有点不服气，俏皮地说："那您吸烟就对身体没有害处吗？"张伯苓对于学生的责难，歉意地笑了笑，立即唤工友将自己所有的吕宋烟全部取来，当众销毁，还折断了自己用了多年的心爱的烟袋杆，诚恳地说："从此以后，我与诸同学共同戒烟。"果然，打那以后，他再也不吸烟了。

故事启迪

教育是一个潜移默化的过程，在"润物细无声"中发挥最大的作用。每一个教育者都要注意自己的一言一行，教育者的言行无时无刻不在影响着学生。取得成就越高的人，越是注重道德修养，古代的子路是这样，现代的张伯苓也是这样。那么，今天的大家是这样吗？你看到过取得大成就却不注重道德修养的人吗？如果有，请你写下来，并讲给你身边的人。

 **师德体验**

心灵之旅

一、活动介绍

在限定时间内，蒙上眼睛的队员在队友的帮助下，通过障碍物到达目的地。

二、活动规则

1. 项目过程中，蒙上眼睛的队员不得将眼罩摘下。

2. 没有蒙上眼罩的队员不得开口提醒队友。

3. 项目进行过程中，要保障队友的安全。

三、活动注意事项

1. 项目进行全程中，教练和助教需随时跟随，保障队员的安全。

2. 在一些危险的障碍处，必须有助教在。

3. 参加项目的队员必须按照教练的指示来进行项目。

4. 队员必须按照指定的线路来进行项目，不得擅自更改线路。

四、活动操作流程

1. 分组：将所有队员按2人一组分组。

2. 戴眼罩：每组选出一名队员戴上眼罩。

3. 任务、规则：向队员们介绍项目目标和规则，详细说明注意点。

4. 宣布开始：当所有队员明白项目规则后，教练宣布项目开始。

五、活动目标

1. 感悟沟通协作的重要性，资源整合。

2. 换位思考、助人助己。

3. 感恩的心是人生的助推器，爱是一切的动力。

六、活动感悟

名篇选读

孔子师德 35 则

1. 人而无恒，不可以作巫医。

2. 己所不欲，勿施于人。

3. 己欲立而立人，己欲达而达人。

4. 其身正，不令而行；其身不正，虽令不从。

5. 不学礼，无以立。

6. 好仁不好学，其蔽也愚；好知不好学，其蔽也荡；好信不好学，其蔽也贼；好直不好学，其蔽也绞；好勇不好学，其蔽也乱；好刚不好学，其蔽也狂。

7. 一言不实，百事皆虚。

8. 言必信，行必果。

9. 丘也幸，苟有过，人必知之。

10. 好善无厌，受谏而能诫。

11. 君子学以致其道。

12. 女为君子儒，无为小人儒。

13. 天下有道则见，无道则隐。

14. 以道事君，不可则止。

15. 十室之邑，必有忠信如丘者焉，不如丘之好学也。

16. 非我而当者，吾师也；是我而当者，吾友也；谄谀我者，吾贼也。

17. 君子喻于义，小人喻于利。

18. 知之者不如好之者，好之者不如乐之者。

19. 三人行，必有我师焉，择其善者而从之，其不善者而改之。

20. 有教无类。

21. 以身作则。

22. 若圣与仁，则吾岂敢！抑为之不厌，诲人不倦，则可谓云尔已矣。

23. 其为人也，发愤忘食，乐以忘忧，不知老之将至云尔。

24. 夫子循循然善诱人，博我以文，约我以礼，欲罢不能。

25. 当仁不让于师。

26. 后生可畏，焉知来者不如今也。

27. 善言必听。

28. 巽与之言，能无说乎？绎之为贵。

29. 诲人不倦。

30. 爱之，能勿劳乎？忠焉，能勿诲乎？

31. 中人以上，可以语上也；中人以下，不可以语上也。

32. 不愤不启，不悱不发，举一隅不以三隅反，则不复也。

33. 多闻阙疑，慎言其余，则寡忧；多见阙殆，慎行其余，则寡悔。

34. 见贤思齐焉，见不贤而自省也。

35. 吾尝终日不食，以思，无益，不如学也。

孔　孟

在儒家的传统中，孔孟总是形影相随，既有大成至圣，则有亚圣。既有《论语》，则有《孟子》。孔曰"成仁"，孟曰"取义"，他们的宗旨也始终相配合。《史记》说："孟子序诗书，述仲尼之意。"今人冯友兰，也把孔子比作苏格拉底，把孟子比作柏拉图。

但是我们仔细比较他们，却也发现很多不相同的地方。最明显的，《论语》中所叙述的孔子，有一种轻松愉快的感觉，不如孟子凡事紧张。所以大成至圣能够以"君子坦荡荡"的风格，避免"小人长戚戚"的态度去保持他的悠闲。孔子令门人言志，只有曾皙最得他的赞许。而曾皙所说的，大致等于我们今天的郊游和野餐，"莫（暮）春者，春服既成，冠者五六人，童子六七人，浴乎沂，风乎舞雩，咏而归"。与这种态度截然相对的是孟子"生于忧患，死于安乐"的主张。孔子还说饭菜不做好，这样不吃那样不吃，衣服也要色彩裁剪都合式。孟子却毫不忌讳地提出"庖有肥肉，厩有肥马，民有饥色，野有饿莩"。而且"老羸转乎沟壑，壮者散而之四方"这样的话也经常出现在他的嘴中。

孔子没有直接提到人之性善或性恶。《论语》中，"仁"字出现了 109 次，没有两个地方的解释完全相同。但是他既说出虽为圣贤，仍要经常警惕才能防范不仁的话，可见他认为性恶来自先天。他又说"观过，斯知仁矣"，好像这纠正错误，促使自己为善的能力，虽系主动的，但仍要由内外观察而产生。孟子则没有这样犹疑。他曾斩钉截铁地说："人性之善也，犹水之就下也；人无有不善，水无有不下。"孔子自己承认，他一生学习，到 70 岁才能随心所欲不逾矩。孟子的自信，则可以由他自己所说"我善养吾浩然之气"的一句话里看出。这种道德力量，经他解释，纯系内在的，由自我产生。所以他说："舜何人也，予何人也，有为者亦若是。"也就是宣示人人都能做圣贤。

孔子对"礼"非常重视。孔子虽然称赞管仲对国事有贡献，但仍毫不迟疑地攻击他器用排场超过人臣的限度。颜渊是孔子的得意门徒，他死时孔子痛哭流涕，然而孔子却根据"礼"的原则反对厚葬颜渊；又因为"礼"的需要，孔子见南子，使子路感到很不高兴。孔子虽不齿阳货的为人，但为了礼尚往来，他仍想趁着阳货不在家的时候去回拜他。孟子就没有这样的耐性。齐宣王称病，他也称病。他见了梁襄王，出来就说："望之不似人君。"鲁平公没有来拜访他，他也不去见鲁平公。他对各国国君的赠仪，或受或不受，全出己意。他做了齐国的吊丧正使，出使滕国，却始终不对副使谈及出使一事。

这中间的不同，不能说与孔孟二人的个性无关。或许《论语》与《孟子》两部书的取材记载不同，也有影响。但是至圣和亚圣，相去约两百年，中国的局势，已起了很大的变化。孟子说"此一时也，彼一时也"，这八个字正好可以用来说明他们之间的距离。

孔子生于公元前551年，卒于公元前479年，是春秋时代的末期。孟子的生卒年月，虽不能确定，但是他最活跃的时间，也是战国时代的前中段。《孟子》一书开场即提到他见梁惠王，那是公元前336年的事，距离战国开始已67年，又115年之后秦才灭六国统一中国。在春秋的时候，周朝的封建制度，已不能维持，但是还没有完全败坏。以前各小国各自为政，里面主持国政的卿和大夫以及担任下级军官的士，全部世袭，一切都按成规，而现在一切都接受"礼"的约束之原则已不再适用，但是公侯伯子男的互相征伐，仍以道德的名义出之。纵使叛逆篡位也还要邀请与自己利害相关的各方支持。但最最重要的是，这时的战事还未波及全民，不致使父母兄弟妻子离散。

春秋时代的车战，是一种贵族式的战争，有时彼此都以竞技的方式看待，布阵有一定的程序，交战也有公认的原则：也就是仍不离开"礼"的约束。"不为已甚"是当时的一般趋势。根据原则，在某种情形之下，不追击敌人。在某种情形之下，不向主敌射击，不设险以谲诈取胜。既已给敌兵第一下的创伤，不乘势作第二次的戳刺。头发斑白的人，不拘为俘虏。这些态度与欧洲中古的骑士精神很相仿佛，虽然这些原则并不可能全部遵守，但是接战时间短促，参战的人数受车数的限制。总之，春秋时代的战事，显示了社会的不稳定性。但战事的本身，还不足以造成社会的全面性动荡。

针对这些条件，孔子对当时的情形，还没有完全失望。他的闲雅代表着当时的社会，相对于战国的暴乱而言，还相当的宁静。所以他仍提倡"克己复礼"，显示着过去的社会秩序仍可恢复。他有时也发牢骚，说什么"道不行，乘桴浮于海"，"凤鸟不至，河不出图，吾已矣夫"，可是要他表示方针的时候，他的办法端在"正名"，也就是恢复一切事物原有的名分。"如有用我者，吾其为东周乎？"更表现一腔复古的热忱。

孟子有时候被人称为有"革命性"，这是因为战国时代的动乱，使他知道，只是恢复故态而不改弦更张是不能济事的。齐人准备伐燕，他说燕可伐。齐宣王问他贵戚之卿应做的本分，他说："君有大过则谏，反复之而不听则易位。"也就是容许废君而另立族中贤人。梁襄王问他："天下恶乎定？"他答道："定于一。"襄王又追着问："孰能一之？"孟子就说："不嗜杀人者能一之。"他又曾和梁惠王说过"地方百里，而可以王"。这已经不是孔子所说"非礼勿视，非礼勿听，非礼勿言，非礼勿动"的严格规矩了。

孟子开始游说的时候，也正是商鞅受刑，苏秦、张仪提倡合纵连横之季。战国七雄，已经准备长期的大厮杀。虽然这时候的战事还没有像战国末季那样剧烈——凡是年龄十五岁以上的都要向防地报到，降卒四十万或四十五万一起坑埋——但是这时也不再是春秋时代竞技式的战争了。商鞅相秦，第一件事就是"令民为什伍"，即是以一种军事组织的原则，加之全民。在战场上骑兵既登场，步兵人数也大量增加。"斩首六万"，"斩首七千"，已经开始见于各国的记录。孟子说："今夫天下之人牧，未有不嗜杀人者也。"这句话可能反映着当时各国备战的情况，也可以说是他对当时国君草菅民命的一种控诉。他所说的"民有饥色，野有饿殍"不可能是无的放矢。

在宋朝以后，《孟子》成为《四书》之一，实际上它占《四书》一半以上的篇幅，既为各朝经筵讲解之用，也为科举取士的标准，对中国思想史有无可估量的影响。而亚圣以慈悲为怀的心肠，为民请命，他讲的话有时也富有情感，有时尤任直觉，例如"见牛未见羊"，"君子远庖厨"。他的性善论必定带着一种强迫性的推论。因人既然生性为善，那么强迫人们保持这种天性也不算过分了。这关键处有如卢梭之论自由。他的低水准平等思想——例如"乐岁终身饱，凶年不免于死亡"，以及"省刑罚，薄税敛"，在一个简单的农业社会里，被奉作经典，同时也符合事实的需要。可是今日我们读《孟子》和《四书》全部，却不能一体视之为政治哲学，一定也要考究他们的历史背景，有时也要和孟子自己所说的一样，"尽信书不如无书"。

为什么孔子和孟子之间会有这样一段距离？为什么春秋阶段与战国阶段会有这样巨大的差别？为什么中国会如此早熟——在纸张都未发明，文书尚用竹简木片传抄之际，即出现至圣亚圣，而且与孟子同一世纪即出现了秦始皇，且对此后的中国有决定性的影响？

对于上述诸问题的背景，前人已经说过：是因为华北黄土地带，耕耘容易，农业既盛，人口增加，交通又便利，商业开始互通有无，社会之流动性大。加以铸铁技术出现于春秋战国之间，影响到农具和兵器等等。这些解答都有根据，但是没有一针见血地指出中国历史地理的特点。春秋战国间剧烈的变化，百家争鸣，最后又以暴力完成统一，在世界历史上是独一无二的现象。

——选自《赫逊河畔谈中国历史》，黄仁宇著，生活·读书·新知三联书店，1992 年

第二章　职业理念：师德修养的起点

先生不应该专教书，他的责任是教人做人；学生不应该专读书，他的责任是学习人生之道。

——陶行知

教育是一个使教育者和受教育者都变得更完善的职业，而且，只有当教育者自觉地完善自己时，才能更有利于学生的完善和发展，换句话说，没有教师的幸福感觉，就很难有学生的幸福感受。

——叶澜

培养人，就是培养他获得未来快乐的前景的道路。

——马卡连柯

如果你颇有天赋，勤勉会使其更加完美；如果你能力平平，勤勉会补之不足。

——雷诺兹

第一节　职业规范

师德修养的情感寄托，是对教师职业存在一种崇高的敬畏。教师职业规范是在教师职业道德规范的前提下，对教师职业做出的一个全面要求。所以，教师职业规范就是师德修养全部内容的简缩和统领。也就是说，没有教师职业规范，便无从谈起师德修养。因此，明确职业规范是每个教师在师德修养方面上的第一堂课。

一、职业规范

职业规范，顾名思义就是职业为达成某种目标而必须要遵循的标准，这种标准就是一个框架、一个模板，从事职业的人按照这样的标准才能达成或完成既定目标。为了更好地理解这个概念，有必要介绍"职业"和"规范"的有关内容。

1. 职业的内涵

"职"据《说文解字》中载："职，记微也。……必识是曰职。周礼太宰之职、大司徒之职皆谓其所司。……'职'形声。从耳，只（哉）声。"段玉裁注："凡言职者，谓其善听也。"故从耳，本义：识；记。"职"为"识"之本字，为"记"的意思。后逐步引申为事业、职业之意，如"诸侯朝于天子曰述职。述职者，述所职也"（《孟子》），"设官分职"（《周礼》），"自去史职"（《后汉书》），"代百司之职"（魏徵《谏太宗十思疏》），"将尽厥职"（顾炎武《复庵记》），此五处中"职"字均作"职务、职业、职责"解。

"业"字本为象形字。《说文解字》中说："業，大版也。所以覆县钟鼓之枑，捷业如锯齿，以白画之。从丵，象其鉏锯相承也。""业"的本义是古时乐器架子横木上的大版，刻如锯齿状，用来悬挂钟磬。古代的书册之板也可以称"业"，放置时以韦（皮条）穿捆，阅读时则解带而展，所以《礼记》中有"所习必有业"，后来把读书称为"业"，如韩愈《进学解》："业精于勤。"《孟子·告子下》："愿留而授业于门。"也就是说，愿意留在这里而学习于门下。后引申为"学业"，如《后汉书·列女传》："复不终业。"由"学业"而引申为"事业"，如诸葛亮《出师表》："先帝创业未半而中道崩殂。"最后由"事业"发展到"职业"，如陶渊明《桃花源记》："捕鱼为业。"

"职"和"业"合在一起，称为"职业"，最早见于《国语·鲁语》："昔武王克赏，通道于九夷百蛮，使各以其方略来贡，使勿忘职业。"此句中"职业"和今义略有不同，可做"本分"解。这里的"职"指执掌之事，"业"是古代记事的方法，把要做的事情在木棒上刻成锯齿状，有多少件事情刻多少个齿，做完一件就削去一个齿，即"修业"，所以"业"的含义是事。职业最初表意分内应做之事，与一定的社会分工和完成某件事所需要的技术技能相联系。

由此可知，按不同的标准，职业内涵有不同的分类，大致有两类。

（1）社会学意义上的"职业"内涵

美国迈克尔·曼主编的《国际社会学百科全书》指出："职业乃是作为具有自我利益的群体在分工中力图保护和维持其垄断领域而予以运用的工具。"具体有三方面的内涵：一是职业是一种社会位置，二是职业是权力的外在表现，三是职业是国家授予的，具有阶级性。

（2）经济学意义上的"职业"内涵

美国著名哲学家、教育家杜威认为：职业是人们从中可以得到利益的一种"生活活动"。

我国学者认为：职业是指人们从事的相对稳定的、有收入的、专门类别的工作。

我们认为：职业是个体角色定位的直接体现，是个体在人类的生产发展中所担负的职责，以为社会创造财富并从中获取一定合理报酬为目的的经济性的专业活动。

 知识拓展

职业的分类

1. 按职业性质分类

按照《中华人民共和国职业分类大典》分为大、中、小三个级别，共 8 个大类、66 个中类、413 个小类。其中，大类包括：国家机关、党群组织、企事业单位负责人；专业技术人员；办事人员和有关人员；商业、服务业人员；农、林、牧、渔、水利业生产人员；生产、运输设备操作人员及有关人员；军人；不便分类的其他从业人员。

2. 按职业活动方式分类

社会职业可以根据活动方式的这种含量区分为脑力型职业、体力型职业和脑体结合型职业。

3. 按产业分类

我国国民经济分为三个产业：第一产业是指农业、林业、畜牧业、渔业等国民经济的基础行业；第二产业是指工业、交通业、建筑业等国民经济发展的主导行业；第三产业是指商业、服务业、旅游业、信息产业等社会服务行业，具体包括为生产和生活服务的部门，为提高科学文化水平和居民素质服务的部门，为管理国家、管理社会服务的部门三大类。

4. 按职业特点分类

主要有：实务、社会服务、文教、科研、艺术及创造、计算、自然界、户外、管理、一般服务性职业等十多种类型。

另外，还有按职业工种、心理特征等特征分类的。

2. 规范的内涵

从字面理解，"规"就是尺规，"范"就是模具，这两者分别是对物、料的约束器具，合用为"规范"，拓展成为对思维和行为的约束力量。除了法律、规章制度、纪律外，学说、理论和数学模式也具有规范的性质，伦理也属于规范，具体有下面三个方面的演化解释。

如果从典范层面理解：《书序》："所以恢弘至道，示人主以规范也。"陆云《答兄平原》诗："今我顽鄙，规范靡遵。"元结《刘侍御月夜宴会》诗序："诸公尝欲变时俗之淫靡，为后生之规范。"《旧五代史·梁文惠王太后传》："太祖性孝愿，奉太后未尝小失色，朝夕视膳，为士君子之规范。"

如果从规模、规格层面理解：《宋书·礼志二》："其墙宇规范，宜拟则太庙，唯十有二间，以应昔数。"洪迈《夷坚支志癸·雪峰宗一》："雪峰长老宗一，以淳熙九年来住持。驻锡两岁，于寺建毗卢阁，安贮藏经，规范雄伟。"凌濛初《二刻拍案惊奇》卷五："这是大人家规范如此。"邹韬奋《萍踪寄语》九九："记者在上期通讯里谈过苏联最大规范的日报——《真理报》——的最新设备。"

如果从模式范畴理解：《陈书·鄱阳王伯山传》："故能协宣五运，规范百王，式固灵根，克隆卜世。"刘勰《文心雕龙·熔裁》："规范本体谓之熔，剪截浮词谓之裁。"

从以上可以看出，规范的含义就是指人类为了维护社会的稳定和个人的利益，在逐渐发展过程中，对各类事物是约定俗成的标准，而后随着社会文明程度的提高，社会才以组织或国家的角色明文规定出各类事物的标准，具有较强的明晰性和合理性，也就是能够体现大多数人的利益。

 **道德故事**

遵守规范故事二则

故事一：按次序理发

有一次列宁去克里姆林宫理发室理发。当时，这个理发室只有两个理发师，忙不过来，很多人都坐着排队，等候理发。列宁进去后，大家连忙让座，并且请列宁先理，可是列宁却微笑着对大家说："谢谢同志们的好意。不过这样做是要不得的，每个人都应该遵守公共秩序，按照先后次序理发。"他说完后，就随手搬了一把椅子，坐在最后一个位置上。

故事二：无论谁都要遵守制度

一次，周恩来去北戴河，需要看世界地图和一些书籍。工作人员给北戴河文化馆打电话，说有位领导要看世界地图和其他一些书籍。接电话的小黄回答："我们有规定，图书不外借，要看请自己来。"周恩来便冒雨到图书馆借书。小黄一见是周总理，心里很懊悔，周总理和蔼地说："无论谁都要遵守制度。"

故事启迪

这两则遵守规范的名人故事，充分说明了规范对个人、集体、社会、国家是何等重要。只有人人遵守职业规范，才能把一个人塑造得更加有修养，才能锻造一个有战斗力的集体，才能形成一个有序良性循环的社会，才能建设一个强大的国家。所以，无论大事情小事情，只要有明确的规范，就要严格遵守。

二、教师职业规范

理解了"职业""规范"和"职业规范"的含义后，我们就比较容易理解教师职业规范。从广义上讲，凡是有关教育的法律、法规和规章制度，都是教师要遵守的职业规范；从狭义上讲，教师职业规范主要体现在"软性指标"上，即教师要遵守教师的职业道德规范。

1. 师德规范修改背景

新《中小学教师职业道德规范》（后文简称"《规范》"）（适用于中等职业教育教师）是在我国社会经济和教育发展进入新的历史阶段这样的重要背景下修订的。在 2002 年召开的党的十六大中提到了要"发挥我国巨大人力资源的优势"，2007 年召开的党的十七大明确提出要"建设人力资源强国"这样一个奋斗目标，这是了不起的一个决策。从这个目标出发认识教育，教育的作用就更突出了。而且，十七大报告把教育放在了"加快推进以改善民生为重点的社会建设"这一章中，显示党中央已经把教育作为民生议题来看待。

当前，在教育事业飞速发展的基础上，人民群众不仅要求"有学上、有书读"，而且进一步要求"上好学、读好书"。因此，教育质量的提高是学校的当务之急。而提高教育质量，关键在于我们教师。没有高水平的教师队伍，就没有高质量的教育。十七大强调要建设人力资源强国，实施素质教育，提高教育质量和水平，教师队伍师德和业务素质尤其重要。"百年大计，教育为本；教育大计，教师为本；教师大计，师德为先"。所以教师的师德是教师最重要的素质，师德水平也是人民群众对教育工作是否满意的一个重要标尺，更是教育改革发展的内在需要。

2004 年中央 8 号文件第三条指出：全社会关心和支持未成年人思想道德建设的风气尚未全面形成，还存在种种不利于未成年人健康成长的社会环境和消极因素……教师职业道德建设有待进一步加强；第十条中明确规定，要"切实加强教师职业道德建设"。2007 年胡锦涛同志在"8·31"讲话中，对广大中小学教师（包含中等职业教育教师）提出了"一个精神，四点希望"。"一个精神"就是"教师应该体现胸怀祖国，热爱人民，学为人师，行为示范，默默耕耘，无私奉献的精神"；"四点希望"就是要求教师"爱岗敬业、关爱学生；刻苦钻研、严谨笃学；勇于创新、奋发进取；淡泊名利、志存高远"。文件及讲话精神在一定程度上催生了《规范》适应新形势进行修订。

改革开放以来，我国于1985年、1991年、1997年先后三次颁布和修改了《规范》，对教师职业道德的发展起了积极的推动作用。然而随着时代的发展，原《规范》条款中许多内容已经不能满足新时代要求，需要不断完善。少数教师师德缺失与滑坡，引起了人民群众强烈不满，引起了党中央和国务院高度重视。

2.《规范》的基本内容

（1）爱国守法

热爱祖国，热爱人民，拥护中国共产党领导，拥护社会主义。全面贯彻国家教育方针，自觉遵守教育法律法规，依法履行教师职责权利。不得有违背党和国家方针政策的言行。

（2）爱岗敬业

忠诚于人民教育事业，志存高远，勤恳敬业，甘为人梯，乐于奉献。对工作高度负责，认真备课上课，认真批改作业，认真辅导学生。不得敷衍塞责。

（3）关爱学生

关心爱护全体学生，尊重学生人格，平等公正对待学生。对学生严慈相济，做学生良师益友。保护学生安全，关心学生健康，维护学生权益。不讽刺、挖苦、歧视学生，不体罚或变相体罚学生。

（4）教书育人

遵循教育规律，实施素质教育。循循善诱，诲人不倦，因材施教。培养学生良好品行，激发学生创新精神，促进学生全面发展。不以分数作为评价学生的唯一标准。

（5）为人师表

坚守高尚情操，知荣明耻，严于律己，以身作则。衣着得体，语言规范，举止文明。关心集体，团结协作，尊重同事，尊重家长。作风正派，廉洁奉公。自觉抵制有偿家教，不利用职务之便谋取私利。

（6）终身学习

崇尚科学精神，树立终身学习理念，拓宽知识视野，更新知识结构。潜心钻研业务，勇于探索创新，不断提高专业素养和教育教学水平。

3. 新《规范》的基本原则

（1）坚持"以人为本"

新《规范》一共六条，不仅是在原有版本基础上的深化和升华，而且提出了更高的目标和要求，充分彰显了"以人为本"的思想，充分体现"教育以育人为本，以学生为主体"、"办学以人才为本，以教师为主体"的理念。如"爱国守法"强调了教师要爱祖国和人民；"爱岗敬业"要求教师"忠诚于人民教育事业"；"关爱学生"强调对学生严慈相济，做学生的良师益友；"保护学生安全"更是注重以人为本的教育理念；"教书育人"进一步明确了教育要以学生的发展为中心；"为人师表"同样赋予了"以人为本"的时代含义，不仅与胡锦涛同志提出的"八荣八耻"紧密相连，而且对教师的衣着和言行举止、协作精神、廉洁奉公、不谋私利等方面要求具体细致，还增加了对待家长态度方面的要求；"终身学习"更是人本思想的全面要求。

（2）继承与创新相结合

新《规范》在认真总结了原《规范》的基本经验基础上，汲取了原《规范》中反映教师职业道德本质的基本要求，如继承了师德规范主旨"爱"和"责任"，又充分考虑经济、社会和教育发展对师德提出的新要求，将优秀师德传统与时代要求有机结合。

（3）广泛性与先进性相结合

《规范》修订从教师队伍现状和实际出发，面向全体教师，对教师职业道德提出了基本要求，使之成为每位教师自觉遵守的行为准则。如在师德规范修改征求意见过程中，新修订的《规范》中有"十五处"广大教师意见被采纳，从而使《规范》更加具体，更加实际，更有利于全面贯彻落实。同时，在新《规范》中还提出了体现时代精神的新的倡导性要求。如在新《规范》中首次加入"保护学生安全""教书育人""关心学生健康""激发学生创新精神""终身学习"等，这些都是与时俱进提出的新要求。

（4）倡导性要求与禁行性规定相结合

本次修订实施的新《规范》是从教师职业道德的阶段性特征出发，针对当前师德建设中的共性问题和突出问题，在广泛征求意见的基础上，既作出了倡导性的要求，也作出了若干禁行性规定。

例如，倡导性的要求有：第一条"爱国守法"中，倡导"热爱祖国""热爱人民"；第二条"爱岗敬业"中，倡导教师"志存高远，勤恳敬业，甘为人梯，乐于奉献"。乐于奉献的精神特别需要提倡。陶行知先生曾说："在教师手里操着幼年人的命运，便是操着民族和人类的命运。"只有当教师把教育作为一项事业、作为自己的人生追求时，才可能默默奉献、甘为人梯，这是教育工作的核心价值所在；第三条"关爱学生"中倡导"做学生良师益友"；第四条"教书育人"中倡导"遵循教育规律，实施素质教育"；第五条"为人师表"中倡导"作风正派，廉洁奉公"；第六条"终身学习"中倡导"崇尚科学精神，树立终身学习理念"等。禁止性的规定有：第一条"爱国守法"中"不得有违背党和国家方针政策的言行"；第二条"爱岗敬业"中"不得敷衍塞责"；第三条"关爱学生"中"不讽刺、挖苦、歧视学生，不体罚或变相体罚学生"；第四条"教书育人"中规定"不以分数作为评价学生的唯一标准"；第五条"为人师表"中规定"不利用职务之便谋取私利"。

（5）他律与自律相结合

教师职业道德建设重"他律"、贵"自律"。如第一条中倡导"自觉遵守教育法律法规"，第二条中倡导"乐于奉献"，第五条中倡导"自觉抵制有偿家教"。新《规范》在注重"他律"的同时，强调"自律"，倡导广大教师自觉践行师德规范，把规范要求内化为自觉行为。从"他律"走向"自律"是师德建设的最终目的。

4. 新《规范》的特点

(1)突出了重要性

"教书育人"，是旧规范第二条内的一句话，在新规范中升格为第四条的条目。这是非常必要的。因为，"教书育人"是教师的第一要务，是教师职业区别于其他任何职业的根本所在(如同"治病救人"最准确地描述了医生的职业特征)。

(2)体现了时代性

新规范新增了"志存高远""素质教育""知荣明耻""终身学习""探索创新"等词，这是 21 世纪对教师的时代要求，这也是与时俱进在新规范中的具体体现。

(3)提高了针对性

应该说旧规范有"热爱学生"这一条，"保护学生安全"本是题中之意。但还是被"范跑跑"这样的人钻了空子。这说明旧规范存在意思不明确、针对性不强的漏洞。新规范增加"保护学生安全"的内容，很有必要。类似意义上的增加，还有"自觉抵制有偿家教"等。

(4)增强了概括性

把旧规范中分散在五、六、七、八等四条内的主要内容，精简压缩到新规范第五条"为人师表"之内，也比较好。再就是删除了明显重复的词，如旧规范中的"以身作则，注重身教"，两词意思很近，新规范删去了"注重身教"。另将"探索教育教学规律"改为"遵循教育规律"，也稳妥一些。

(5)注重了操作性

新的"规范"不仅是增加一条"终身学习"，而且每一条都具体化了。比如，在"爱国守法"中，增加了"不得有违背和国家方针政策的言行"；在"爱岗敬业"一条中，又具体化为"三认真一不得"，即认真备课上课，认真批改作业，认真辅导学生，不得敷衍塞责；在"关爱学生"一条中，使用了多个四字词组，如"关心爱护、平等公正、严慈相济、良师益友、保护安全、关心健康"等，通过这些词语，细化了关爱学生的具体做法；在"教书育人"一条中，增加了"不以分数作为评价学生的唯一标准"等词句；在"为人师表"一条中增加了"自觉抵制有偿家教，不利用职务之便谋取私利"。同时，还将"热爱学生"中的"热爱"改为"关爱"一词，将"无私奉献"改为"乐于奉献"等，更具有操作性。

 **道德故事**

故事二则

故事一：赚钱不能耽误教书

西汉严遵，字君平，是一位精通老子学说的高士，曾拒绝为官，专心授徒、著书。

《汉书·王贡两龚鲍传》记载，严遵在街道上开了个小卦摊谋生，但他并不想以此赚钱，甚至每日都不全天营业，而是每天只接待几位顾客，收入达到一百钱够生活费了即收摊。然后就放下帘子，专心致志在家向学生教授《老子》，因为这才是严遵最钟情热爱的事业。严遵可谓教师中安贫乐道的模范。

故事二：最后一个过河

人民教育家、曾任延安大学校长的李敷仁，很强调"为人师表""以身作则"。1947年8月16日，李敷仁带领延安大学师生住在黄河岸边的木头峪。这时，胡宗南的军队从三面开来，上级命令沿大河向东转移。但当时木头峪渡口渡船很少，人员、物资和牲口聚集很多，故军迫近，师生情绪紧张，争着抢渡船。李敷仁毫不慌张，命令高中部和教育班先渡河，然后又组织其他师生住宿等待。有人关切地让他先上船，他说："我要最后过河，我要看着把每个学生送过河去，我才上船！"第二天，李敷仁带领其余师生，沿河北上，到谭家坪才乘船过了黄河。

故事启迪

故事一中讲到严遵不为金钱所累，自觉按时坚持给学生授课，充分体现了严遵深知教育学生必须以身作则，才能教育出合格的学生。故事二讲了人民的教育家李敷仁热爱学生，以学生为先的高尚师德。当今，我们教师也要做到心为学生所系，教为学生所得，行为学生所模。

第二节　职业认同与职业理想

教师在从事教育过程中，由于各种原因，不但大多数人会出现职业倦怠，而且人生发展还会出现"玻璃天花板"的现象，致使自己先前的职业理想半途而废。因此，加强职业认同感，强化职业理想的塑造，对师德修养具有重要的意义。

一、职业认同

1. 认同

"认同"一词最早由弗洛伊德提出，认为它是指个人与他人及群体在情感或心理上趋向认同的过程。认同分为很多种类，比如民族认同、国家认同、文化认同、道路认同、信仰认同、社会认同、身份认同、团体认同、家庭认同、个体认同、职业认同、工作认同等，只要是个体或社会认可的事物，就存在认同的问题。没有认同，一个国家就不能发展、一个民族就难以强大、一种文化就难以繁荣，所以习近平总书记提出五种认同，即认同伟大祖国、认同中华民族、认同中华文化、认同中国共产党、认同中国特色社会主义，这"五个认同"是基于国家统一、民族团结、社会稳定，基于坚定中国特色社会主义道路、弘扬中国精神、凝聚中国力量，基于民族和衷共济、和睦相处、和谐发展，基于巩固和发展安定团结的大好局面而提出的。没有认同，人缺少了信仰，就会出现身份混乱，也难以有一个和谐的家庭，就不能建设一个坚强的团体，个体也会活得毫无信心。因此，认同达到国家、民族，小到团体、个人，都具有十分重要的意义。

2. 职业认同

职业认同也叫职业同一性，是职业发展研究领域内比较重要的概念，它与个人的职业决策、职业探索和职业成功等都有密切的联系，当然也关系到一个人在当前复杂的职业环境中的适应性问题。影响职业认同形成的因素主要有以下两个方面。

第一，家庭因素。家庭关系直接作用于我们的成长过程，对个体发展具有重要作用，所以家庭因素一直是人们研究职业认同前因变量中的重要部分。不同的家庭类型，会产生不同的家庭认同，这是职业认同的最初原型，比如民主型与独裁型的家庭就会形成民主和独裁的职业认同，融洽型与冲突型的家庭就会形成和谐的或冲突矛盾的职业认同，表现型和孤僻型的家庭就会形成活泼的或孤立的职业认同，凝聚型和分散型的家庭就会形成团结的或散漫的职业认同。无论如何，在民主型、融洽型、表现型和凝聚型的家庭关系中成长的个体职业认同水平较高，而在独裁型、冲突型、孤僻型和分散型家庭关系中成长的个体职业认同水平较低。前者的家庭关系容易鼓励个体公开直接地沟通，能够帮助他们形成自己稳定清晰的职业目标。另外，家庭关系质量和家庭中的成就导向可以显著预测个体的职业认同。家庭中有越多的成员在工作和学习中参与竞争活动，个体的职业兴趣和目标就可能会更加稳定清晰。个体从家庭成员身上学习到的经验让他们有更强的职业认同。可见，家庭环境和个体的职业认同是有着密切联系的，家庭环境在较大程度上会影响个体职业认同的形成和发展。

第二，个人因素。职业认同水平是个体自我同一性在职业领域内的体现，所以必然受到个体自身特点的影响。一是自尊水平影响职业认同水平；二是性别不同影响职业认同，男女在选择职业过程中，就得到充分的证明；三是自我效能影响职业认同，自我效能越高的人职业认同水平也就越高；四是处事态度与风格影响职业认同，处世态度和风格不同的人，对职业认同千差万别，比如反应型、沉思型、压抑型的人，其职业探索行为会各不相同，包括个人探索和环境探索，继而影响其职业认同水平。

3. 教师职业认同

教师职业认同是教师对其职业及内化的职业角色的积极的认知、体验和行为倾向的综合体，它是教师个体的一种与职业有关的积极的态度，属于教师积极职业心理的研究领域。教师职业认同既是一种过程，也是一种状态，教师们甘愿于认可这个逐渐发展、确认自己所扮演的角色的过程，甘愿于自己所从事的教师职业的存在状态。这种过程和状态，体现教师职业认同的动态性。教师职业认同的动态性是发展的，具有可变性和可塑性，与专业知识、个体行为之间具有密切而复杂的关系，这个动态性有助于教师重新建构自我，来达到新的认同水平，这也是教师不断成长的动力之源，国家号召教师把自己打造成专家型教师也是基于教师职业认同的成长过程。教师职业认同的形成具有个人独特性，需要发挥积极主动性，并合理地解释和判断外界环境对自身职业形成的影响，充分利用各种资源，主动寻找自己的职业定位，不断在冲突与平衡中获得发展。教师职业自我形象与一系列他认为应该扮演的角色之间应该保持平衡。可见，只要个体内心存在教师职业认同，无论遇到什么样的困难或挫折，都会义无反顾坚持自己的初心。当今，社会上有一种不好的现象，就是不拿教师当回事，无论学生发生什么，都会把责任落到教师身上，于是在部分教师中出现了"只管教书，不管育人"的现象，无论外界多么不认同教师，教师内心依然坚守着那三尺讲台，进行着自己的耕耘。正如钱理群教授所说："不管怎样，反正我要当老师，我要教书。明知是个梦，还要做。自己一生的教师生涯，真是想想要哭，很多次让你要哭；想想又要笑，很多事让你笑。这就是生活的真实，教师生活的真实。我们正视它，又永远摆脱不了它，形成了生命的一种缠绕，而生命的真实意义正实现在这种缠绕之中。"正如钱老自己所说："痴迷于此，痴心不变，既无可奈何，又十分美好。"

 道德故事

成就来自于对职业的高度认同
——宁波卫生职业技术学院叶国英

叶国英1980年考入宁波卫生学校学习护理专业知识，从此就与"护理"结下了不解之缘。1983年，她以优异成绩毕业留校走上护理教育工作岗位，凭着自己的坚韧和坚持，一直从事护理教育事业。

上过叶老师课的同学，对叶老师的总结就一个字：严。学校2012级护理8班的吴滨滨告诉记者："叶老师上课，一个环节一个环节地要求过关，不允许有丝毫差错。同时，她又会照顾我们每个同学的学习接受程度，宁愿一个知识点多次讲解，也不愿意一位同学存在困惑。"

叶国英告诉记者："严格是必需的，要成为一名合格的护士，必须要有扎实的基本功，因为我们服务的对象是人。"叶老师说她上课的目的很明确，就是"我能教学生学到什么"。为了把专业理论知识与临床实践运用结合，她一直坚持定期或不定期下临床从事护理实践，并把临床经验巧妙地运用于课堂教学。为了提高课堂教学效果，她用综合情景剧创新教学方法，提高学生解决问题的能力及临床实际的处理能力。

叶老师善于把握每个机会，从不吝啬对学生的鼓励、提醒和关爱。一次在护理实训室，发现有几个学生在玩手机。课后，叶老师把同学们请到办公室，对她们说：要好好地珍惜每一节课，并为她们补上了这节课的教学内容。这几位同学对老师肃然起敬的同时，再也没有在课堂上开小差。

正是在叶老师几十年如一日的努力下，宁波卫生职业技术学院护理专业建设成效明显，达到省内一流、国内先进水平。2008年，护理专业课程建设教学团队获"浙江省高效教学团队"称号，护理实训中心成为宁波市职业教育实习实训示范基地；2009年，护理专业成为浙江省高职高专特色建设专业；2012年，护理专业被评为宁波市品牌专业，护理专业成为浙江省高职高专优势专业。

故事启迪

一位平凡的教师，做出了不平凡的业绩，这根源于叶老师对教师职业的高度认同。有了这份高度的教师职业认同，才能有高度的责任感，才有忘我的工作投入，才有巨大的收获。所以，平凡还是伟大，不是来自他人的评判，而是来自我们内心的那份执著，那份付出，那份热爱。

二、职业理想

1. 理想

理想作为一种精神现象，是人类社会实践的产物。人们在改造客观世界和主观世界的实践活动中，既追求眼前的生产生活目标，渴望满足眼前的物质和精神需求，又憧憬未来的生产生活目标，期盼满足未来的物质和精神需求。对现状永不满足、对未来不懈追求，是理想形成的动力源泉。从一定的意义上讲，理想是人们在实践中形成的、对未来社会和自身发展的向往与追求，是人们的世界观、人生观和价值观在奋斗目标上的集中体现。为了说明理想在人生中所起的作用，下面摘录《重大人生启示录》，为理想做一个定位，从而避免被欲望所控制而产生的痛苦。

重大人生启示录（摘录）

龚咏雨

我们生活在比较之中，有黑暗才有光明，有恨才有爱，有坏才有好，有他人和他人所做的事我们才知道自己是谁，自己在做什么。一切都在比较中才能存在，没有丑便没有美，没有失去便没有得到。同样，我们总害怕死亡，而如果人真的可以永远活着，我想人们同样会像害怕死亡一样害怕永恒，或厌倦永恒。

人生就是由欲望不满足而痛苦和满足之后无趣这两者所构成。生命没有终极意义。不要轻易去否定。我们需要在最沉痛的世界观里重新审视当下总让我们痛苦的欲望。

人所执迷的欲望是如此虚妄、空洞、无聊，但我们却并不容易不去执迷它。人诞生在这个世界是被迫的，生来就有的俗世的道德与竞争意识注定了我们的不自由。一种理想主义的人生观是：生命的长度无须受制于肉体自然的衰败，它应该是受你的心灵、你的快乐的需要而去自主选择。

我们只需要一个我真爱的人和真爱我的人，在一起，我们的人生便圆满了。

人的一生中最重要的不是名利，不是富足的生活，而是得到真爱。有一个人爱上你的所有，你的苦难与欢愉，眼泪和微笑，每一寸肌肤，身上每一处洁净或脏脏的部分。真爱是最伟大的财富，也是唯一货真价实的财富。如果在你活了一回，未曾拥有过一个人对你的真爱，这是多么遗憾的人生啊！

人生就是由欲望不满足而痛苦和满足之后无趣这两者所构成。

有一个年轻人在森林里的伐木场工作，却在都市里租下房子居住，每天奔波于两地，他说他喜欢灯红酒绿、物欲横流的都市生活，那让他感到生命的激情和炽热，他的理想是做一名上流社会的人。金钱和名色的欲望已经让他疯狂了。我告诉他：你所想象的事物被你蒙上了神秘的光环，实际等你拥有它的时候，它会和你此刻握在手中的杯子一样朴实。而他不能听从我的建议。他深陷入欲望中，由此偏执，不能自拔。

欲望的事物是一个发光体，充满神秘和迷惑性，这是人们痛苦的根源。

生命的长度无须受制于肉体自然的衰败，它应该是受你的心灵、你的美与快乐的需要而去确定。

人具有死亡的权利。我们应当主张快乐人生，就是但凡在你活着的每一时刻你都是安宁与快乐的，如果你受到了生命中的重创，你评估这种创伤是难以挽回的，你可以自由地选择死亡。死亡并不是邪恶的、可怕的，它是自由的象征，没有什么比它更为高尚，更为美丽。

如果这个世界接受"死亡权利"，我们会发现我们活着会显得轻松愉快、安详。它将击垮一切陈腐的人生观和价值观。每个人也都因此真正平等！

生命如艺术品一样，不论其长短，都在生命的过程中彰显着属于他的奇妙意义。我的这段生命也许只是为了一段旅程，也许只是为了一段风景，也许只是为了一段爱情，这正是生命的伟大意义之所在。

如果这样，我们会发现，我们生存的这个世界处处充满了生机、美和喜悦。

最困扰我们的欲望，其一是爱情，其二是爱情中的性。而当我们所渴望的事物真的变成现实的时候，我们会发现，原来它并非那么华丽，有时还让我们觉得充满了极强的欺骗性。

——所有真实的都是朴素无华的。所有激情的渴望和热爱如果能给我们带来快乐，那我们可以去抱有那份欲望。如果它给我们带来了痛苦，我们一定要警觉它的虚幻性！

所有人的人生都是极度平凡的，你所看见的那些你未得到、你渴望得到的所谓的幸福，也极度平凡，不要被自己的欲望（想象）所欺骗。

有理想并且为之一直坚持、努力奋斗的人是很伟大的，也一定是开心的，总有一天会实现自己的理想。

理想是清洁剂，能够清除一切人类自身的污垢；理想是指路明灯，指引人们坚定地奋勇前行；理想是良药，除掉人类自身的孤独、痛苦、郁闷、彷徨、空虚、伪善、邪恶、自私、狡诈……理想犹如黎明前海面喷薄而出的太阳，将刺破笼罩大地的黑暗；理想犹如鲲鹏展翅，一飞覆盖千万里；理想犹如鹰击长空，掠过乌云雷电。我们奋起吧，把理想注入我们心间，为成就一切汇集无穷的力量。

2. 职业理想

（1）职业理想内涵

职业理想是人们在职业上依据社会要求和个人条件，借想象而确立的奋斗目标，即个人渴望达到的职业境界。职业理想能否实现或实现的程度，取决于个体所从事的职业实现的程度，职业理想达到理想状态，个体的社会理想、道德理想、生活理想也能达到理想的状态，又由于个体的职业活动受社会活动的制约，所以社会理想又制约着职业理想。同时，个体的价值观、职业期待、职业目标与职业理想也有密切的关系，此外，通过职业理想，职业活动和职业成就也能得到提前反应。

（2）职业理想的特点

从内涵中可知，职业理想有以下四个特点。

第一，社会性。亚里士多德说过："人是社会性动物。"这说明人的活动离不开社会，个体通过职业活动担负起社会的责任，而社会是否有序、是否稳定，社会经济是否发达，社会文化是否具有正能量，都决定着个体职业理想能否实现。作为教师，利用教师职业的特有条件，充分发挥教育功能，会更加有利于实现教师所担负的社会职责。现阶段，教师的职责就是围绕中国的两个一百年奋斗目标进行，自此，职业理想也就顺利得以实现。

第二，差异性。职业是多样性的，一个人选择什么样的职业，除了受社会、国家、时代和环境要求制约外，还和个人的品德节操、行为举止、政治思想觉悟、人生观、知识结构、能力水平、兴趣爱好、气质性格、性别特征和身体状况等都有很大的关系。品德节操、行为举止决定着一个人职业理想实现的品位；政治思想觉悟、人生观决定着一个人的职业理想方向；知识结构、能力水平决定着一个人的职业理想追求的层次；兴趣爱好、气质性格、性别特征、身体状况影响着一个人职业理想的定位。作为一名教师，在这些方面要不断修炼，它们将决定我们自己职业理想实现的程度。

第三，发展性。一个人的职业理想的内容会因时因地因事而变化。随着年龄的增长、社会阅历的增强、知识水平的提高，职业理想会由朦胧变得清晰，由幻想变得理智，由波动变得稳定。因此，职业理想具有一定的发展性。如孩提时代，想当一名警察，长大后却成了一名教师的事实就说明了这一点。

第四，时代性。社会的分工、职业的变化，是影响一个人职业理想的决定因素。生产力发展的水平不同、社会实践的深度和广度的不同，人们的职业追求目标也会不同，因为职业理想是一定的生产方式及其所形成的职业地位、职业声望在一个人头脑中的反映。如计算机的诞生，从而演绎出与计算机相关的职业，如计算机工程师、软件工程师、计算机打字员等职业。

（3）职业理想的作用

第一，导向作用。理想是前进的方向，是心中的目标。人生发展的目标是通过职业理想来确立，并最终通过职业理想来实现。俄国的托尔斯泰曾说过："理想是指路的明灯，没有理想就没有坚定的方向，就没有生活。"我们在学习、生活、工作中也已经深切地感受到，一旦学习目的不明确，学习的热情就会低落，学习的效果就不明显。因此，有了明确的、切合实际的职业理想，再经过努力奋斗，人生发展目标就会实现。

第二，调节作用。职业理想在现实生活中具有参照系的作用，它指导并调整着我们的职业活动。当一个人在工作中偏离了理想目标时，职业理想就会发挥纠偏作用，尤其是在实践中遇到困难和阻力时，如果没有职业理想的支撑，人就会心灰意冷、丧失斗志。此外，如果一个人只把自己的追求定位在找到"好工作"上，即便是将来有实现的可能，也不能算是崇高的职业理想，因为，这样的理想一旦实现，就会不思进取，甚至虚度年华。总之，一个人只有树立正确的职业理想，无论是在顺境还是在逆境，都会奋发进取，勇往直前。

第三，激励作用。职业理想源于现实又高于现实，它比现实更美好。为使美好的未来和宏伟的憧憬变成现实，人们会以坚忍不拔的毅力、顽强的拼搏精神和开拓创新的行动去为之努力奋斗。12岁时，周恩来就发出"为中华之崛起而读书"的誓言，表达了他从小立志振兴中华的伟大志向。我们应该向敬爱的周总理学习，从小立志，树立一个崇高的人生目标，然后，为实现这个目标坚持不懈，奋斗不止，为国家、为人民做出贡献，这样的人生才有意义。

 知识拓展

"好老师"的四个要素

在庆祝第30个教师节时，习近平总书记与北师大师生代表座谈时发表了《做党和人民满意的好老师》长篇讲话，对教师队伍素质建设提出"好老师"的四个要素。

1. 做好老师，要有理想信念。

广大教师要始终同党和人民站在一起，自觉做中国特色社会主义的坚定信仰者和忠实实践者，忠诚于党和人民的教育事业。要用好课堂讲坛，用好校园阵地，用自己的行动倡导社会主义核心价值观，用自己的学识、阅历、经验点燃学生对真善美的向往。

2. 做好老师，要有道德情操。

老师对学生的影响，离不开老师的学识和能力，更离不开老师为人处世、于国于民、于公于私所持的价值观。老师是学生道德修养的镜子。好老师应该取法乎上、见贤思齐，不断提高道德修养，提升人格品质，并把正确的道德观传授给学生。

3. 做好老师，要有扎实学识。

扎实的知识功底、过硬的教学能力、勤勉的教学态度、科学的教学方法是老师的基本素质，其中知识是根本基础。好老师还应该是智慧型的老师，具备学习、处世、生活、育人的智慧，能够在各个方面给学生以帮助和指导。

4. 做好老师，要有仁爱之心。

爱是教育的灵魂，没有爱就没有教育。好老师要用爱培育爱、激发爱、传播爱，通过真情、真心、真诚拉近同学生的距离，滋润学生的心田。好老师应该把自己的温暖和情感倾注到每一个学生身上，用欣赏增强学生的信心，用信任树立学生的自尊，让每一个学生都健康成长，让每一个学生都享受成功的喜悦。

3. 教师的职业理想

古人云：师者，所以传道授业解惑也。作为教育工作的核心人物，教师是一个神圣而伟大的职业，承载着传授知识、启迪思维、完善人格、传承文明、发展自身的神圣使命，担负着培育人才的重任，对祖国的富强起着极其重要的作用。他的行为举止、个性特征影响一代代的学生，影响着社会的进程，影响着历史的发展，甚至影响着一个民族的存在和发展。因此，教师的作用怎么说都不为过，是其他任何职业都无法取代的。

中国是一个文明古国，几千年来一直非常重视教育，从孔夫子周游列国、广纳门徒，到隋朝开设科举、招才纳贤，无不显示了我们中华民族是个懂教育、会教育的民族，也正是因为这个，我们泱泱中华才能创造辉煌的文明，将文明之火几千年不断地传承至今！

可见，教师是最崇高的职业，只有把职业提升为事业，树立高尚的职业理想，才会在平凡而崇高的教书育人中取得非凡的成就。所以说教师的职业理想是教师对未来的职业目标的向往和追求，它将远大的目标和平凡的职业生活联系起来，从而产生一种巨大的精神力量。由此我们不得不深入思考：教师的作用如此重要，但如果教师没有职业理想，那教师的作用又能发挥到什么程度呢？可以说在一定程度上，教师的职业理想决定着教师作用的发挥，决定着良好形象的塑造，决定着自己怎样为人类社会的进步发展做出自己应有的贡献。换句话说，实现教师职业理想的途径有哪些呢？

第一，道德素养要过硬。在教育教学中，教师的思想、行为、作风和品质，每时每刻都在感染、熏陶和影响着学生，有的甚至会影响他们的一生。俄罗斯教育家乌申斯基认为：教师的自身形象对青少年心灵的影响是"任何教科书、任何道德箴言、任何惩罚和奖励制度都不能代替的一种巨大的教育力量"。这说明教师的职业是以灵魂塑造灵魂的劳动，榜样的力量不容忽视。当前，随着我国教育整体水平的提高，特别是随着基础教育改革的不断深化，以及基础教育课程改革的逐步启动，我国教师队伍的质量与全面实施素质教育的要求的差距明显地表现出来，而教师的职业理想却起着扭转局面的决定性作用。汉代学者扬雄认为："师者，人之模范。"作为教育的主导因素，教师施教于人，对学生起着影响外因、改造内因的作用。其自身的行为规则以及其主观能动性直接作用于学生，使主体发生变化，所以教师是时时刻刻以一种被模仿的形象存在。教师若不能在学生中树立起高大的形象，自然也无法成为"人之模范"，更何况"以德育人"。己身不正，焉能正人？从这个意义上来讲，师德是教育的一个根本。正如孔子所说的："其身正，不令而行，其身不正，虽令不从。"这说明要求学生做到的，教师自己首先应该做到；如果要求学生不能做的，教师自己也要坚决不做。只有处处为学生当榜样，事事为学生做表率，严于律己、以身作则，才能使学生"亲其师，信其道"，收到"不令而行"的效果。

第二，自我能力要提高。知识能力是教师从事教育工作的前提条件，一个合格的现代教师师德要达到高境界，被学生悦纳和尊崇，教师的知识能力是基础。新时代下，我们要具有科学、哲学的理论修养，精深的专业知识，广博的科学知识，基本的教育科学理论，富有成效的教学和学习指导能力，对学生的生活、就业指导能力，理解和把握学生心理的能力，创造性接受新事物、新思想、新观念的学习能力，兼收世界文化精华、继承民族文化传统、把握社会发展的方向的能力；同时，还要具教育管理能力，独立自修能力及健康的身心素质。这就要求我们要不断地学习，完善自身的学识修养。学生要阅读，教师更要进行阅读。从知识层面到教育管理，都要熟悉。从丰富的知识海洋里，吸取我们所需要的养料。使自己的丰富学识成为影响学生的人格魅力，正所谓"高山仰止，景行行止，虽不能至，然心向往之"。

第三，教学理念要正确。教师要确立"以人为本"的理念，形成为学生全面和终身发展而工作的基本职业理想。教师的工作，平凡中蕴含着伟大，辛苦中潜存着幸福。教师要把教育工作作为神圣的事业去追求，建立起只要勇于实践，勤于积累，通过辛勤的劳动定会成为优秀老师的信心，发扬艰苦奋斗、埋头苦干的精神，在实践中追求教育的成功和幸福。教师在教育教学的过程中，要积极地观察每一个学生，认真地倾听每一个学生的发言，设身处地地感受学生的所作所为、所思所想，尽量使自己具备学生的心灵，走进他们的情感世界，去体验他们的感觉，这样便会有惊人的奇迹出现：师生变成朋友，学校成为乐园，谁也不觉得你是老师，你便成为了真正的老师，这样的教育才最能奏效。所以，教师要突出"以人为本"的思想理念，把促进学生的终身发展，促进学生健康主动、全面的发展，作为自己的最基本的职业理想。

第四，角色定位要准确。在从事教育工作的过程中，应该明确教师的劳动是什么，作用又是什么。"传道，授业，解惑"是最为基本的职责，两千多年来，教师都是作为文明的传承者而存在，中国的教育创始人——孔子也曾说"诲人不倦"。撇开传统的观念不说，在现代，我们就是要用自己的知识、人格去影响学生，熏陶学生，让学生形成良好的人品，学到丰富的学识及技能，学会生存、合作、交流等。教师不仅要有这种人格的力量令学生所敬佩，还要以最佳的思想境界、精神状况和行为表现，积极地影响教育学生，使他们健康成长。

"师者，人之模范也。"古语云："学高为师，身正为范。"孔子曰："其身正，不令则从，其身不正，虽令不从。"学校是心灵接触最微妙的地方，它要求教师用自身的知识、信念和个性去影响和感召学生。教师要教育，就要用心灵去工作，用自己的高尚情怀和人格魅力，去不断地唤醒、激活和弘扬存在于每个同学心中的学习智慧、自尊心与自信心以及为人处世的积极态度。"人类灵魂的工程师""燃烧着的蜡烛"是社会对教师职业的高度评价，也是社会对教师角色的定位。我们应该对社会期待进行自我角色认同，不要把教师群体过分地神圣化，看似天上的神仙，不食人间烟火。应该明确健全的教师人格是师德的根本，充满爱心和责任意识是师德的灵魂，从而以巨大的热情去关爱学生、教育学生；用自己的智慧去探索和创造，开拓新的教育之路，让"太阳底下最光辉的职业"名副其实，更焕以光彩。

第五，创新思维要锻炼。在知识社会里人类知识总是急骤增长，知识陈旧率越来越快，因此必须时时更新知识，"生有涯，而知无涯"，每一位教师都应审时度势，把握时代发展的脉搏，树立终身学习的观念，将朴素的"活到老，学到老""学习，学习，再学习"的思想贯穿于日常工作、生活中，向书本学习，向实践学习，不断提高自己的专业素养。争做创新型教师，善于吸收最新的教育科技成果，将其积极应用于教学中，并且能有自己独特的见解，从中发现行之有效的教学方法，以不断推进教育、教学创新措施的落实。从自己的教育教学实践中得出一点有效的经验和反面教训，学会反思，注重积累一点一滴的经验，不断地工作，不断地总结，不断地发展，使自己逐步向创新型老师迈进。同时努力做到与其他教师真诚合作，确保信息资源共享，并在工作中虚心听取别人的意见和虚心向别人请教，在和谐的氛围中共同研究、共同进步。另外教师应将职业责任在思想上的承认和自觉认同，转化为认真履行的道德义务，落实到全部实际行动中，真正做到热爱学生，对学生全面负责，坚持教育对学生负责、对家长负责和对社会负责、对事业负责的一致性原则。

依托生命，激扬生命，教育就可以享受生命的神奇，使传承和发展文明的事业呈现良性发展状态，教师这一职业是神圣的，但教师绝不是神，被神化只能多了盲目少了理性，多了忐忑少了从容。因为我们选择了教师这一职业，只有不断地精进提高，用心地审视自己、审视自己的学生、审视自己和自己的学生日复一日地共同进行着的教与学的活动，如此才能夯实职业理想，也才有可能在教育中激扬生命。让我们在教育的广阔天地中挺起那深深嵌在脊背上的责任，以一腔热情铸成教育改革奔腾的血液，坚守自己的职业理想，以怀瑾握瑜浸染学生的心灵，以博闻强识熏染学生的才智，塑造良好的教师形象，奏响教育创新与进取的交响，一路高歌远航！

 道德故事

为一大事来

陶行知是我国近代人民教育家。他有一句名言："人生天地间，各自有禀赋。为一大事来，做一大事去。"他非常重视国民教育，认为"教育是共和国的保障"，因此，他把毕生精力都投入到"教育"这一大事中来。

1923年，陶行知组织了平民教育促进会，编写《平民千字课》，奔波于全国十几个省市，致力于平民教育。他把《平民千字课》作为教材，送到平民百姓家里，劝家家户户都要识字读书。他活动的经费多数都是自己写书得的稿费。

一次，他得到了1万多元稿费，拿回家锁在柜子里，承担着所有家务的妹妹看见了，问他："家里有老有小，钱也不多，能不能留1/4给家里用？"陶行知想了想，温和地说："我要去南京劳山脚下办晓庄师范，这钱要作为办学的经费。我们家虽穷，粗茶淡饭还能维持。中国这么多农民非但没有饭吃，更没有文化。用这钱去办学校，是为农民烧心香，是尽我们的绵薄之力去帮助他们。你在家里省着点用，算是帮我去办大事吧！"妹妹理解了他，默默地点了点头。

1927年，陶行知办起了晓庄师范学校，开展乡村教育活动。1930年4月，国民党反动政府武力封闭了这所学校，还通缉陶行知。1932年，陶行知在上海先后创办了"山海工学团""晨更工学团""劳工幼儿园"，继续推行中华普及教育运动。

1939年7月，陶行知在四川重庆附近的合川县为难童创办育才学校，在普修课外，为一些有特殊才能的儿童，开设音乐、戏剧、绘画、文学、社会、自然、舞蹈等课，培育人才。这个学校办得有声有色，为国家培养了不少专门人才。当时政治形势紧张，经济非常困难，为了把学校办下去，陶行知经常要为募集资金四处奔波，自己的生活也非常艰苦。

盛夏的一天，学生高缨听说书店到了一些好书，想去看看。可是自己不认识路，就想请陶行知陪他一起去。他来到先生窗前，那情景使他吃了一惊：先生打着赤膊，脸上、身上流淌着汗水，正在伏案疾书。高缨不好意思地把自己的来意告诉先生，没想到陶行知很快地回答："现在不成。"高缨失望了，他很奇怪，先生平时最喜欢和学生在一起，也最愿意帮助人，今天是怎么啦？陶行知好像看出了他的疑惑，手指着晾在窗外的衬衫说："我很高兴陪你去书店，可是我的衬衫还没有干。过一小时你再来，好吗？"高缨望着那还在滴水的白衬衫，心想：先生找借口吧？他说了一句"那就算了"，不高兴地回去了。

过了一小时，陶行知穿着还没干透的白衬衫，笑嘻嘻地来找高缨。高缨还躺在床上生闷气呢，见了先生，忙起身一起上街。后来，高缨还是想不通，就去问副校长马侣贤。马先生说："大家都知道陶行知是个名人，可是有谁知道，他为了你们这些孩子，几乎到了山穷水尽的地步。为了坚持办学，他把自己的大衣和呢裤子都送到当铺去了，换来的几文钱解决了一天的菜金。夏天，他只有一件像样的衬衫，这也不稀奇呀！"高缨听着马先生的话，眼圈红了，他的耳边又响起了陶先生上课时讲过的话："为了劳苦大众，我们吃草也干；为了受苦小孩，我们要饭也干！"他的眼前出现了陶先生和同学们一起喝稀饭，鼓励大家"勒紧裤带共渡难关"的情景，他仿佛明白了：为了办学，先生舍得一切。

故事启迪

"为了办学，先生舍得一切。"这是对陶行知先生教师职业理想的最好写照。陶行知先生为了探索一条办学道路，不辞辛苦、不怕疲劳、兢兢业业，终于把学校办得有声有色，终于取得了较好的成果，终于赢得了大家的认可，这对于一个教育者而言，是最大的安慰，是最高的褒奖，是最真诚的认可。

第三节　教师职业的四个维度

增强职业认同感，是为了高度敬业，但只有敬业还远远不够，还要乐业，把自己所从事的职业当成人生一件快乐的事情来做，所产生的各方面的效果就显得尤为突出。工作本质上是一种责任、一种担当，只有勤业，才能尽到责任，才具有担当精神。敬业、乐业、勤业这三点，都要落脚于精业。只有精业，才能把专业做好，才能成为一个称职的教师。敬业、乐业、勤业、精业这四个方面就是教师职业的四个维度，我们教师要在这四个维度上下工夫，才能真正地回到我们问题的落脚点，即通过四个维度树立正确的职业理念。

一、敬业

敬业是中国人民的传统美德，中华民族历来有"敬业乐群""忠于职守"的传统。

《现代汉语词典》对"敬业"一词的解释是："专心致力于学业或工作。"敬，原是儒家哲学的一个基本范畴，孔子就主张人在一生中始终要勤奋、刻苦，为事业尽心尽力。他说过"执事敬""事思敬""修己以敬"等语，意思是人在一生中始终要勤奋、刻苦，为事业尽心尽力。北宋程颐更进一步说："所谓敬者，主之一谓敬；所谓一者，无适（心不外向）之谓一。"南宋著名思想家朱熹则解曰："敬业者，专心致志以事其业也。"也就是说从业者敬重自己从事的职业，热爱自己本职工作，兢兢业业，埋头苦干，认真负责，一心一意，任劳任怨，精益求精，以恭敬之心履行自己的职责。美国作家哈伯德说："一个人即使没有一流的能力，但只要你拥有敬业的精神同样会获得人们的尊重；即使你的能力无人能比，却没有基本的职业道德，一定会遭到社会的遗弃。"

可见，"敬"是指一种思想专一、不涣散的精神状态。敬业是一个道德的范畴，是人们在某集体的工作中，严格遵守职业道德的工作态度。敬业精神是个体以明确的目标选择、朴素的价值观、忘我投入的志趣、认真负责的态度，从事自己的主导活动时表现出的个人品质。敬业精神是做好本职工作的重要前提和可靠保障。

古语云："良匠误器，器可他求；庸妇误衣，衣可别裁；庸师误子弟，子弟可复胚乎？"作为新时代的教师，对自己的工作不能慵懒、倦怠、不求进取，否则，就会沦为庸师。教师责任重大，不能做"庸师"，要有必要的良知和真才实学，尽最大努力去教育好每一个孩子。

二、乐业

乐业谓愉快地从事本业。无论从事什么样的职业，都愉快地去做，"干一行，爱一行"，就是从业的最高境界。中国共产党的两万里长征，要是没有对革命事业的乐观主义，在那种恶劣的环境下，是难以完成的。这一点恰恰是体现了中华民族的优良传统，历史上，我们的先贤就这样论述了乐业。如《晏子春秋·问下二五》："道用，与世乐业；不用，有所依归。"此处的"乐业"，意为愉快地从事本业、热爱自己的岗位，只有热爱自己的职业才能最大限度激发工作的积极性、主动性和创造性；孔子说："知之者不如好知者，好知者不如乐之者。"此处的"乐"指对个人所做的事情要有兴趣，才能把事情做到最好；孔子又说："其为人也，发愤忘食，乐以忘忧，不知老之将至云尔。"此处的"乐"意思是做事情时要有"入进去"的精神，方能因做事而忘记一切烦恼。《史记·律书》中有一句："文帝时，会天下新去汤火，人民乐业，因其欲然，能不扰乱，故百姓遂安。"此处的"乐业"就是说如果老百姓能够进行快乐地生产，则天下平稳，百姓安康。宋朝文天祥在《与文侍郎及翁》中说道："早禾甚稔，晚稻亦可望，诸县民皆乐业，无持梃为盗如宿昔者。"此处是指老百姓快乐地进行农业生产，社会无盗贼，百姓就能安居乐业。明朝冯梦龙《东周列国志》第十八回："当今天子在上，寡人率诸侯宾服于下，百姓乐业，草木沾春，舜日尧天。"此处"乐业"指的是在统一的社会中，百姓就能安安稳稳地进行生产、生活，就能使社会重现"舜日尧天"。清代恽敬《三代因革论七》："知官役之可减而苛扰之事除，知民役之可尽罢而海内皆乐业矣。"此处"乐业"讲的是天下人无论从事什么样的职业，只要做到"官役之可减、苛扰之事除、民役之可尽罢"，天下百姓就能各安其事，"海内皆可乐业"。所以说，具有"乐业"心境，精神状态自然就能较高的状态，就会真的做到"不知老之将至云尔"。

三、勤业

美国心理学家雷蒙德·卡特尔把智力的构成区分为流体智力和晶体智力两大类。所谓流体智力是一个人生来就能进行智力活动的能力，即学习和解决问题的能力，它依赖于先天的禀赋，随神经系统的成熟而提高的，如知觉速度、机械记忆、识别图形关系等不受教育与文化影响。流体智力属于人类的基本能力，受先天遗传因素影响较大，受教育文化影响较少。流体智力的发展与年龄有密切的关系：一般人在 20 岁以后，流体智力的发展达到顶峰，30 岁以后随着年龄的增长而降低。而晶体智力是指对从社会文化中习得的解决问题的方法进行应用的能力，是在实践（学习、生活和劳动）中形成的能力。这种智力在人的整个一生中都在增长，受后天的经验影响较大，主要表现为运用已有知识和技能去吸收新知识和解决新问题的能力，这些能力不随年龄的增长而减退，因为它包括了习得的知识和技能，例如词汇、一般信息和审美问题等。

在这里之所以引入智力概念，是想告诉我们，智力中的晶体智力与个人勤奋密切相关的，也可以说，勤奋也是一种智力，"勤能补拙"，"笨鸟先飞"，意思就是勤奋也能弥补先天不足，还有为什么我们常常称有智慧的老头为"智叟"也是这个意思。《尚书》有句"功崇惟志，业广惟勤"，意思是事业崇高只有靠志向，事业宏大只有靠勤勉。唐朝韩愈的"业精于勤荒于嬉"，则是直接道明了"勤业"的可贵。《伤仲永》的故事想必大家知道，就是凭着先天的流体智力到处混饭吃，失去了后天的勤奋与努力，长大后也只是平凡人一个。所以说，任何时候我们只有勤于自己的事业才能把事业干好，把主要精力放在事业上才能成功；而一味的懒惰和嬉戏，忽视了自己的本业就必将把自己的事业荒废而至失败。勤业不仅是一种体现在外表的勤奋、勤劳，而且是一种督促自己、严格要求自己的美德品质。

四、精业

精业，就是对自己从事的职业，以精益求精的态度对待工作，认真负责、高效完美地做好自己的工作。我们要把事情当成一种追求、一种目标来追求，才能通过"精业"把事情做到极致、做到细致、做到严密，事情就会达到完美、达到最好、达到尽善。

看过《大国工匠》纪录片的人，一定会为那些工匠们的精湛技艺惊叹不已。精业的含义在工匠身上得到最好的诠释。有人把我们教师称为"教书匠"，其实这才是最好的称呼，每个孩子到我们手里前，都是未成品，如果我们有"如切如磋，如琢如磨"的匠人精神，对每一个孩子精雕细琢，他们都将会成为一块美玉。不管自己的教龄是长是短，回想一下自己的教学过程，教案精雕细琢了吗？方法使用精雕细琢了吗？教学过程精雕细琢了吗？学生特点精雕细琢了吗？课堂精雕细琢了吗？每个知识点精雕细琢了吗？等等，所以说，我们还远远没有达到"教书匠"的地步。

精业是一种态度。精业的态度是精业之源，没有树立精业的态度，就不会有精业的行动，更难有精业的成果。作为教育者精业的态度就是高度负责、一丝不苟、精益求精、事争一流的态度，就是用一流的精神状态，一流的工作标准，一流的工作作风，赢得一流的工作成效。精业是坚持诚信立业、稳健行远、服务教育、奉献社会的态度。

精业是一种实力，实力是精业之基，精业的实力是靠不懈的学习和勤奋的实践锻造出来的；精业是一种行动，行动是精业之本，只有行动才能体现态度、才能检验实力。"一百次心动不如一次行动！"难在行动、贵在行动、成也在行动。如果不付诸行动，再端正的态度，再雄厚的实力，也只能是空中楼阁、无根浮萍，永远不会转化为精业的成果。唯有行动，也只有行动，才能把美好的蓝图变为现实。

 道德故事

诲人不倦忠诚事业

徐特立60岁的时候，在一篇3000字的自传里，提到自己"一生都是教书。从蒙馆、初小、高小、师范、一直到高等师范，我都担任过教员。在高等师范当教员时也没有脱离小学校职务，因为我爱教小学生"。徐特立从宁乡速成师范毕业以后，怀着"创造事业"的理想，就和两位志同道合的朋友一起，创办了梨江高等小学堂。半年以后，徐特立应邀到长沙周南女校任教。辛亥革命以后，为了发展小学教育，徐特立白手起家，办起了长沙师范。当时，为解决家乡农民子弟求学问题，还自费办了一所五美小学。后来，他又在湖南第一师范任教。参加革命以后，他在中央苏区担任教育人民委员部副部长，培训扫盲骨干，开展扫盲运动；又艰苦创业，办起了中央列宁师范。在艰苦的长征途中，徐特立也没有忘记自己教育家的职责，抓住每一个机会，教战士们学文化，他的热情、耐心使战士们深受感动。

徐特立办教育，有自己的主张，敢于向历史的偏见挑战。过去，学校的大门不向贫苦大众开放，徐特立创办长沙师范时，就大胆地招收了一个铁匠和一个退伍兵，破了先例。这件事在教育界引起了一些人的闲言碎语，有人嘲笑他是补锅的，还给他起了个绰号——"徐二镥锅"。徐特立反而很高兴、很自豪。在教学实践中，他平日最喜欢贫苦学生，他办过夜校以给他们更多的受教育机会，知道他们并不缺乏聪明才智，从他们中间是可以造就人才的。

徐特立主张教育民主，注意引导和调动学生的积极性。他在长沙师范当校长的时候，当时14岁的田汉和几个喜欢文学的同学，经常在自修室的窗户上贴一些打油诗，逗得人们捧腹大笑。其中两首是学习藏头诗的做法，把校长徐特立、老教师首之龙和黄竹村的姓名也嵌了进去。一首说："特立狂涛骇浪中，宝刀血溅首之龙。"另一首写道："黄竹村中鸡犬喧。"两位老教师看后气得浑身颤抖，要求校长严斥学生。徐特立安慰了两位老教师后，就立即找来学生。田汉说："我们对黄先生和首先生毫无恶意，是一时兴起，开开玩笑，逗大家快乐。"徐校长确信他讲的是真话，又觉得诗句中透露着学生的才智，便和气地告诉他们：喜欢写作是一件好事，只是不要把时间、心思花在游戏笔墨中，最好写些有意义的文篇，锻炼自己的才干。校长的谈话鼓励了学生们办《窗户报》的积极性。一时像雨后春笋，几乎每个自修室的玻璃窗上都贴出了窗户报。田汉办的《祖鞭报》尤为突出，他用痛快淋漓的笔调，抒发了爱国爱民的思想。徐特立便经常把《窗户报》上的优秀诗文，转载到自己编的《教育周报》上，老教师们的态度改变了，学生们更是高兴。

徐特立不喜欢用强硬的方法管理学生。在任湖南省立第一女子师范学校校长的时候，他明确提出："教育学生不应该用强制手段，更不应该用粗暴的态度。中国古代温柔敦厚的'诗教'，今天学校教育中还用得着。"为了实行"诗教"，他在学生自修室通往教室的走廊上，悬挂了一块大黑板，专门用来写诗。有一次，他得知有一个姓汤的学生和一个姓余的学生，拼命读书，影响了身体健康，觉得很不好，就写诗建议他们停学休息，同时也算对大家敲一下警钟。诗是这样的：

"我劝汤生并劝余，劝君休业莫踌躇。为何瘦得皮包骨，不爱身躯只爱书。"

徐特立很注意节俭治校。有些教师上课，粉笔头总是随手扔掉。而徐特立见了，总要捡起来，留着自己上课、写黑板诗时用。有些学生说他"小气"，他就写下了这样一首黑板诗：

"半节粉条犹爱惜，公家物件总宜珍。诸生不解余衷曲，反谓余为算细人。"

读了这首诗，说他"小气"的学生明白自己错了。发现有同学浪费饭菜，徐特立就找她们谈话，并且写诗教育大家；看到有两个班的学生学习成绩很突出，徐特立就写诗鼓励她们，说明女生智力并不比男生差……同学们每天都要去读读黑板诗，不论是表扬、批评，还是规劝，都是一次思想品德教育。徐特立给黑板诗起了一个总题目，叫做《校中百咏》。

徐特立也有严厉的时候，却又与众不同。一次，一个叫粟福基的学生闹事，经过校务会议讨论，决定给予开除处分。徐特立开始是赞成的，可是事后心里总不踏实。他越想越觉得不能把粟福基推出校门不管，他想到这个同学学习不错，也有组织才干，不该轻率开除。他马上派人把粟福基从家里找来，跟他做了一番严肃、诚恳的谈话，然后介绍他到长郡中学继续上学。粟福基十分感动，后来成了长郡中学一个品学兼优的学生。

故事启迪

敬业的人是最受尊敬的人。毛泽东说："你以前是我的先生，现在也是我的先生，今后永远是我的先生。"这是对徐特立敬业的最直接的肯定。从其一生事迹中，无论徐特立处于什么样的地位，他都是那样兢兢业业、一丝不苟，唯恐不能把工作做到最好。

 师德体验

教师如何发展事业

经过十几年的求学，无论你是自愿还是其他原因，现在的你就是一名教师，一名在学生心目中能够给予指导的教师，你在教育道路上孜孜以求，不断奋进，终究会达到你的理想状态。达到这个状态，你需要理解三个问题：一是如何处理职业与事业的关系；二是像珍惜生命一样珍惜你手中的这份工作；三是人生的最大乐趣来自于敬业、忘我地工作。但在事业道路上，会有很多拦路虎，想一想现实中有哪些拦路虎，请你认真地写在下边的横线上。

自己事业中的各色"拦路虎"：

社会上的"拦路虎"：

1. _____

2. _____

3. _____

4. _____

5. _____

家庭中的"拦路虎"：

1. _____

2. _____

3. _____

4. _____

5. _____

单位里的"拦路虎"：

1. _____

2. _____

3. _____

4. _____

5. _____

个人的"拦路虎"：

1. _____

2. _____

3. _____

4. _____

5. _____

　　当你认真地写出来后，你一定会很惊讶，原来生活中这么多的"拦路虎"。这时候你的大脑一定浮想联翩，好啊，趁此机会，把这些想法写出来吧！如果你愿意，还可以与你身边的同事、家人、朋友分享。

　　我的感想：_____

_____

_____

名篇选读

青年在选择职业时的考虑

　　自然本身给动物规定了它应该遵循的活动范围，动物也就安分地在这个范围内活动，不试图越出这个范围，甚至不考虑有其他什么范围的存在。神也给人指定了共同的目标——使人类和他自己趋于高尚，但是，神要人自己去寻找可以达到这个目标的手段；神让人在社会上选择一个最适合于他、最能使他和社会都得到提高的地位。

　　能有这样的选择是人比其他生物远为优越的地方，但是这同时也是可能毁灭人的一生、破坏他的一切计划并使他陷于不幸的行为。因此，认真地考虑这种选择——这无疑是开始走上生活道路而又不愿拿自己最重要的事业去碰运气的青年的首要责任。

　　每个人眼前都有一个目标，这个目标至少在他本人看来是伟大的，而且如果最深刻的信念，即内心深处的声音，认为这个目标是伟大的，那它实际上也是伟大的，因为绝不会使世人完全没有引导，神总是轻声而坚定地作启示。

　　但是，这声音很容易被淹没；我们认为是灵感的东西可能须臾而生，同样可能须臾而逝。也许，我们的幻想油然而生，我们的感情激动起来，我们的眼前浮想联翩，我们狂热地追求我们以为是神本身给我们指出的目标；但是，我们梦寐以求的东西很快就使我们厌恶——于是我们的整个存在也就毁灭了。

　　因此，我们应当认真考虑：所选择的职业是不是真正使我们受到鼓舞？我们的内心是不是同意？我们受到的鼓舞是不是一种迷误？我们认为是神的召唤的东西是不是一种自欺？但是，不找出鼓舞的来源本身，我们怎么能认清这些呢？

伟大的东西是光辉的，光辉则引起虚荣心，而虚荣心容易给人鼓舞或者是一种我们觉得是鼓舞的东西；但是，被名利弄得鬼迷心窍的人，理智已无法支配他，于是他一头栽进那不可抗拒的欲念驱使他去的地方；他已经不再自己选择他在社会上的地位，而听任偶然机会和幻想去决定它。

我们的使命绝不是求得一个最足以炫耀的职业，因为它不是那种使我们长期从事而始终不会情绪低落的职业，相反，我们很快就会觉得，我们的愿望没有得到满足，我们理想没有实现，我们就将怨天尤人。

但是，不只是虚荣心能够引起对这种或那种职业突然的热情。也许，我们自己也会用幻想把这种职业美化，把它美化成人生所能提供的至高无上的东西。我们没有仔细分析它，没有衡量它的全部分量，即它让我们承担的重大责任；我们只是从远处观察它，然而从远处观察是靠不住的。

在这里，我们自己的理智不能给我们充当顾问，因为它既不是依靠经验，也不是依靠深入的观察，而是被感情欺骗，受幻想蒙蔽。然而，我们的目光应该投向哪里呢？在我们丧失理智的地方，谁来支持我们呢？

是我们的父母，他们走过了漫长的生活道路，饱尝了人世的辛酸。——我们的心这样提醒我们。

如果我们通过冷静的研究，认清所选择的职业的全部分量，了解它的困难以后，我们仍然对它充满热情，我们仍然爱它，觉得自己适合它，那时我们就应该选择它，那时我们既不会受热情的欺骗，也不会仓促从事。

但是，我们并不能总是能够选择我们自认为适合的职业；我们在社会上的关系，还在我们有能力对它们起决定性影响以前就已经在某种程度上开始确立了。

我们的体质常常威胁我们，可是任何人也不敢藐视它的权利。诚然，我们能够超越体质的限制，但这么一来，我们也就垮得更快；在这种情况下，我们就是冒险把大厦筑在松软的废墟上，我们的一生也就变成一场精神原则和肉体原则之间的不幸的斗争。但是，一个不能克服自身相互斗争的因素的人，又怎能抗拒生活的猛烈冲击，怎能安静地从事活动呢？然而只有从安静中才能产生伟大壮丽的事业，安静是唯一生长出成熟果实的土壤。

尽管我们由于体质不适合我们的职业，不能持久地工作，而且工作起来也很少乐趣，但是，为了恪尽职守而牺牲自己幸福的思想激励着我们不顾体弱去努力工作。如果我们选择了力不能胜任的职业，那么，我们就不能把它做好，我们很快就会自愧无能，并对自己说，我们是无用的人，是不能完成自己使命的社会成员。由此产生的必然结果就是妄自菲薄。还有比这更痛苦的感情吗？还有比这更难于靠外界的赐予来补偿的感情吗？妄自菲薄是一条毒蛇，它永远啮噬着我们的心灵，吮吸着其中滋润生命的血液，注入厌世和绝望的毒液。

如果我们错误地估计了自己的能力，以为能够胜任经过周密考虑而选定的职业，那么这种错误将使我们受到惩罚。即使不受到外界指责，我们也会感到比外界指责更为可怕的痛苦。

如果我们把这一切都考虑过了，如果我们生活的条件容许我们选择任何一种职业，那么我们就可以选择一种能使我们最有尊严的职业；选择一种建立在我们深信其正确的思想上的职业；选择一种给我们提供广阔场所来为人类进行活动、接近共同目标（对于这个目标来说，一切职业只不过是手段）即完美境地的职业。

尊严就是最能使人高尚起来、使他的活动和他的一切努力具有崇高品质的东西，就是使他无可非议、受到众人钦佩并高于众人之上的东西。

但是，能给人以尊严的只有这样的职业，在从事这种职业时我们不是作为奴隶般的工具，而是在自己的领域内独立地进行创造；这种职业不需要有不体面的行动（哪怕只是表面上不体面的行动），甚至最优秀的人物也会怀着崇高的自豪感去从事它。最合乎这些要求的职业，并不一定是最高的职业，但总是最可取的职业。

但是，正如有失尊严的职业会贬低我们一样，那种建立在我们后来认为是错误的思想上的职业也一定使我们感到压抑。

这里，我们除了自我欺骗，别无解救办法，而以自我欺骗来解救又是多么的糟糕！那些不是干预生活本身，而是从事抽象真理研究的职业，对于还没有坚定的原则和牢固、不可动摇的信念的青年是最危险的。同时，如果这些职业在我们心里深深地扎下了根，如果我们能够为它们的支配思想牺牲生命、竭尽全力，这些职业看来似乎还是最高尚的这些职业能够使才能适合的人幸福，但也必定使那些不经考虑、凭一时冲动就仓促从事的人毁灭。

相反，重视作为我们职业的基础的思想，会使我们在社会上占有较高的地位，提高我们本身的尊严，使我们的行为不可动摇。

一个选择了自己所珍视的职业的人，一想到他可能不称职时就会战战兢兢——这种人单是因为他在社会上所居地位是高尚的，他也就会使自己的行为保持高尚。

在选择职业时，我们应该遵循的主要指针是人类的幸福和我们自身的完美。不应认为，这两种利益是敌对的，互相冲突的，一种利益必须消灭另一种的；人类的天性本身就是这样的：人们只有为同时代人的完美、为他们的幸福而工作，才能使自己也过得完美。

如果一个人只为自己劳动，他也许能够成为著名的学者、大哲人、卓越诗人，然而他永远不能成为完美无瑕的伟大人物。

历史承认那些为共同目标劳动因而使自己变得高尚的人是伟大人物；经验赞美那些为大多数人带来幸福的人是最幸福的人；宗教本身也教诲我们，人人敬仰的理想人物，就曾为人类牺牲了自己——有谁敢否定这类教诲呢？

如果我们选择了最能为人类福利而劳动的职业，那么，重担就不能把我们压倒，因为这是为大家而献身；那时我们所感到的就不是可怜的、有限的、自私的乐趣，我们的幸福将属于千百万人，我们的事业将默默地、但是永恒发挥作用地存在下去，面对我们的骨灰，高尚的人们将洒下热泪。

——卡尔·马克思，写于 1835 年 8 月 12 日

第三章　爱国守法理念：师德修养的保障

不以规矩，不成方圆。

——孟子

我们爱我们的民族，这是我们自信心的泉源。

——周恩来

要求于人的甚少，给予人的甚多，这就是松树的风格。

——陶铸

爱国主义就是千百年来巩固起来的对自己祖国的一种深厚的感情。

——列宁

法律就是秩序，有良好的法律才有良好的秩序。

——亚里士多德

第一节　爱国守法释义

爱国守法是教师职业道德最基本的前提。作为一名教师，只有热爱自己的祖国，自觉遵守各项法律规章制度，带头做一个爱国守法的表率，形成良好的师德风范，才能为学生树立学习、效仿的榜样，才能为社会培养一代又一代合格的公民，才能最终实现"中国梦"。

一、什么是爱国

打开卷帙浩繁的中外教育史，爱国守法始终是教师职业道德的一个重要组成部分，所以正确理解新时期的爱国和守法对教师的职业道德修养具有重要意义。

在中国古文化中，很早就出现了"爱国"二字。《战国策·西周策》："今秦虎狼之国也，兼有吞周之意……周君岂能无爱国哉。"

《汉纪·惠帝纪》指出："封建诸侯各世其位，欲使亲民如子、爱国如家。"晋代葛洪的《抱朴子·广譬》："烈士之爱国也如家。"《晋书·刘聪传》这样说："臣闻古之圣王爱国如家，故皇天亦佑之如子。"宋朝曾巩在《和酬赵宫保致政言怀》中说："爱国忧民有古风，米盐亲省尚嫌慵。"所以，古时执政者强调人们爱国，但本质是维护皇权，人民生活在国中，但国不属于人民，但不能说古人没有爱国精神，这是大错特错的，历史上可歌可泣的爱国故事不胜枚举。但在最基层劳动人民的爱国意识是很淡薄的，尽管顾炎武喊出了"天下兴亡、匹夫有责"，但还是没能够唤醒国民的祖国意识、民族意识，这就是为什么会出现八国联军侵华时，中国的有些老百姓糊里糊涂地充当了侵华联军的向导。为了唤醒、加强和培养全体国人的民族主义意识，1901 年，梁启超发表《中国史叙论》一文，首次提出了"中国民族"的概念。在"中国民族"的基础上，1902 年梁启超正式提出了"中华民族"。自从国人的民族意识觉醒后，国人才真正地体现出了"爱国"的精神。众所周知，日本全面侵华时，国人的民族意识全面觉醒，全体国民投入到爱国救国的历史洪流之中去。那么，到了今天，爱国的含义已经更加全面、深刻，即在社会主义制度下，实行人民民主专政，国家属于人民，人民是国家的主人。这样，公民爱国，实际上就是爱自己国家的人民，捍卫公民自己的根本利益。如果爱人民，就必须保护人民赖以生存的土地（国土）、空间（领空，包括领海上的领空）、时间（历史文化）。

从上可以看出，爱国就是热爱祖国，祖国的直接体现是同胞，公民应该热爱自己的祖国，这是无条件的。在这里，祖国要和国家进行区分。国家的直接体现是政权，是阶级性的概念，国家应该服务自己的公民，就是掌握国家政权者要"权为民所用、情为民所系、利为民所谋"（胡锦涛语）。全面地说就是："落实以人民为中心的发展思想，想群众之所想、急群众之所急、解群众之所困，在学有所教、劳有所得、病有所医、老有所养、住有所居上持续取得新进展。"（习近平语）中国共产党的宗旨是全心全意为人民服务，是中国的政权掌握者——中国共产党服务自己公民的深刻全面的体现。

教师的爱国体现在什么地方呢？热爱祖国是中华民族的优良传统和崇尚的思想品德，人民教师强烈的爱国之情表现为教师对祖国的深厚感情和对社会主义事业无私奉献的精神。首先要树立强烈的爱国主义思想，思想是行动的先导和动力，教师如果没有热爱祖国的心怀，就不可能把教育教学做好。其次教师是富有责任感的事业，教育承担着为国家为社会培养建设者和接班人的重大责任。教师正确的世界观、人生观、价值观、爱国守法、师德对学生有着重大的导向作用，它能帮助学生辨别善恶、美丑，提高道德认识教书育人，引导学生形成正确的人生观，教师强烈的爱国之情对学生起着潜移默化的作用。最后，教师要在自己的工作岗位上努力工作，把一切无私地献给教育事业和学生，不为名，不为利，不计较个人得失，把培育学生当成自己义不容辞的天职，忠于职守，埋头苦干，为国尽力，为民造福，为祖国的教育事业不断做出新贡献。

总之，教师要像陶行知一样为崇高理想而呕心沥血，兢兢业业，矢志不渝，无怨无悔，追求卓越，把教育事业当做"一件大事"来做。教师要带头爱国爱民，率先垂范，为祖国教育事业而献身，使教师本人成为学生心目中爱国爱民的好榜样，从而把学生培养成有理想、有文化、有爱国主义思想的人才。

 知识拓展

美国爱国主义教育的主要内容

一、培养美国精神

宣传和培养美国精神是美国爱国主义教育的主要内容。从美国历代总统的任职演说资料中可以看出，美国政界对宣传和培养美国精神非常重视，就连布什在纽约发表纪念"9·11"一周年的电视讲话中，竟然不提伊拉克，而是大谈美国精神。何为美国精神？美国精神的主要内涵大概有以下几个方面。一是做一个美国国民的自尊自豪感。美国是一个年轻的移民国家，在其短短的两百多年的发展过程中，取得了举世瞩目的成就：美国在世界政治领域中有着举足轻重的地位，在经济、科技等领域走在世界的前列，这是美国人最为自豪的资本。美国的一些媒体在暗示美国人，美国是一个伟大、强盛、民主、自由的国家。做一个美国公民是幸福的，是值得骄傲和自豪的，美国中学的"社会研究"课程，就鼓吹美国的责任就是领导世界，鼓励青少年努力为保持着美国在世界上的强大地位、维护世界和平和世界秩序而工作。

美国的青少年中，绝大多数人都认为自己的国家是世界上最好的国家，当一个美国公民比当任何一个国家的公民都好。1982年，美国的阿波斯特托莱德应用研究中心在对18个国家进行的一项研究中得出这样的明显结论：同日本人与西欧人相比，美国人最愿意为他们的国家而战斗，对民族认同最感自豪。二是开拓进取、富民强国的精神。从17世纪初英国在北美建立第一块殖民地弗吉尼亚州至今天的历史进程中，来自欧洲和世界各个角落的移民以勤劳智慧不断开发着美国，从最初从事农业、工业、修路的拓荒运动到现在从事高新产业技术开发，他们不断地开拓进取，不断改变着美国的面貌。三是实用主义，注重实际，以勤奋工作为荣。美国视偷懒为不道德行为。因此为了追求富足生活和个人价值的最大实现，他们都是工作狂，全社会充满以勤奋工作为乐为荣的氛围。"山姆大叔"是美国的绰号，1961年美国国会还正式确认"山姆大叔"为美国的象征，美国人把"山姆大叔"那种诚实能干、吃苦耐劳、富于创业和爱国主义精神视为美利坚民族的骄傲和共有的品质。四是追求个人成才发展机会中的平等民主自由。看重个人创业的意志和能力，轻视人为的"权势"，坚信只要努力进取，在机遇面前人人平等，人人都有成功的希望和创造奇迹的可能性。同时，美国人崇尚自由，自由女神像也是美国的象征。

二、培养美国好公民

培养美国好公民的教育也是美国学校爱国主义教育的重要内容。根据1991年颁布的公民教育大纲和1994年颁布的"公民学与政府"全国课程标准，美国公民教育的主要内容包括：一是个人应享有的权利，包括个人生命的权利、个人自由自主行动的权利、个人尊严的权利、个人安全的权利、寻求和得到平等机会的权利、得到正义的权利、保持隐私的权利和私人拥有财产的权利。二是个人应享有自由，包括参与政治程序的自由、宗教信仰的自由、思想的自由、意识的自由、集会的自由、咨询及获得信息的自由和表达意见及感情的自由。三是个人应有的责任，包括尊重人类的生命、尊重别人的权利、诚实、宽容、有同情心、证明有自我控制的能力、参与民主程序、为共同的目标而工作、尊重别人的财产。四是政府及其职能，包括政府应当由人民来选，政府应当尊重和保护个人的权利和自由，政府应当保护民权，政府应当为大众的福利而工作。目的是培养美国"好公民"。

二、什么是守法

我国古代是这样阐述守法的：《管子·任法》："故曰：有生法，有守法，有法于法。生法者，君也；守法者，臣也；法于法者，民也。"《史记·商君列传》："龙之所言，世俗之言也。常人安于故俗，学者溺于所闻。以此两者居官守法可也，非所与论于法之外也。"晋葛洪《抱朴子·良规》："除君侧之众恶，流凶族于四裔，拥兵持墙，直道守法，严操柯斧，正色拱绳。"唐韩愈《唐故河南令张君墓志铭》："（张署）岁余迁尚书刑部员外郎，守法争议，棘棘不阿。"宋苏轼《省试策问》之二："昔常衮当国，虽尽公守法，而贤愚同滞，天下讥之。"清顾炎武《菰中随笔》："宋文帝性仁厚恭俭，勤于为政，守法而不峻，容物而不弛，百官皆久于其职。"这里的"守法"做掌守法令、遵循法规之意解。

现代意义上的守法，指的是遵守国家的法律、法规、法令等，就是指国家的一切组织和个人，都要按照法律的要求办事情。为了维持社会、国家、地区的秩序和稳定，通常需要制定法律来规范人类的行为。法律是由立法机关制定、国家政权保证执行的一系列行为准则。它是一个社会、一个国家或地区的基本秩序得以维持的基本手段。我国的宪法和法律，不仅规定了把我国建设成为富强、民主、文明、和谐的社会主义现代化国家的根本任务，而且还规定了为实现这个崇高目标，国家一切组织和个人，在政治、经济、科学、文化、社会生活各个领域里，可以做什么、必须做什么和不准做什么。每个组织和个人，只有按照宪法和法律的规定、要求去工作、生产、学习和生活，规范自己的一言一行、一举一动，不做违法乱纪的事，国家的政治局面才能安定，经济建设和科学文化事业才能发展，国防才能巩固，社会主义法的作用才能得到充分体现。

那么，教师怎样做到守法呢？

第一，教师要学法。学法应该作为提高自身素质的自觉行动，不学法，就不知道相关法规的要求，就难以维护学校、教职工和学生的合法权益。熟知了各种法律法规，一旦出现了安全事故，就会按照法律法规的要求，在不违背教师职业道德的同时，进行妥善处理。当今，之所以出现很多教育事故，和教师不学法有很大关系。

第二，教师要知法懂法。许多在教育教学中引发的过错行为几乎都可归咎于我们的教师不知法懂法。如随便罚学生停课或限制学生上课（严重妨碍其他同学学习者除外），随便藏匿、拆封学生信件，随便将考试分数公开排名次，随便用言语侮辱学生，歧视品行有缺点、学习有困难的学生，在课堂里随便将学生看的与所教学科无关的其他书籍或摆弄的其他物品没收，体罚或变相体罚学生等，所有这些都是违法行为，因而都是有可能被推上被告席的行为。所以，每一个教师都应认真补上知法懂法这一课，真正做到依法治校、依法治教。

第三，教师要用法。为什么社会上许多侵犯教师合法权益的事情时有发生？例如殴打、辱骂、诽谤教师、拖欠工资等，这些都是违法行为，而很少有教师站出来用法律武器去捍卫、维护自己的权益，除了教师自我防范意识不高外，还因为教师迫于时代和社会的压力，还没有学会用法。教师作为一支具有高素质的社会队伍，学好、用好法律是一件重要的事情，是我们教师必修的一门功课。

第四，教师提高法的自我防范意识。社会对教师职业的要求越来越多，学生及其家长对教师的挑剔也越来越多，教师职业已充满竞争、充满风险，在这个大背景下，如果一不留神、一不留意而出现过错行为，那么经济上的损失、精力上的耗费、形象上的毁损、职业上的危机会接踵而至，所以，一个教师要安于职守，必须学会用法，增强职业的自我防范意识，谨防过错行为的发生，谨防"好心肠办坏事"的悲剧出现。

第五，教师还要教学生法。教师教学生学法、知法、懂法、守法、用法，使学生成为知法、守法、用法的公民，比如，教给学生基本的《宪法》知识。可以从日常生活中随时指点学生怎样学法、用法，比如升国旗时，告诉学生要遵守《中华人民共和国国旗法》。哪怕学生在用人民币时，告诉学生也要遵守《中华人民共和国人民币管理条例》，时刻尊重、爱护人民币。

总之，教师是教育过程中的主导力量，要做到学法、知法、守法、用法的统一，不断提高自己的综合素质，不断提高自我保护意识，不断增强依法从教的意识，并把学法、知法、守法、用法有机结合，保护教师本人权益和学生权益。

三、爱国与守法的关系

爱国守法包含两个方面的意思，一是爱国，二是守法。爱国和守法相辅相成，爱国是守法的必然归宿，守法是爱国的必然要求。正如法国思想家卢梭说："我们希望人们有道德吗？让他们从爱国做起。"

爱国，是对公民行为提出的一个基本道德准则。我国古代一些思想家和志士仁人给我们留下了十分宝贵而丰厚的精神资源，"临患不忘国""乐以天下，忧以天下""先天下之忧而忧，后天下之乐而乐""天下兴亡，匹夫有责"等名言佳句，世代传承。这些精神已经凝结成中华民族道德精神的核心内容，成为抵御内忧外患的强有力的精神支柱。中国共产党人在长期的革命、建设和改革中，赋予爱国以新的时代内容，使这一道德规范得到了质的提升，从而根本区别于传统道德。1949年9月29日中国人民政治协商会议第一届会议通过的《共同纲领》，就规定了"爱祖国"是中华人民共和国全体国民的公德之一；1982年五届人大通过的宪法再一次规定，"爱祖国"是公民公德规范。

守法，是对公民行为提出的又一个基本道德准则。这是基于法律与道德的关系而提出的。法律与道德相辅相成，后者是前者的道义基础或价值基础，前者是后者实施的重要保证。在对社会秩序的维护上，两者缺一不可。《公民道德建设实施纲要》把守法作为道德规范提出，是依法治国与以德治国相结合的一个具体内容。从一定意义上说，守法是道德的底线。在任何社会，守法都是对一个公民行为的最起码的规定，是维护社会生活和经济生活正常秩序的基本要求。守法，作为法律的要求，是公民必须遵守的行为底线；作为道德规范，则启迪公民自觉地意识到，个人行为不仅必须守法，同时也应当守法，从而增强公民道德上的守法自觉性与主动性，充分发挥道德的自律功能。社会主义市场经济是法制经济，也是道德经济，而法制建设和道德建设的重要基础，则是公民必须要守法。因此，守法这一规范要求公民：提高法律意识，增强法制观念，依法维护社会公共利益和集体利益，依法保护个人通过诚实劳动和合法经营获得的正当利益；自觉履行宪法和法律规定的各项义务，积极承担应尽的社会责任，把个人权利与个人义务结合起来，把尊重个人合法权益与承担社会责任结合起来；承担建设社会主义法治国家的道德责任，为形成我国改革开放和经济发展良好的人文环境和社会秩序做出应有的贡献。

爱国守法，反映的是公民个人与国家、与祖国、与社会的关系，是社会主义道德体系中最基本的规范。道德规范的产生和形成不是主观意志的产物，它反映的是客观的社会道德关系，是特定社会对其成员提出的道德要求。爱国守法可以说是任何一个社会都普遍存在的，而且是任何一个社会和阶级都特别重视的一种道德规范。一个人，是社会的人，是国家的公民、祖国大家庭的成员，不管公民个人是否自觉意识到，主观上是否愿意去遵守这一道德规范，他都必须处理与国家、与祖国、与社会的关系，履行自己对祖国、对社会的义务和责任。这正是道德规范对公民个人有约束力的重要条件。因此，爱国守法这一基本道德规范，体现的是一种客观的社会道德关系，同时，遵守这一道德规范还需要公民个人这一行为主体真正认识规范的客观性、科学性及不可违抗性，自觉地、主动地去实践规范。

道德故事

故事一：霍去病为国忘家

霍去病是卫青的外甥，在卫青的军队中任职。因为霍去病喜读兵书，又一身武艺，很快在抗匈斗争中崭露头角。

一次，卫青分五路兵马去抗击匈奴，只有苏建一路兵马没有回来，实际上那一次出征没有回来的还有霍去病带领的八百名骑兵，因为人少，不算在五路大军之内。

苏建突围回营后不久，霍去病也回来了，他提着一颗人头，还押着两个俘虏。汉武帝论功行赏，封霍去病为冠军侯，这时霍去病才十八岁。

公元前121年，汉武帝任命霍去病为骠骑将军，率军一万多人，从陇西出发，去夺取河西走廊。他们在燕支山一带转战六天，摧毁了匈奴人建立的一些小王国，接着跨越燕支山深入匈奴腹地一千多里，杀死了匈奴的属国折兰王和卢侯王及其兵将八千多人，生擒了浑邪王的王子和许多官吏。

同年夏天，霍去病和公孙敖配合作战，公孙敖因在沙漠中迷路，没能和霍去病会合，霍去病孤军深入，直捣敌人要害，结果他又消灭了匈奴兵三万多人。

匈奴屡次受创，内部发生了分化，其最大的属国浑邪和休屠准备向汉朝投降。

霍去病不顾个人安危，当机立断地来到浑邪王的大营，说服了浑邪王，下令斩杀了想要逃走的八千多人，并叫浑邪王独自赶到汉武帝的行营去朝见。这次受降虽不是战争，但比战争还凶险艰难，霍去病出色地完成了任务，使匈奴的实力大为削弱。

公元前119年，卫青、霍去病各领兵五万人，又一次奉命出征匈奴。他大胆使用投降过来的匈奴人，把他们当做先锋，向北推进了两千多里，越过离侯山，渡过弓闾河，打败了匈奴的左贤王，夺得敌人的粮草作为自己的给养。经过激战，俘获匈奴屯头王、韩王以及将军、都尉、相国等八十三人，歼灭匈奴兵七万多人。

霍去病每到一座山上，就在那儿堆起泥土和石头，筑起祭台，祭告天地，悼念为国捐躯的将士，犒劳了立功的英雄，然后班师回朝。

汉武帝看到霍去病立了这样大的功劳，为了奖励他，指派了许多工匠，特地为他修建了一所宽敞豪华的住宅。住宅落成后，汉武帝让霍去病先去看看，是否满意，霍去病向汉武帝报告说："匈奴未灭，何以家为！"这一句爱国忘家的豪言壮语，流传下来，成了千古名言，鼓舞着人们的爱国思想和斗争激情。

可惜的是，霍去病从军只有六年，年纪轻轻就病逝了，死时只有二十四岁。

霍去病死后，汉武帝十分悲痛，给霍去病举行了隆重的葬礼，下令边界上五个郡的百姓，穿上黑衣来到长安，护送霍去病的灵柩，从长安到茂陵墓地安葬，还为他修建了一座仿照祁连山模样的坟墓，来纪念这位立下赫赫战功的英雄。

故事二：明太祖朱元璋惩贪不避亲

铁腕惩贪，不避亲故。朱元璋法不徇私，处死亲侄、女婿，给后世留下了一段历史佳话。

明朝初年吏治腐败，贿赂风行，激起了百姓的强烈不满与反抗，仅洪武年间百姓不堪压迫，揭竿而起者就达一百八十余次。长此以往，朱元璋弓马锋镝中夺取的江山必将付诸东流。朱元璋忧心忡忡，下决心整顿吏治，惩贪劝廉。整顿力度之大，可谓前所未有，即使亲侄、女婿也不宽恕，这一举动获得了后人的好评。

朱文正是朱元璋的亲侄，跟着他鞍前马后，屡立战功，特别是鄱阳湖一战，为消灭朱元璋的劲敌陈友谅立下了汗马功劳，官至大都督，镇守江西，但他嫌功大赏小，心怀怨恨，生活腐化，不思亲民，任用刁蛮小吏为心腹，专抢民间有姿色的女子淫乐，留宿数十日后，即投之于井，另抢新人。百姓碍着他是天子之侄，敢怒不敢言。朱文正又会以小恩小惠笼络人心，凡朱元璋差人到这里公干，他便送以金银，差人回朝后，无不称赞他治理地方有方，朱元璋也受了蒙蔽，屡屡下诏夸奖他。后来，一个叫凌说的官员告发了朱文正，朱元璋将他召回朝中打算问罪，马皇后亲自为朱文正说情，朱元璋才没有杀他，但从此不受重用。朱文正对此不满，口出不逊之言，传到朱元璋耳朵里，朱元璋又要惩治他，马皇后再次出面讲情，朱文正才免于一死，但被罢免一切官职，安置在老家凤阳守护先人坟墓。朱文正哪里吃得了这般苦，随即逃跑，途中被士兵捉住，朱元璋下令赐死。

驸马都尉欧阳伦是朱元璋与马皇后的女儿安庆公主的丈夫，在朝中无人敢与他抗衡。当时朝廷三番五次下令，不准官吏经商贩运。欧阳伦自恃是皇亲国戚，不顾禁令，多次派家奴去陕西偷运私茶出境贩卖。他有个叫周保的家奴尤为暴虐，恃势凌辱地方官吏，稍不如意便拳打脚踢，地方官忍气吞声，不敢申辩。洪武三十年（1397）春天，正是春耕大忙季节，欧阳伦却命令陕西布政司发文让下属州县派车替他往河州（今甘肃临夏东北）运私茶，共索车50辆。行至兰县（今甘肃兰州）河桥巡检司处，一言不合，周保又殴打巡检司的小吏，小吏遂向朝廷告发此事。朱元璋得知后勃然大怒，下诏驸马欧阳伦、陕西布政司主管官员、家人周保等一并赐死，茶叶充公，那个不畏权贵的小吏则得到了褒奖。

朱元璋言出法随，执法无私，即使亲侄、女婿触犯律条，也照样杀而不赦，接着一大批营私舞弊的官吏受到了惩处，政治变得清明，百姓得以安居乐业。《明史·循吏传》说："一时守令畏法，洁己爱民，以当上指，吏治焕然丕变矣。下逮仁、宣，抚循休息，民人安乐，吏治澄清者百余年。"这段佳话虽不无溢美之词，但大体上是可信的。

铁腕惩贪，不避亲故。朱元璋法不徇私，处死亲侄、女婿，给后世留下了一段历史佳话。但愿天下的官吏也能从朱元璋身上借鉴他的惩贪之法，不管是谁，无论级别多高，只要犯了法律，一律绳之以法，天下还能不至治吗？

故事三：钱学森回国

钱学森1935年赴美深造，获得博士学位，参加了美国火箭技术的研究并取得突出成就，成为加州理工学院最年轻的终身教授。1949年，年仅37岁的钱学森已被公认是力学界和应用数学界的权威，是现代航空科学与火箭技术的先驱。他得知即将解放的祖国希望他回国领导新中国航空工业建设时，便坚定了回国的决心。8月，他已买好回国的机票，正要出发之时，却收到美国移民局的通知，不许他离境，并以判刑和罚款相威胁，之后又对他非法拘捕。被释放后，他继续受到美移民局和联邦调查局的迫害，行动处处受到限制和监视，被软禁达5年之久。但是，这丝毫没有动摇钱学森回国的决心，1955年6月，他摆脱特务的监视，在一张小香烟纸上写的家书中，夹带了给人大常委会的信，请求祖国帮助他回国。当年8月，中美大使级会谈在日内瓦举行，我方代表按照周总理的授意，以钱学森寄回的信为依据，与美方交涉，迫使美政府不得不允许钱学森离美回国。9月17日，钱学森作为美国的犯人，被驱出境，押送回国。回到北京的第二天，钱学森和一同回国的妻子儿女来到天安门广场，面对鲜艳的五星红旗仰天长叹："我相信我一定能回到祖国，现在我终于回来了。"第二年，钱学森出任我国第一个导弹研究机构的负责人，成为中国"导弹之父"。

故事启迪

三个历史阶段所展示的三个历史人物，从不同角度诠释了爱国、守法的深刻含义，尤其是著名科学家、教育家钱学森先生抛弃西方优厚的待遇与卓越的研究条件，毅然选择回到祖国。爱自己的祖国，是不能讲任何条件的，正如物理学家彭桓武教授所说："回国是不需要理由的，不回国倒需要理由。"数学家华罗庚更是掷地有声："为了抉择真理，我们应该回去；为了个人前途，我们也应该回去。"法国微生物学家、化学家巴斯德说："科学虽没有国界，但是学者却有他自己的国家。"自己的事业只有与祖国的事业紧密相连，才能彰显一个人的价值，才能受到万世景仰。

第二节　爱国守法的内容

教师爱国守法，大而言之，是要无条件热爱祖国，热爱人民，拥护党的领导，拥护社会主义；完全遵守国家各类法律法规，尤其是教育类的法律法规，依法履行教师职责权利。小而言之，是要教师像爱自己的孩子那样爱护自己的学生，严格遵守学校的各项规章制度，努力做一个爱国守法的教师。

一、爱国爱党爱人民爱社会主义

没有任何时候比今天的中国更接近中华民族的伟大复兴之路了，所以我们当今的国民应该全面理解爱国的广泛含义，也就是说，今天的爱国体现在爱党、爱人民、爱社会主义。

1. 爱国与爱党

爱国与爱党在中国历史上和国外，不是一回事，但在我国现阶段是一回事，为什么这样说呢，这就是中国共产党的宗旨、性质与中国的具体国情和历史任务所决定的。

(1)中国共产党与西方政党质的不同

从政党理论上讲，欧美政党本质上明确代表资产阶级内部不同的利益集团。中国共产党主张本质上与欧美政党理论不同，强调除了中华民族和中国人民的根本利益，中国共产党没有任何特殊利益，更不允许任何共产党员维护代表任何一种特殊利益。中国共产党是中华民族和中国人民利益的集中体现和杰出代表。这是爱国与爱党完全一致的最为根本的理论基础。

(2)中国共产党的性质和宗旨

《中国共产党章程》对党的性质表述为：中国共产党是中国工人阶级的先锋队，同时是中国人民和中华民族的先锋队，是中国特色社会主义事业的领导核心，代表中国先进生产力的发展要求，代表中国先进文化的前进方向，代表中国最广大人民的根本利益。党的最高理想和最终目标是实现共产主义。

全心全意为人民服务是党的根本宗旨，这是由工人阶级同最广大劳动人民群众利益的一致性决定的。过去的一切革命，都是以一种剥削制度代替另一种剥削制度。而工人阶级革命则是要消灭一切剥削制度和阶级差别，解放全人类，实现共产主义的社会制度。工人阶级的这种利益要求和运动目的不仅完全符合社会发展的方向，而且同广大人民群众的根本利益也是完全一致的。

从中国共产党的性质和宗旨上可以看出，它与中华民族发展方向是一致的。我们中华民族的近代历史多灾多难，寻求中华民族的解放、独立、富强成为每一个中华儿女的最高心愿。中国共产党从一建党，就以此宗旨。所以，爱国与爱党本质上是一样的。正如习近平总书记所说："只有坚持爱国和爱党、爱社会主义相统一，爱国主义才是鲜活的、真实的，这是当代中国爱国主义精神最重要的体现。今天我们讲爱国主义，这个道理要经常讲、反复讲。"

（3）中国是先建党才建国

中国共产党成立时，还没这个统一而强大的新中国，相反，却只有一个西方列强任意践踏、蹂躏的"东亚病夫"，只有一条军阀混战、国家四分五裂的大破船，只有一个民不聊生、率兽食人的驯兽场。是中国共产党勇挑历史重担，团结和领导全国各族人民抛头颅、洒热血、出生入死、前赴后继闹革命，才最终赶走了西方列强，结束了"华人与狗不得入内"的民族屈辱史；才消除了军阀混战，把四分五裂的疆土逐步地统一起来；才推翻了国民党的独裁统治，把人民——占人口绝大多数的工人、农民从水深火热中解放出来，最终建立了人民民主专政的社会主义新中国。

（4）中国的国情使然

过去，没有共产党则成立不了新中国；将来，没有共产党也必将失去新中国。中国一旦实行了多党制和普选制，只会走苏联和南斯拉夫的路——国家解体、战火纷飞、种族仇杀，而不会走前匈牙利、波兰的路——虽然疲敝却还不至于国家解体、战火纷飞、种族仇杀。因为中国国情如同苏联、南斯拉夫国情一样，是多民族的国家，有着自古以来的民族矛盾和寡头政治的传统，一有机会就会"星星之火，可以燎原"。回望中国的五千年历史，国家的政治稳定和民众安定无一不是在中央集权统治时期，尽管中央集权下也不免发生动乱和战乱，但相对中央集权而言的"民主"政治——寡头政治下，则必定发生动乱和战乱，"政治相对民主"和"学术相对自由"的春秋、战国、三国、南北朝、五代十国和辽宋夏金元及民国时期，哪有什么"中国"可言？谁又能够代表中国？早就是"国已不国"了，剩下的只有无休止的战争和民众大量死亡。没有党，国家就会灭亡了，所以爱国必须和爱党相统一。

2. 爱国与爱人民

从"爱国"概念中，得知"爱国"中的"国"指的是祖国。古代执政者强调爱国，强调的"国"是皇权，人民虽然生活在国中，但国不属于人民。今天在社会主义制度下，实行人民民主专政，一个国家的主体是人民而不是政府，政府虽然对外代表国家，但这个代表权是人民赋予的。因此，国家属于人民，人民是国家的主人。所以说，公民爱国，实际上就是爱自己国家的人民。

爱人民的具体表现，首先就是爱自己的家人，其次就是爱亲友和与之相关的人，最后就是其他国民。国家现在提倡家风教育，就是爱人民先从爱自己家人开始。国家努力建立和谐社会，就是爱人民要推己及人，实现"老吾老以及人之老，幼吾幼以及人之幼"的广泛的爱人民。中央电视台采访对"爱国"的看法，接受采访时一个小学生的回答"爱国是扶老奶奶过街，让座位，我已让十次了。"这是爱国吗？当然是爱国，是真真实实的爱国。所以爱国就是去帮助身边的每一个需要帮助的人，让每一个需要帮助的人都感受到社会的关怀。爱国首先是爱每一个国民，让每一个个体有尊严地生活在人群之间，这种朴素的爱国认知正是一切爱国情感的逻辑起点。

从国家层次上，现在我们国家非常注重保护海外华侨的财产和人身安全，这就是"国风"的体现，就是要全面建成小康社会的切实体现。利比亚撤侨行动，国家之关注、政府之重视、行动之迅速，令每一个国民感受到了作为一个中国人的自豪。所以说，今天的爱国就是爱人民。

3. 爱国与爱社会主义

2015年12月30日，习近平总书记主持十八届中央政治局第29次集体学习时提出了一个重要论断：弘扬爱国主义精神，必须坚持爱国主义和社会主义相统一。

（1）历史任务和现实责任的结果

从1840年以来近180年波澜壮阔的历史看，只有社会主义才能救中国，只有中国特色社会主义才能发展中国。历史已经告诉我们爱国与爱社会主义是有机统一的。曾经有一种观点说：我虽然不爱社会主义，但我是爱国的。从表象上讲，似乎有些道理，但深入分析，这种观点是站不住脚的。祖国不是一个抽象的概念，而是由具体社会形态、社会制度构成的实体。祖国是与一定的社会形态紧密联系在一起的，只有先进的社会制度，才能使一个国家真正成为人民安居乐业的地方。在当代中国，祖国的繁荣发展是与中国特色社会主义联系在一起的，爱祖国就应当爱中国特色社会主义。习近平总书记指出："今天之中国，同新中国成立以前之中国相比，同鸦片战争以后之中国相比，有天壤之别啊！"为什么会有天壤之别？就是因为在共产党的领导下，我们走出了一条具有强大生命力的中国特色社会主义道路。伟大的祖国，因为走在了中国特色社会主义道路上，展现出激荡一切的力量，展现出无比壮美的未来。我们爱伟大的祖国，自然就应该爱这条使祖国始终充满生机和活力的中国特色社会主义道路。

（2）社会主义制度的本质特性

亚当·斯密曾经在其名作《道德情操论》中提出一个观点：就是爱国心本身就包含着对于国家政体的遵循。他说："我们的爱国心，似乎含有两种不同的情操：其一是，对那个已实际确立的政体或统治形态怀有一定程度的尊敬；其二是，真心渴望尽我们所能使我们同胞过着安全、体面与幸福的生活。"可以说，没有离开国家制度的抽象的爱国主义。中国特色社会主义制度坚持把根本政治制度、基本政治制度同基本经济制度以及各方面体制机制等具体制度有机结合起来，坚持把国家层面民主制度同基层民主制度有机结合起来，坚持把党的领导、人民当家做主、依法治国有机结合起来，符合我国国情，符合时代潮流，符合人民利益，是中国发展进步的根本制度保障。

（3）爱国主义的层次性

爱国主义也有不同的层次，既有对共产党员要求的，与共产主义理想相一致的爱国主义，也有适用于广大中国人民的，拥护社会主义的爱国主义，还有港澳台同胞和海外侨胞拥护祖国统一的爱国主义。当然对于港澳台同胞来说，正如邓小平说的那样："爱国者的标准是，尊重自己民族，诚心诚意拥护祖国恢复行使对香港的主权，不损害香港的繁荣和稳定。只要具备这些条件，不管他们相信资本主义，还是相信封建主义，甚至相信奴隶主义，都是爱国者。我们不要求他们都赞成中国的社会主义制度，只要求他们爱祖国，爱香港。"的确，爱国主义也分层次性，但也只有分清了，才能有针对性地充分调动各方面的爱国热情，从而更有利于建设有中国特色的社会主义。

 知识拓展

美国青少年法制教育的基本理念

"培养美国公民"，一直是美国青少年德育教育的总体目标，同时也是美国青少年法制教育的宗旨。在《美国 2000 年：美国教育法》所确立的八项教育目标中明确指出，美国的每一所学校都要确保所有的儿童学会合理用脑，以使他们为做有责任感的公民，进一步学习以及在美国现代经济中从事生产性职业做好准备，同时要让每一个成年美国人都能读书识字，并掌握在全球经济中进行竞争及行使公民的各种权利和责任所必需的知识和技能。为完成这一目标，美国学校德育确立了以公民教育和价值观教育为核心内容，公民教育又以爱国主义教育和法制教育为组成部分的实施思路。根据这一思路，美国教育行政部门在"培养美国公民"这一德育总体目标的规划下对学校公民教育的目标又做了进一步的明确：公民教育就是要培养青年具有合乎社会政治制度所要求的态度和信仰，明确公民权利和责任，目标是把青少年学生培养成"责任公民"，即具有爱国主义精神，能对国家尽到责任与义务的公民。鉴于此，美国青少年法制教育一直都是在美国公民教育的体系下予以实施的、同时也是美国公民教育中十分核心的内容。

根据"培养责任公民"这一宗旨，美国政府要求每一所学校把培养遵守法律和忠于美国政治制度的公民作为其对社会和青年应负的责任。学校应时刻注意教育学生从理论上认识、从思想和行为上接受美国制度与法律的合理性和权威性，使学生逐步具备符合本国社会政治经济制度所要求的守法观念和品格，明确公民的责任和义务，从而自觉地维护国家的尊严，成为一名合格的公民。基于此，美国学校法制类课程的设置、内容的取舍、推行的方式都始终是围绕着这一目标服务的。因此，从某种意义上说，美国青少年法制教育就是一种价值教育，它着眼于对广大青少年价值观的塑造问题。例如：在《独立宣言》中宣告争取自由是美国公民的目标。美国宪法的第一页上就提到了这样一些价值目标：友谊、公正、公共安全、幸福和自由。这些价值观念通过持之以恒的法制教育一直传承到今天，为广大青少年所认同和接受。可以说，美国青少年法制教育深深地扎根于美国公民社会的现实，与美国资产阶级长期信奉的基本价值和文化观念一脉相承。

二、遵守教育法律法规

作为一名教师，除了遵守《宪法》《刑法》《民法通则》等国家大法外，还要切实遵守教育法律法规。

1. 全面贯彻国家教育方针

《中华人民共和国教育法》规定国家教育方针是"教育必须为社会主义现代化建设服务，必须与生产劳动相结合，培养德、智、体等方面全面发展的社会主义事业的建设者和接班人。"全面发展的教育方针是一个总的指导性方针，是我国各级各类教育都应遵循的基本指导方针，要求我们教师把素质教育提到关系中华民族兴衰存亡的高度来认识，扎扎实实地实施素质教育，要进一步端正教育思想，转变教育观念，牢固树立"以人为本"的素质教育思想，积极探索切实有效的方法和途径，真正做到使每个学生都能在原有基础上得到生动、活泼、主动的发展。

2. 自觉遵守教育法律法规

从积极的角度看，就是要求广大中小学教师必须依照教育法律法规行动。从消极的角度看，就是要求广大教师必须在教育教学活动中，不违背教育法律法规。教师应该遵守的教育法律法规主要有：《教育法》《义务教育法》《教师法》《未成年人保护法》《预防未成年人犯罪法》《民办教育促进法》等教育法律及《中小学教师职业道德规范》等大批教育法规。

3. 依法履行教师职责权利

作为一名教师，怎样做到依法履行教师职责权利呢？何为职责？所谓教师职责就是教师的职责责任，也就是教师的义务。何为义务？义务就是公民或法人按法律规定应尽的责任。《教师法》第二章第八条规定的教师应当履行的义务，实际上就是教师必须履行的职责。

(1)遵守宪法、法律和职业道德，为人师表；

(2)贯彻国家的教育方针，遵守规章制度，执行学校的教学计划，履行教师聘约，完成教育教学工作任务；

（3）对学生进行宪法所确定的基本原则的教育和爱国主义、民族团结的教育，法制教育以及思想品德、文化、科学技术教育，组织、带领学生开展有益的社会活动；

（4）关心、爱护全体学生，尊重学生人格，促进学生在品德、智力、体质等方面全面发展；

（5）制止有害于学生的行为或者其他侵犯学生合法权益的行为，批评和抵制有害于学生健康成长的现象；

（6）不断提高思想政治觉悟和教育教学业务水平。

所谓教师潜力，就是教师依法行使的权利和享受的利益，而权力是教师职责范围内的支配力量。《教师法》第二章第七条规定，教师享有下列权利：

（1）进行教育教学活动，开展教育教学改革和实验；

（2）从事科学研究、学术交流，参加专业的学术团体，在学术活动中充分发表意见；

（3）指导学生的学习和发展，评定学生的品行和学业成绩；

（4）按时获取工资报酬，享受国家规定的福利待遇以及寒暑假期的带薪休假；

（5）对学校教育教学、管理工作和教育行政部门的工作提出意见和建议，通过教职工代表大会或者其他形式，参与学校的民主管理；

（6）参加进修或者其他方式的培训。

三、爱校爱生爱校规

教师爱国守法，更应体现在热爱自己所在的学校，把满腔热情倾注到教育事业；热爱自己的学生，用全部责任心浇灌每一株幼苗；遵守学校的校规，以"铁肩担道义"的高度负责的精神参与制定、维护、遵守学校的校规校纪。

1. 热爱学校

一个教师，要热爱自己的学校，全力以赴地做好自己的本职工作，把爱国热情落实到爱校的行动上。这是工作进步、生活快乐的基础。

（1）人生的第一场所

学校是教师人生的第一职场，是获得全新生活体验的地方，是走出校门后扎出社会之根的苗床。教师每天都要以一种愉悦的心情，走进学校，走进校园。这里是你人生的起步，当你在这个学校工作过若干年后，对学校这个职场就会有种家的感觉。因为第一职场，留下了你奋斗的历史，留下了那些最为激情燃烧的岁月。那些与你一起成长的同学、同事、朋友，一起奋斗中形成的友谊，都在这里。

（2）学校认同感

任何组织、任何团体或个人，都会存在这样那样的问题，但我们不能以此为借口去否定它，就像陶铸写的《太阳的光辉》，不能因为太阳有斑点，就去否定太阳的光辉吧。所以，学校是教师的人生职场，我们要接受它、认同它。一是接受学校好的一面，肯定学校积极发展所取得的成果，看到学校正能量的存在，看到全体教职工为培育下一代而付出的努力和汗水。还要关心学校利益，爱护学校名声，热爱学校的一草一木、一砖一瓦、一桌一椅，热爱自己身边的同事、学生、家长，为清正的校园风气做贡献。二是接受学校不好的一面，即使学校在发展过程中，肯定存在种种不足和问题。作为教师，不能牢骚，不能逃避，更不能漠视。而要多提建议，关起门来找缺点，走出门外说好话。三是把自己应该做的工作，做好，做得完美。要批改好学生的每一次作业，教好所任的每一节课程，组织好班级的每一个具体活动。

2. 热爱学生

爱国就是爱人民，爱人民不仅是一种爱国的情绪性体验，更是一种切实的具体实践，是一个人践行自己的爱国思想和情感的具体形式及行动。当一个人将爱人民的行为和爱人民的情感合二为一时，才会成为一个真正的有益于人民的人。

教师爱国爱人民的直接体现就是爱学生。教师始终要坚持"以人为本"，即坚持以学生为本，想学生所想，急学生所急，供学生所需，补学生所缺，扬学生所长，解学生所惑，克学生所难。教师热爱人民，首先要热爱自己的学生，学生就是教师最真切最现实的"人民"；热爱自己的学生，就是教师热爱人民最真实、最重要、最直接的具体体现。正如罗素说的："凡是教师缺乏爱的地方，无论品格还是智慧都不能充分或自由发展。"这说明了爱心在教育工作中的重要地位和作用。

教师热爱学生，具体表现为对学生的严格要求、尊重、信任、理解、平等对待，着眼于学生一生的发展和幸福，为学生的终身发展奠定坚实基础。

（1）严格要求学生

教师对学生的爱首先应该是一种严格的爱。赞可夫说："不能把教师对儿童的爱，仅仅设想为用慈祥的、关注的态度对待他们，这种态度当然是需要的，但是对学生的爱首先应当表现在教师毫无保留地贡献出自己的精力、才能和知识，以便在对自己学生的教学和教育上，使他们在精神成长上取得最好成果。因此，教师对儿童的爱应同合理的严格要求相结合。"这些思想跟我们中国"严师出高徒""教不严、师之惰"等传统教育观点是相一致的。对学生要求严格，是一种可敬可亲的严。

（2）尊重学生

尊重学生要尊重学生的人格。教师与学生虽然处在教育教学过程中不同的地位，但在人格上应该是平等的，这就要求教师不能盛气凌人，更不能利用教师的地位和权力侮辱学生。尊重学生是热爱学生的基础，是热爱学生的前提。教师热爱学生，就要尊重学生。尊重他们的人格和尊严，尊重他们的个性，发现他们身上美好的东西。尊重学生的人格，就是肯定、尊重他们做人的尊严、价值和品格。为此，教师要对学生友好平等，不粗暴批评、压制，不体罚、训斥、辱骂、讽刺学生。要做到尊重学生，就要善于用爱心包容学生的失误，原谅"顶嘴"的孩子，理解犯错误的孩子，善待失败的学生，宽待"不争气"的学生，接受"叛逆"的学生，用"圆活"（即随机应变）的方式灵活机智地面对不同个性的学生，走进学生的世界，让他们的心灵之门向你敞开。任何一个人，只要受到尊重，便能发挥潜能，有可能做出惊人之举。学生的可塑性极强，也有很强的自尊心。因此，教师热爱学生就应该注重尊重学生的个性和人格，尊重他们的合理要求和正当愿望。

（3）信任学生

美国的一所学校，图书馆的门经常被破坏，学校将木门换成了铁门，仍无济于事，过不了多久，铁门仍然被踢坏。后来学校来了个新校长，他下令将门换成玻璃的，当时大家都很费解，可奇怪的是门再也没坏过。有人去问校长，校长笑笑说："装铁门，就意味着对学生说'看你们能不能踢破？'充满了挑战的味道，装玻璃门则意味着信任学生，相信他们一定会爱护这道门。播种信任，才能收获信任。"这个故事向我们昭示了信任的力量，教师的信任，往往会激发学生强烈的责任感和向上力，从而促使学生积极主动地趋同教师所希望的道德标准。在教育过程中，信任是双向的，只有教师信任学生，才能做到心灵的交融。反之，就容易使学生产生对抗情绪。信任学生，首先要相信学生是"未完成的，有待发展的人"，作为学生必然有缺点，要尊重善待学生的缺点，努力创造适合学生发展的教育。要学会把自己当做学生，站在学生的角度看待问题，走进学生的心灵。热爱学生就要信任学生，相信他们的潜在能力，放手让学生在实践中锻炼，在磨炼中成长。

（4）理解学生

理解学生就是真心实意在生活上、学习上去关心学生，要从他们的心理发展特点出发，理解他们的要求和想法，让他们觉得老师可敬、可信、可亲，愿意把心里话说出来。同他们交谈学习方法，学习技巧，更注重学生的感受，让他们感觉到学习成绩不好的时候，有老师会听，有老师会理解。这样，在良好的心态下，在心灵的感化下，学生的成绩会平稳地升上去。理解学生还要注重心理换位。由于年龄的不同，认识能力的差异，师生之间对事物的看法往往不容易一致，这是正常的。作为教师不仅要有明辨是非的能力，而且要把学生的看法摸清楚。如学生出现问题，先不要急于去教训学生，而是要首先设身处地地想一想："假如我是学生，我希望老师对这个问题如何处理。"这样做的目的，不是为了迎合学生那些平淡无奇的兴趣，更不是迁就学生的错误观点，而是为了创设更好的教育前提，即理解学生，以便确定用什么方式，从多层次上去对学生进行教育。

（5）平等对待学生

热爱学生，就要面向全体学生，平等民主地对待学生，不能歧视任何一个学生，哪怕是有的学生有生理或心理的残疾。苏联的一位教育学家曾说："漂亮的孩子人人都爱，爱不漂亮的孩子才是教师真正的爱。"作为教师就应该公平地对待每一个学生，让学生享受到平等的权利。平等地对待学生不仅指教师要平等地对待所有的学生，也指教师和学生保持平等的地位。有一句名言叫"蹲下来看孩子"，教育者要蹲下来和学生保持一样的高度，以学生的眼光看问题、看世界，这样才能真正尊重孩子、理解孩子。也只有在这样的前提下，教育者才能主动地创造更充裕的时间和空间去了解、剖析、关爱学生，为学生提供最适合的教育。教育的平等不只是学生之间的平等，更应是教育者和学生间的平等，教育者和学生之间的平等是平等教育、民主化教育的基础。教师真正走到学生中，有时蹲着、有时坐到学生中，有时站着进行指导，营造一种和学生"等高"的平等气氛，让学生在轻松的环境里率真地袒露一切。

3. 遵守校规校纪

提到校规校纪，有的教师认为那是给学生制定的。其实，校规校纪针对全体师生的，凡是这个学校的人，都要遵守校规校纪。作为教师，怎样遵守校规校纪呢？

（1）参与制定校规校纪

学校出台的有关制度，基本上都会经过学校教职工代表大会讨论后通过。教职工代表大会，就是教师参与制定校规校纪的平台。教师应该实事求是地调查研究，提出合理的制度改革或制订方案，在教代会期间以提案的方式，为学校的发展建言献策，提供可行的实施方案。

（2）全面掌握校规校纪

学校的校规校纪一般都比较健全，应该有一个全面的了解，才能随时教育学生，给学生指导。比如，教师要了解《学生事故处理办法》《课堂管理规定》《奖学金管理规定》《考试规定》等涉及学生的校规校纪。另外，还有了解涉及教师本身利益的，如《教师管理制度》《教学事故处理办法》《教师行为准则》《教师职业道德管理规定》等。只有一个了解学校"法"的教师，才能随时解答学生的疑惑，才能保护教师自身的利益。

（3）模范遵守校规校纪

学校是育人的场所，学生就是教师的"产品"，"产品"的好坏，一方面取决于学生自身材料情况，更重要的是教师如何对这些未成品进行"琢磨"，使其成为一块上等美玉。这首先要求教师要严格遵守校规校纪，成为遵守的模范，成为学生的榜样。如果一个教师经常请假不去上课，经常迟到、早退，或者在课堂上发一些牢骚等，都会造成很坏的影响。

 道德故事

故事一：爱国如家，以国为先

近代辛亥革命时期的黄花岗72烈士，抛妻别子，慷慨就义，他们在牺牲前，表达了自己一心报国，至死无憾的决心。方声洞烈士在诀别书中劝慰其父，要以"国事为心"，不必为儿子的死过于难过。他说"男儿在世，不能建功立业，以强祖国，使同胞幸福；奋斗而死，亦大乐也。且为祖国而死，亦义所应尔。"他希望父亲能用"爱国之精神"教育孙子，让他长大后继承父志，为国战斗。林觉民烈士给妻子的诀别书中说，由于清政府腐朽卖国，全国人民都陷入水深火热之中，自己决心先她而死，并非不爱她，而是想"助天下人爱其所爱"。希望妻子也能"以天下人为念"，懂得牺牲小家庭的幸福，正是"为天下人谋幸福"的道理。党的好儿女方志敏烈士在狱中，在极其艰苦的条件下，以自己的心血写下了《清贫》《可爱的中国》《狱中纪实》等作品。方志敏认为祖国虽然衣衫褴褛，但依然是可爱的母亲。他坚信，未来的祖国一定会根治创伤和贫穷，成为世界上最美的母亲。对敌人，他是钢铁；对人民，他是赤子。他要以自己的生命去回报祖国母亲。他写道："如果我能生存，那我生存一天就要为中国呼喊一天。如果我不能生存——死了，我流血的地方或在我葬骨的地方，或许会长出一朵可爱的花来。这朵花，你们可视为我向为中华民族解放奋斗的爱国志士致以革命的敬礼！如果那朵花左右摇摆，那就视为我在提劲儿唱革命之歌，鼓励战士们前进啦！"

故事启迪

无论是方声洞、林觉民，还是方志敏，都把爱国放到首位。正是有了这样的爱国情怀，他们才甘愿抛头颅，洒热血。我们教师也只有爱自己的岗位，兢兢业业，才会产生为教育事业献身的高尚情操。

故事二：赵一曼坚贞不屈

千百年来，女性身上似乎更多地积淀着柔顺和软弱，但抗日女英雄赵一曼身上所体现的豪气、侠气与面对危难的镇定之气，却是寻常男子也难以比拟的。

赵一曼，原名李坤泰，1905 年生于四川省宜宾白杨嘴村，1926 年加入中国共产党。同年 10 月，赵一曼考进武汉黄埔军校。11 月，入武汉中央军事政治学校学习。1927 年 9 月，去苏联莫斯科中山大学学习。

1931 年"九一八"事变后，赵一曼遵照党的指示到东北开展工作。临行前她抱着儿子坐在高背藤椅上照了张相，怀揣着张照片，赵一曼踏上了北去的征途……

到沈阳、哈尔滨等地后，赵一曼积极开展工人运动，并于 1935 年秋任抗日联军第 3 军第 1 师第 2 团政委。她带领战士们与敌人进行着激烈的战斗。

这年冬天，敌人进行了大规模搜山，想要消灭赵一曼带领的抗日游击队。战斗打响，赵一曼一马当先，带领战士们向前冲锋，勇敢作战。可战斗刚刚开始不久，赵一曼腿上就中了弹，右腿被打断，露出了骨头。由于失血过多，赵一曼栽倒在雪地上，失去知觉，落入敌手。

残暴的敌人妄想用毒刑使赵一曼屈服，要她讲出抗日联军的情况。敌人用细钢丝把她吊起来，拿皮鞭毒打。赵一曼身上被抽打得皮开肉绽，钢丝勒进肉里，鲜血从手臂上流下来。面对酷刑，赵一曼两眼怒视敌人，开口痛骂。疯狂的敌人便拿竹签朝她的手指钉进去。赵一曼却始终咬紧牙关，忍受剧烈的疼痛，没有向敌人说出一个字。钉过两个竹签子，赵一曼就晕死过去了。敌人呆呆地望着手里的竹签子，无奈地说："这人简直就是块钢铁！"但是敌人哪里会知道，我们的共产党员、抗日英雄赵一曼比钢铁还要硬！半年时间过去了，敌人对赵一曼心存的一丝幻想破灭，就决定对她下毒手。

1936年8月2日，赵一曼被日伪军押上开往珠河的火车。赵一曼清楚地知道此行意味着什么，她神态安详，面带微笑，迎接着最后的时刻。

1936年8月4日，赵一曼光荣牺牲，年仅31岁。

故事启迪

赵一曼写过一首诗，其中四句："未惜头颅新故国，甘将热血沃中华。白山黑水除敌寇，笑看旌旗红似花。"赵一曼说到做到，把自己的青春奉献给了亲爱的祖国。你看了赵一曼的爱国故事，一定深有感触吧，那就立刻拿起笔来，写下你的感想吧。

故事三：梅兰芳蓄须明志

我国著名的京剧表演艺术家梅兰芳先生，不仅以其精湛的表演艺术蜚声海内外，更以其抗战爱国、蓄须明志的崇高气节为广大中华儿女所传颂。

梅兰芳，字畹华，出身京剧世家，长期寓居北京。他9岁开始跟着家人学戏，11岁便随剧班登台演出。后来，梅兰芳技艺日渐提高，便自组剧团开始四处表演。他主演旦角，唱腔动听婉转，可以说是余音绕梁三日不绝于耳，一时间各地为之震惊，梅兰芳名气也扶摇直上，所到之处，人人争着欣赏他的戏。梅兰芳还带剧团，先后到达日本、美国、苏联等国，在美国百老汇演出时，场场爆满，还时常加场。他高深的唱功，洁身自好的人格在国内外享有很高的声誉。他谦虚谨慎，在美国时曾获得过一所著名大学的荣誉博士学位，他却谦虚地称自己不称职。

1931年，日本帝国主义疯狂侵略东北，蒋介石采取保守的不抵抗政策，使东北三省完全沦陷于日寇手中，梅兰芳和所有爱国人士一样，对此义愤填膺，他立即日夜加班，编了两处以反抗侵略为主旨的戏。这两出戏一经上演，便赢得戏剧界爱国同行的称赞，并受到了广大人民群众的热烈欢迎。

"七七"事变后，日本帝国主义又大举进攻华北，并攻占了上海。对日寇肆意侵略、无恶不作的行为，梅兰芳愤恨之极。日本人听说梅兰芳的戏赫赫有名，而且经常在各地义演，就派人去请梅兰芳登台献唱，但梅兰芳严词拒绝了日本帝国主义的"好意"，坚决不为敌人开唱。为了表明自己抵制侵略者的决心，梅兰芳更是蓄起了胡须，隐居到上海和香港。这一"封口"就是八年，直到日本帝国主义无条件投降。

中华人民共和国成立后，梅兰芳又剃掉胡须，重登舞台，辗转祖国各地，积极热情地为广大劳动人民演戏。

故事启迪

军人有军人的骨气，艺人也有艺人的坚贞。梅兰芳先生，为中国京剧艺术做出了不朽的贡献，他爱国明志的气节更为人民敬仰，这样的艺术家，才是真正的艺术家。我们教师应该用这样的故事去激励自己、激励学生，去完成我们的教育使命。

 **师德体验**

你，违法了吗？

虽然世上99％的人没有违过法犯过罪，但很多人却在不知不觉中做着违规违纪的事情。有时候，违规违纪就是违法，比如《义务教育法》中很多规定，有谁敢保证，都能遵守到位呢？我们很多教师在教学过程中，自认为是个守法者，但请你如实回答下列问题，看看自己有没有这些现象。

1. 殴打过学生吗？

2. 命令过学生互相殴打吗？

3. 讽刺过学生吗？

4. 侮辱过学生吗？

5. 谩骂过学生吗？

6. 非法没收过学生物品吗？如学校禁止学生带的手机。

7. 学生迟到罚过款吗？

8. 不按时完成作业罚过款吗？

9. 强令学生购买过物品吗？

10. 强制学生订阅过报刊吗？

11. 限制过学生的人身自由吗？

12. 给缺课的学生补课时耽误学生吃饭、休息了吗？

13. 给问题学生做思想工作及时告知其监护人了吗？

14. 侵犯过学生的隐私权吗？

15. 隐匿、销毁、私拆过学生的私人信件吗？

16. 在学生不情愿的状态下，要求学生打开过其私人的QQ、微信了吗？

17. 向无关人员透漏过学生的家庭住址、父母单位、联系电话等吗？

18. 性侵过学生吗？

19. 当学生有危险行为时，及时告诫和制止了吗？

20. 外界对学生有侵害行为时，及时进行阻止了吗？

当你回答完全正确时，说明你是一个标准的遵纪守法的教师。如果自己存在过这样的现象，那么，以前你能认识到这是违法吗？现在知道了，那你以后如何做呢？请把你的做法写出来。

我的做法：_____

_____

名篇选读

可爱的中国

朋友！中国是生育我们的母亲。你们觉得这位母亲可爱吗？我想你们有和我一样的见解，都觉得这位母亲是蛮可爱蛮可爱的。

听着！朋友！母亲躲到一边去哭泣了，哭得伤心得很呀！她似乎在骂着："难道我四万万七千万的孩子，都是白生了吗？难道他们真像着了魔的狮子，一天到晚地睡着不醒吗？难道他们不知道用自己伟大的团结力量，去与残害母亲、剥削母亲的敌人斗争吗？难道他们不想将母亲从敌人手里救出来，把母亲也装饰起来，成为世界上一个最出色、最美丽、最令人尊敬的母亲吗？"朋友，听到母亲哀痛的哭骂没有？是的，是的，母亲骂得对，十分对！我们不能怪母亲好哭，只怪我们之中出了败类，自己压抑自己，眼睁睁地望着我们这位慈祥美丽的母亲，受着许多无谓的屈辱和残暴的蹂躏！这真是我们做孩子们的不是了，简直连一位母亲都爱护不住了！

朋友，从崩溃毁灭中，救出中国来，从帝国主义恶魔生吞活剥下，救出我们垂死的母亲来，这是刻不容缓的了。但是，到底怎样去救呢？我想，欲求中华民族的独立解放，绝不是哀告、跪求、哭泣所能济事的，而是唤起全国民众起来斗争，都手执武器，去与帝国主义进行神圣的民族革命战争，将他们打出中国去，这才是中国唯一的出路，也是我们救母亲的唯一方法，你们说对不对呢？

不错，目前的中国，固然是江山破碎，国弊民穷，但谁能断言，中国没有一个光明的前途呢？不，决不会的，我们相信，中国一定有一个可赞美的光明前途。中华民族在很早以前，就造起了一座万里长城和开凿了几千里的运河，这就证明中华民族伟大无比的创造力！中华在战斗之中一旦斩去了帝国主义的锁链，肃清自己阵线内的汉奸卖国贼，得到了自由与解放，这种创造力，将会无限地发挥出来。到那时，中国的面貌将会被我们改造一新。所有贫穷和灾荒，混乱和仇杀，饥饿和寒冷，疾病和瘟疫，迷信和愚昧，以及那慢性的杀灭中华民族的鸦片毒物等等，这些都是帝国主义带给我们的可憎的赠品，将来也要随着帝国主义被赶走而离去中国了。朋友，我相信，到那时，到处都是活跃的创造，到处都是日新月异的进步，欢歌将代替了悲叹，笑脸将代替了哭脸，富裕将代替了贫穷，康健将代替了疾苦，智慧将代替了愚昧，友爱将代替

了仇杀，生之快乐将代替了死之悲哀，明媚的花园将代替了凄凉的荒地！这时，我们民族就可以无愧色地立在人类的面前，而生育我们的母亲，也会最美丽地装饰起来，与世界上各位母亲平等地携手了。

这么光荣的一天，决不在辽远的将来，而在很近的将来，我们可以这样自信，朋友！

——选自方志敏，《可爱的中国》

依法治校需要把握几个关键问题

党的十八届四中全会以全面推进依法治国为主题，勾画了法治中国建设的宏伟蓝图。如何在深入推进依法治国的新形势下，全面推进依法治校，我认为，当前高校必须把握好几个关键问题。

坚持党委领导下的校长负责制，确保依法治校的正确方向。党委领导下的校长负责制是我国高校坚持社会主义办学方向和贯彻党的教育方针的根本保证。党委统一领导高校工作，依法治校必须坚持党的领导，党的领导必须依靠依法治校，党委领导下的依法治校才能确保正确的办学方向和符合广大师生员工的根本利益。校长负责是关键，校长既是党委的重要决策者也是党委决定的执行者，依法治校必须发挥校长的行政领导作用。高校要深入贯彻落实《关于坚持和完善普通高等学校党委领导下的校长负责制的实施意见》，进一步明晰党委职责和校长职权之间的关系，促进党委决策、行政运行机制的民主化、科学化、规范化。基层落实是重点，在高校党委、行政依法治校体系框架下，基层单位要主动构建适应学校发展目标、激发建设活力的制度体系，提高依法办事的能力和水平，把依法治校工作贯彻落实到各个具体领域和环节。

坚持"以人为本"，突出师生员工的主体地位。依法治校的主体是高校广大师生员工和管理者。全面推进依法治校必须突出师生员工的主体地位，充分发挥师生员工的重要作用，让广大师生员工共享学校改革发展成果。推进依法治校要从维护和保障师生员工的根本利益出发，强化"以人为本"的制度设计，制定的规章制度不是僵化地限制人的行为，而是更好地激励人的积极性、主动性和创造性。在法律制度范围内，允许师生员工通过合理途径和形式为学校建设发展提出意见和建议。加强法制教育，提高师生员工的法律意识，让依法办事的法治精神成为每个人的信仰，让师生员工认识到国家法律法规和学校规章制度既是维护自身合法权益的法律武器，也是师生员工必须遵守的行为规范。突出师生员工主体地位不能抽象化，要具体体现和落实到人才培养、科学研究、师资队伍、社会服务、国际合作等各方面规章制度中，建设科学有效的能激发师生员工潜能的制度体系。突出教师的主体地位要坚持法律制度面前人人平等，尤其是管理干部要牢固树立法律面前人人平等、制度面前没有特权、制度约束没有例外的意识，做到不缺位、不越位、不失位、不错位。要把依法治校成效作为衡量领导班子和管理干部工作成绩的重要内容，强化对领导干部依法办学的制度保障和约束，任何人在法律制度面前不能搞特殊，对违法违纪的领导干部，必须依法追究责任。

维护章程权威，健全以章程为核心的高校制度体系。良法是善治的前提，推进依法治校，首先要有科学完备的法律制度体系。大学章程是高校内部的"基本法"，制定程序规范、严格，规定内容根本、全面，在高校内部制度体系中最具有权威性和约束性，因此推进依法治校首先需要推进依章治校。吉林大学是新中国建立以来颁布并实施大学章程最早的高校之一，近年来学校以章程修订为契机，不断强化和巩固章程作为"基本法"的地位和作用，逐步形成了以章程为核心的学校制度体系，使各项改革探索基本做到了有法可依、有章可循。高校要加强对大学章程的宣传、学习和落实，维护章程权威，遵守章程规定，更好地发挥章程在学校建设发展、深化综合改革和依法治校中的重大作用，形成依章治校、按章办学的良好氛围。依据法律法规和大学章程对学校内部规章制度进行全面审查，不符合大学章程和改革发展要求或者相互之间不协调的内部管理制度，要及时修改或者废止，保证学校的规章制度体系协调一致。按照国家新的教育法律法规、规章和重要制度文件，及时对照修订学校内部相应规章制度，逐步建立以章程为核心的科学完备的学校内部制度体系。

深化治理结构改革，推进高校治理体系和治理能力现代化。治理结构改革涉及的是体制机制问题，带有全局性和根本性。依法治校需要深化内部治理结构改革，又需要以治理结构作保障，以良法促善治。在高校治理结构中行政权力与学术权力是最重要的权力关系之一，推进依法治校需要从制度设计角度正确规范行政权力与学术权力之间的关系。经教育部核准颁布实施的《吉林大学章程》明确规定了校长是学校法定代表人，负责学校全面行政工作，同时提出校长代表学校支持学术委员会依据其章程行使职权，并规定了校学术委员会是学校的最高学术权力机构，进而提出了积极构建行政权力与学术权力既相对独立又相互支撑的有机协调运行机制。新颁布实施的《吉林大学学术委员会章程》，明确规定了以校学术委员会为学校最高学术权力机构的学术组织结构框架，清晰界定了校、学部、学院三级学术委员会的职责权限，凸显了教授治学的思想，为充分发挥学术委员会在学术事务中的重要作用，构建学术治理体系提供了良好的制度保障。强化民主与监督是深化内部治理结构改革的重要组成部分，也是推进依法治校的重要内容。推进依法治校要求高校继续做好党内民主与监督，进一步完善教职工代表大会制度和二级教代会制度，建立健全各级各类学术专门委员会制度，健全校内民主制度，推进民主管理与监督体制机制改革，充分发挥教师在教育教学、学术发展和学校治理中的主体作用。依法治校要不断健全完善大学生参与大学治理的体制机制，通过制度设计不断扩大学生参与学校民主管理的范围，逐步拓宽渠道，提高层次，完善组织与制度建设，充分调动学生参与学校建设发展的积极主动性。依法治校要加强建设理事会（董事会）制度，探索社会利益相关者参与学校民主管理与监督的体制机制，为学校的改革发展获取外部支持。高校要以深入推进依法治校为契机，依法依规构建科学民主的决策、执行、民主管理与监督既相互制约又相互协调的运行机制，加快推进学校治理体系和治理能力的现代化。

以法治思维和法治方式为路径，深入推进高校综合改革。当前是我国高等教育领域深化综合改革的重要时期，全面深化改革需要法律制度保障，全面推进依法治校也需要深化综合改革。高校要深刻领会依法治国和深化改革的关系，力争做到重大改革都要有法律制度依据，确保在法律制度轨道上推进改革。高校要增强法治思维，采用法治方式，用法律制度固化改革成果，用法律制度破解改革瓶颈、激发改革活力，深入推进学校综合改革。吉林大学按照国家部署和要求，加强顶层设计，统筹推进综合改革。目前学校综合改革总体方案正处于最后的制定论证阶段，在改革方案制定过程中，我们充分听取各方面意见和建议，依法依规处理好各种利益关系，努力妥善解决改革中可能遇到的各种矛盾和问题，发挥好法律制度的保障、规范与推动作用，让法治手段为综合改革的深入推进保驾护航，力争使吉林大学在国家深化高等教育综合改革中发挥示范作用。

——吉林大学校长李元元，《光明日报》，2015 年 3 月 3 日时代性格内向，绝对不相信某一天能够站到讲台上，面对一群孩子去讲课，但当真的有一天阴差阳错做了老师，很可能他突然发现自己原来还具有极高的演讲天赋，原来自己的语言能力、课堂控制能力、活动组织能力等都还是很高的。从智商的角度讲，有高智商和低智商的人，这两类人各占全部人口的 3%。对于一些先天低水平能力的人来讲，其能力能否得以发展提高呢？答案是肯定的。苏联伟大教育家苏霍姆林斯基通过阅读提高一些低水平能力学生的智商，然后推荐这些孩子去学习一门具体性的技术，就是我们今天所说的职业学校，这些孩子后来都成为某一方面的技术能手或技术骨干。因此，只要我们教师在教育过程中运用心理学的规律，采用适当的方法，完全有可能把低水平能力的孩子培养成才。

(3)能力的阶段性

从发展心理学来讲，人生不同阶段，能力的表现也不相同。拿语言能力做例子，婴儿的语言能力是从简单发音到学话萌芽，幼儿的语言能力是词汇量最多可达到四千个左右，儿童的语言能力是已经接近成年人的水平，少年的语言能力是已经完全成熟，可以表达自己想表达的事物或内容，青年的语言能力是富有激情、张扬、活力的特征，中年的语言能力是老辣、沉稳、独到，老年的语言能力是富于智慧、老到。由此可见，不同年龄年段，能力呈现出不同的特征。另外，就是能力发展早晚的差别，有的人很小就表现得非常聪明，被称为"神童"；有的人则大器晚成，到了中年，甚至到了晚年才创造出成果。

知识拓展

能力的新学说

能力又称为能块。能块包括思块（思维）、行块（行为）和语块（语言）。

思块分为：思块组合能力、思块组合速度、思维行为沟通能力、思维语言沟通能力、语言行为沟通能力、理解力、判断力、分析能力、综合能力、记忆力、观察力、想象力等。

行块分为：模仿能力、灵敏度、力度、速度、耐力、听力、注意力、感知力等。

语块分为：语言速度、语言运用、字词组合、场合运用、概括等。

思块、行块、语块三者是相互关联的。思块起主导作用，但是其他两者又可以刺激思块不断发展。

能块可以通过专门训练得到很大的提高。比如游泳、体操、绘画、武功等就是一种能力的专业训练，也是一种提高训练。同时，会绘画的人模仿能力非常好，会音乐的人听力非常好，会武功的人灵敏度非常强，长期处于官场的人语言概括能力很强，做主持人的人语言速度可以得到很好的控制，练拳击的人力度和耐力比常人要强很多。

对能力的研究，可以大大地提高人类个体在现实社会中的各种表现方式，从而达到表现自己价值的目的。

能块也可以用"商"来表示，叫做"能商"，它可以说是人体几大"商"之一：智商、情商、能商和钟商（生物钟在人体的作用结果）。智商是社会知识在人类个体的累计，这种累计再还原于社会，使交往的人群都能体会到，就是能商；在别人体会个体的能商时，每个人所掺杂能商的一种偏向，就是情商，比如在美国总统选举的演讲会上的激情表演，不但是智力、能力的体现，同时也是情力的体现，没有高亢激昂外加各种行为的配合，演讲不但没人听，总统也是难以当成的。在即兴演讲中，语言一直遵循一种方向（目的），在大脑中不断提取和产生与这个方向有关的"原料"（在此本文称作"忆块"），能够构成这种结果的原因就是生物钟在起作用。所以，四商构成了一个人除生命特征以外的一切，本文将"生命特征以外的一切"称作"人命"。人命和生命组成人体。人命是智商、能商、情商和钟商的结合，简称"智能"。

二、能力的类型

1. 一般能力和特殊能力

一般能力是指观察、记忆、思维、想象等能力，通常也叫智力。它是人们完成任何活动所不可缺少的，是能力中最主要又最一般的部分。特殊能力是指人们从事特殊职业或专业需要的能力，例如音乐中所需要的听觉表象能力。人们从事任何一项专业性活动既需要一般能力，也需要特殊能力，二者的发展也是相互促进的。

2. 模仿能力和创造能力

模仿能力指通过观察别人的行为、活动来学习各种知识，然后以相同的方式做出反应的能力。而创造力则是指产生新思想和新产品的能力。

能力与大脑的机能有关，它主要侧重于实践活动中的表现，即顺利地完成一定活动所具备的稳定的个性心理特征；能力是在运用智力、知识、技能的过程中，经过反复训练而获得的。能力是人依靠自我的智力和知识、技能等去认识和改造世界所表现出来的心身能量。各种能力的有机结合，起质的变化的能力称为才能。才能的高度发展，创造性地完成任务的能力称为天才。

3. 认知能力、操作能力和社交能力

能力按照功能可划分为认知能力、操作能力和社交能力。

认知能力指接收、加工、储存和应用信息的能力。它是人们成功地完成活动最重要的心理条件。知觉、记忆、注意、思维和想象的能力都被认为是认知能力。美国心理学家加涅提出3种认知能力：言语信息（回答世界是什么的问题的能力）、智慧技能（回答为什么和怎么办的问题的能力）、认知策略（有意识地调节与监控自己的认知加工过程的能力）。

操作能力指操纵、制作和运动的能力。劳动能力、艺术表现能力、体育运动能力、实验操作能力都被认为是操作能力。操作能力是在操作技能的基础上发展起来的，又成为顺利地掌握操作技能的重要条件。

认知能力和操作能力紧密地联系着。认知能力中必然有操作能力，操作能力中也一定有认知能力。

社交能力是指人们在社会交往活动中所表现出来的能力。组织管理能力、言语感染能力等都被认为是社交能力。在社交能力中包含有认知能力和操作能力。

知识拓展

加德纳的多元智能理论

1. 语言智能。这种智能主要是指有效地运用口头语言及文字的能力，即指听说读写能力，表现为个人能够顺利而高效地利用语言描述事件、表达思想并与人交流的能力。这种智能在作家、演说家、记者、编辑、节目主持人、播音员、律师等职业上有更加突出的表现。

2. 逻辑数学智能。从事与数字有关的工作的人特别需要这种有效运用数字和推理的智能。他们学习时靠推理来进行思考，喜欢提出问题并执行实验以寻求答案，寻找事物的规律及逻辑顺序，对科学的新发展有兴趣。即使他人的言谈及行为也成了他们寻找逻辑缺陷的好地方，对可被测量、归类、分析的事物比较容易接受。

3. 空间智能。空间智能强调人对色彩、线条、形状、形式、空间及它们之间关系的敏感性很高，感受、辨别、记忆、改变物体的空间关系并借此表达思想和情感的能力比较强，表现为对线条、形状、结构、色彩和空间关系的敏感以及通过平面图形和立体造型将他们表现出来的能力。能准确地感觉视觉空间，并把所知觉到的表现出来。这类人在学习时是用意象及图像来思考的。空间智能可以划分为形象的空间智能和抽象的空间智能两种能力。形象的空间智能为画家的特长，抽象的空间智能为几何学家特长，建筑学家形象和抽象的空间智能都擅长。

4. 肢体运作智能。善于运用整个身体来表达想法和感觉，以及运用双手灵巧地生产或改造事物的能力。这类人很难长时间坐着不动，喜欢动手建造东西，喜欢户外活动，与人谈话时常用手势或其他肢体语言。他们学习时是透过身体感觉来思考。这种智能主要是指人调节身体运动及用巧妙的双手改变物体的技能。表现为能够较好地控制自己的身体，对事件能够做出恰当的身体反应以及善于利用身体语言来表达自己的思想。运动员、舞蹈家、外科医生、手艺人都有这种智能优势。

5. 音乐智能。这种智能主要是指人敏感地感知音调、旋律、节奏和音色等能力，表现为个人对音乐节奏、音调、音色和旋律的敏感以及通过作曲、演奏和歌唱等表达音乐的能力。这种智能在作曲家、指挥家、歌唱家、乐师、乐器制作者、音乐评论家等人员那里都有出色的表现。

6. 人际智能。人际关系智能，是指能够有效地理解别人及其关系、及与人交往能力，包括四大要素。①组织能力，包括群体动员与协调能力；②协商能力，指仲裁与排解纷争能力；③分析能力，指能够敏锐察知他人的情感动向与想法，易与他人建立密切关系的能力；④人际联系，指对他人表现出关心，善体人意，适于团体合作的能力。

7. 内省智能。这种智能主要是指认识到自己的能力，正确把握自己的长处和短处，把握自己的情绪、意向、动机、欲望，对自己的生活有规划，能自尊、自律，会吸收他人的长处。会从各种回馈管道中了解自己的优劣，常静思以规划自己的人生目标，爱独处，以深入自我的方式来思考。喜欢独立工作，有自我选择的空间。这在智能优秀的政治家、哲学家、心理学家、教师等人员那里都有出色的表现。

内省智能可以划分两个层次：事件层次和价值层次。事件层次的内省指向对于事件成败的总结，价值层次的内省将事件的成败和价值观联系起来自审。

8. 自然探索智能。能认识植物、动物和其他自然环境（如云和石头）的能力。自然智能强的人，在打猎、耕作、生物科学上的表现较为突出。自然探索智能应当进一步归结为探索智能，包括对于社会的探索和对于自然的探索两个方面。

三、影响能力发展的因素

心理发展历来就有遗传决定和环境决定的争论，对影响能力发展的因素也有同样的争论。不过，今天持绝对的遗传决定观点的人已经见不到了。心理学家要回答的，已不是遗传还是环境决定能力发展的问题，因为哪种因素的影响都是否定不了的。心理学家要回答的是，遗传和环境对能力发展各起什么样的作用，起多大作用，及其在能力发展中是怎样互相影响的问题。

1. 遗传的因素

生物所具有的形态结构和生理特征，相对稳定地传给后代的现象叫遗传。遗传是通过遗传物质的载体——细胞内的染色体来实现的。染色体上的遗传因子叫基因，基因决定着性状的遗传。

影响能力发展的遗传因素，主要是指一个人的素质，或叫天赋，即一个人生来具有的解剖生理特点，包括他的感觉器官、运动器官以及神经系统构造和机能特点。素质是能力发展的自然基础和前提。

2. 环境和教育因素

环境和教育的因素包括儿童正常发育的物质条件，儿童的家庭、儿童所在的学校以及他所处的社会环境。环境和教育条件决定了在遗传的基础上，能力发展的具体程度。

儿童正常发育的基本物质条件是营养。儿童身体的各个器官和神经系统都处在不断成长的过程中，出生前后如果缺乏营养，必将影响身体器官和脑的发育，也必将影响智力的正常发展。疾病和药物也是影响儿童发育的重要因素，不仅儿童本身的疾病会影响其身体的正常发育，而且母亲怀孕期间患病和服用药物，也会对胎儿造成严重的损害。

环境的刺激也是重要的因素。母亲对于孩子科学的哺育和爱抚，家人和其他人与孩子的交往，适宜的玩具和环境的变化等，都对儿童的智力发展有重要的影响。早期的环境影响更为重要，脱离人类社会而在动物哺养下长大的孩子，即使回到人类社会，其智力发展也难以达到正常人的水平。

学校教育是对儿童进行有计划、有组织的影响。学校不仅教给儿童掌握知识和技能，而且还要培养儿童的能力和健全的人格。外界的条件是通过儿童自身的活动才发生作用的，因此，儿童的人格、意志品质、对知识的兴趣以及主观努力，都会影响其自身能力的发展。

由于受到以上两种因素的影响，我们的能力在成人后就表现各异。作为教师，在教学中，不同的教师也会形成不同的教学风格。有的教师是理智型教学风格，深入浅出，条理清楚，层层剖析，环环相扣，论证严密，结构严谨，用思维的逻辑力量吸引学生的注意力，用理智控制课堂教学进程；有的教师是情感型教学风格，讲课情绪饱满，将对科学的热爱和追求融于对学生的关心、教导和期望之中，充满着对人的高度尊重的信赖情绪高涨，扣人心弦，引起学生强烈的情感共鸣；有的教师是自然型教学风格，讲课亲切自然，朴实无华，没有矫揉造作，也不刻意渲染，而是娓娓而谈，细细道来，师生之间在一种平等、协作、和谐的气氛下，进行情感交流；有的教师是幽默型教学风格，讲课生动形象，机智诙谐，妙语连珠，令学生回味留恋，思考警醒；有的老师是技巧型教学风格，讲课精于教学的技巧，充满着机智，各种教学方法、技巧信手拈来，运用自如，恰到好处，整个课堂教学的结构就像一种设计好的程序。

道德故事

在教师的岗位上

孙维刚

有两句话我永远难忘。

那是 1991 年 10 月在人民大会堂，一位老师说："教师的成绩，都是学生给予的。"另一位老师则说："对待学生要宽容。"两句话，何等的好啊！从不同的方面，揭示了同样的灼见真知。

什么是教师的成绩？培养出善良的公民民族的栋梁，人民的功臣。而达到它，内因才是变化的根据。这内因，是学生的觉醒，是学生心底升起的追求，是学生不屈不挠的实践和奋斗。这岂是一个早晨、一顿训斥可以奏效的！

反躬自问，我们自己一生的缺点、错误，不也是在温暖的关怀、催心的召唤下幡然悟改的吗！我当教师已经 32 年，当班主任也 32 年了。回忆如云的往事，每每我把自己作为平等的一员，置身于学生之中水乳交融时，山也笑来水也乐；而每当我离开了对于自己位置的正确认识，和学生油水分离乃至凌驾于学生之上时，即使秩序井然，作为教师的使命，又有多少价值？

各个行业，都有自己的"一招鲜"，例如，名医们的"一把刀"、家传秘方，可以妙手回春、药到病除。唯独教育教学上未见一劳永逸之说，至少我没有这种本事。在教学中，我只有不断地钻研，求新求异，以知识的魅力调动学生的学习积极性，才能使他们所掌握的知识在应用中得到融会贯通，真正达到教学的目的。

记者曾和我的一些学生谈话，刊于 1993 年 9 月 8 日的《中国初中生报》，文中有一小段记老师罚站一事："我们老师有病，工作又那么繁忙，这我们都清楚。有一天早自习，老师迟到了，他自愧自责，竟然自己在教室门外罚站。那一天风很大，我们的教室又位于最高层，楼道外伸开放，望着门外的老师，同学们说不清楚是感动还是难过。我们的老师就是这样，要求同学做到的，自己绝对以身作则。"事实上，那天我迟到 5 分钟，是骑车上班的路上，在蒋宅口帮助一个翻了车的卖鱼缸的外地小贩。而平时学生们迟到了，不批评，更不罚站，但请接受我一瞬殷盼的注目。

一段时间内，同学迟到现象几乎绝迹了。1990 年第 4 期《北京教育》一篇采写我的文中有这样一段话："1988 年 3 月的一天下午，班里的男同学张夏一摔伤了脚，他闻讯后，马上赶到现场，甩掉棉衣，背起张夏一就奔向第六医院。在医院，又背他上楼下楼地照片子。后来，这位同学在给孙老师的一封信中说：'想起前些天我摔伤后您背我上医院，我趴在您宽大的背上，听着您粗重的呼吸（您已经 49 岁了呀！）我的眼泪一滴一滴淌了出来，想起我又重犯了上课说话的毛病，我真恨不得……我要下决心克服自己散漫的毛病。'"

张夏一为什么给我写这封信？是他在政治课上又和别人说话了。张夏一同学还是一天天长大了。1992 年考入北京大学后，人们称赞他学习好，待人好，热情高。这就是教师的工作。周总理说过，"活到老，学到老，改造到老"。虽然有人对其中"改造"二字甚觉刺耳，我却不以为然。教师的行动是无声的命令，要求学生遵循的，一定须是自己神圣的信仰。如此，才有可能予学生以有益的教育。

多累呀！但这恰是教师的光荣与骄傲。

还是《中国初中生报》那篇采访录中，有现在清华大学读书的廖翔民同学的一段话（小标题是"像孙老师那样做人"）："孙老师说，他最喜欢的一句话是，一个人来到世上是为了使别人生活得更美好。我们敬佩孙老师，感到他很崇高、很神圣，我们愿意照着他的样子做人，虽然不一定能做得那么好，但我们一定努力去做。"读这段话，我怦怦心跳。我哪里配孩子们的敬佩！但它却提醒我，为了这些纯洁的孩子们，为了这些可爱的花朵，我一定要"活到老，学到老，改造到老"。

我愿为祖国的教育事业走到世界前列当好一枚铺路的石子，愿从为了人民的高度去为了孩子，做一名合格的首都人民教师。

故事启迪

"教师的成绩，都是学生给予的。""对待学生要宽容。"这两句话，确实从不同的方面，揭示了教育者价值的真正体现。前一句话说明只有教师具有一定的能力，才能得到学生的认可，才能彰显教育者自己的成绩；后一句话说明教育是做人的工作的，不单单是给人以知识，更重要的是传承给学生做人的道理，教育者本人宽厚地对待学生，"宽厚"就是一种精神，"宽厚地对待学生"就是正能量精神的传承。一个能力不强的人，怎么会有宽厚的精神呢？因此，能力是重要的。

第二节　教师专业能力

教师专业能力是师德修养的核心，没有能力的教师，就难以在学生中产生人格魅力。一个没有人格魅力的教师，怎么能算是一个师德修养高的教师呢。因此，教师专业能力是师德修养的核心。

一、教师专业能力的含义

教师专业能力，包括教学能力和教学反思能力。教师专业能力是指教师在掌握一定教育专业理论知识和学科理论知识的基础上，在教育教学活动过程中，运用教育专业知识正确处理和解决学校教育教学实际问题，培养学生成为符合时代人才标准，全面、可持续发展的能力，以及在教育实践工作中表现出的高尚职业道德和职业精神。教师的专业能力是教师专业结构中的一个重要组成部分，一个教师的好坏优劣，绝大部分取决于教师的专业能力。教师专业能力概念体现了以下三个特点。

1. 专业性

教师要具备教育专业理论知识，比如教育学、教育心理学、教育法律法规等等；具备教育学科知识，如教学方法论、课堂教学论、所教学科专业知识等。

2. 实践性

教育专业能力以解决教学中出现的实际问题和教师本人发展为主，也就是实现学生成长和教师成长，即古人所说的"教学相长"。

3．职业性

教师的高尚职业道德和职业精神的体现，最终落脚于教师专业能力的体现，很难想象，一个没有专业能力的教师，怎么体现自己的职业道德和职业精神呢，没有专业能力做支撑，只能是一个"嘴尖皮厚腹中空"的人。

二、教师专业能力的内容

根据专家学者研究结果，我们把教师专业能力分为五大类。

(一)课堂教学能力

课堂教学能力是指教师在课堂上按国家课程方案要求完成教学任务的本领，在教师能力结构中处于核心地位。教学能力所表现的环境处于全部教育环境的核心位置上，即课堂是实施的主要场所，教学能力是教师能力结构中的核心要素。

课堂教学能力指的是教师上课期间教的东西能让学生接受吸收多少的能力。

1．分析掌握教材、标准的能力

教材是蓝本，标准是要求。教师要想提高教学能力，必须"吃透"教材，把握标准。教材实际是为教师提供的教学素材，教师首先要分析这些素材中的知识因素、能力因素、智力因素、非智力因素、品格因素等；其次考虑如何将这些因素拓宽、扩展；最后确定本节课"为学生终身打基础的素质"，重点开发、培养。

2．选择最佳教学方式的能力

教学有法，教无定法，教要得法。教学方法实际就像要过河的"船"和"桥"，因此，一节课的教学方法会有很多的选择。

3．确定高层次教学目标的能力

教学目标确定的层面决定了教学目的要达到的标准。现代教学主张，每节课的教学不是为了让学生掌握"双基"而教，而是实行"人格本位"教学，即让学生得到全面发展。教师确定的教学目标必须以每一个学生的最大发展（在"最近发展区"内）为根据，以培养学生"现代人"的优秀品质为依据（运筹帷幄的合理布局能力）。

4．创新能力

教师劳动的特点之一就是创造性工作。教学能力的强弱高低与教师创造力水平密切相关。在教学设计上需要教师的创新能力，在教学过程中需要教师的创新能力，在教学完成之后还需要教师的创新能力。因此，教师本身就应当最大限度地开发自己的创造潜能，以适应教学的需要。

(二)教学评价能力

教学评价能力是指教师按照目标多元、方式多样、注重学习过程的原则，将量化评价和质性评价相结合，构建一个多元、连续、注重表现的评价体系，从知识与技能、过程与方法、情感态度与价值观等方面对学生进行全面评价的能力。

一线教师和教学研究人员，在课堂评价策略方面积累了许多宝贵经验。这里对教师课堂教学评价策略和方法作出归纳和总结，从几个侧面给教师一点参考和借鉴。

1. 心灵交流法

俗话说，感人心者，莫先乎情。情先行，理必通。教师在课堂上的评价能不能发生作用，起到多少作用，首先看教师的评价是不是真诚的、发自内心的。学生对教师的评价是敏感的，如果学生感觉到教师的爱是真诚的、发自内心的、由衷的，就容易接受，并产生震撼，受到感染。如有位教师说："每当学生提出有价值的问题，我总要走上前去，握住他的小手，注视着他的双眼，赞美道：你有一双慧眼哟，能发现别人发现不了的问题，多了不起呀!"学生真切地感受到了被肯定的喜悦。因此，教师的评价应该重视情感的投入，即用简短恰当的语言，热情地给予褒奖。并且，评价语言要富有变化。如有学生在品评教师范读时，讲得有理有据，不仅能说出别人读得好，并且能说出别人读得好在哪里，教师动情地对他说："你说得太好了，真是我的知音啊!"学生听了这样的评价语言，内心肯定比吃了蜜还甜。

2. 行为导向法

笼统、抽象地评价学生的课堂学习活动，一是评价内容含混宽泛，二是评价内容操作性不强，这往往对学生的帮助不大。所以教师的课堂评价必须具体和有针对性，要适当、合理、明确。

针对性一般要考虑这样几个问题：

一是针对学习习惯的评价。"你看这位同学回答问题的声音多么洪亮，他是一个非常自信的同学，我们都要向他学习。"

二是针对学习方法的评价。"这位同学对问题的回答，用到了我们原来学过的环境描写在文章中的三种作用，这种学以致用的方法非常值得学习。"

三是针对情感态度的评价。当学生克服困难的时候，教师及时评价，"你勇于向困难挑战，是个勇敢的孩子!"

四是针对合作学习的评价。你们小组的发言很有智慧，看来集体的力量就是巨大呀！

五是针对学习内容的评价。"你的回答就像作品的主人公一样，有着坚毅的品质、顽强的毅力，相信你的未来一定会像作品的主人公一样取得辉煌的成就。"

3. 激励导向法

俗话说："良言一句三冬暖，恶语伤人六月寒。"语言是一种艺术。同一个内容，换一种说法作用就有所不同，教师的一句话可能对学生的一生都有影响，所以我们的评价语言要句句体现激励性。要不断向人性化、平等化、科学化发展，学生的积极性和主动性、创造性才能被激发出来，才能使我们的课堂发出无限的生机和活力。

4.综合评价法

评价方法单一、死板，既容易降低评价的作用，又会导致学生的厌烦心理。我们根据学生的求新、求奇、求趣的心理，评价方法应经常富有变化、巧妙、灵活、多样化。多调动体态语言，并注重学生的互评，一定要让学生参与到评价中来。一是学会转化。所谓学会转化，就是教师运用评价角色的转换而换个说法，这就大大提高了评价的作用。二是调动体态语言。体态语言是教师在课堂上通过手势、姿态、表情、眼神等来传达教学信息的一种语言活动。心理学研究表明："信息的总效果＝7％的文字＋38％的声调＋55％的面部表情。"在课堂上，教师正确运用表情，包括手势等其他体态语言传递信息能表达教师对学生的激励和信任。三是运用学生自评、小组互评、家长评价等方式，这会大大发挥课堂评价的作用。如在语言教学中，可以引导学生通过互相评议，知道不足，进行自我矫正和自我完善。教师要教会学生评议的方法，提出评议的具体要求。

 知识拓展

美国教师行为准则十二条

1.记住学生姓名。

2.注意参考以往学校对学生的评语，但不持偏见，且不和辅导员联系。

3.锻炼处理问题的能力，充满信心，热爱学生，真诚相待，富于幽默感，办事公道。

4.认真备课，别让教学计划束缚你的手脚。

5.合理安排课程教学，讲课时力求思路清晰、明了，突出教学重点。强调学生理解，布置作业切勿想当然，而且抄在黑板上。

6.熟悉讲课内容，切勿要求学生掌握你所传授的全部内容。善于研究如何根据学生需要和水平进行课堂教学。

7.教室内应有良好的教学气氛，教师应衣着整洁，上课前应在门口迎候学生，制止他们喧哗嬉闹。

8.课前应充分准备，以防不测。

9.严格遵守规章制度。把学校规章张贴在教室内，并解释说明，让学生知道学校规章。

10.步调一致。对同一错误行为，采取今天从严、明天应付的态度会导致学生无所适从、厌恶反感。

11.勿使用不能实施的威胁语言，否则将会言而无效。

12.不能因少数学生不轨而责怪全班。

5. 分层评价法

学生无论是在基础知识上，还是智力水平上都存在差异，乃至学习态度、学习习惯等方面，差异是客观存在的，因此评价和要求都不能搞"一刀切"。在课堂评价中要正确看待学生的差异，分层加以鼓励和评价。

（三）教育科研能力

教师的生命力来自教育科研。教师的未来和未来的教师，都将与教育科研联系起来。教育科研就是以教育现象和教育问题为对象，运用科学研究的原则和方法，探寻教育规律及有效教育途径和方法的一种科学实践活动。进入 21 世纪后，我们面临着信息化、世界化、市场化、教育现代化四大趋势的挑战。不仅从人才质量规格上，而且从教育内容、方法、手段及教育的组织形式等方面，都提出了新的要求。以教育的科学推进科学的教育，已经是时代的呼唤。每一个教师都要把握新的质量标准，都应领会新教材的精髓，都应掌握新的方法和手段。总之，社会进步要求提高教师劳动的科技含量，要求教育工作者运用现代化教学手段和方法，把先进的教育思想转化为改造教育的行为，提高教育质量的现实力量。基础教育阶段教师科研能力构成如下。

1. 基础性能力

（1）自我学习能力

教师的自我学习能力是科研与创新能力的基础能力之一，是教师自身主动摄取知识、主动消化知识、主动创新知识的能力。对教师来说，只有不断地更新知识，主动地吸取知识，自我调整知识结构，才能更好地实现从经验型教师到研究型教师的跨越。教师的学习有赖于对知识的认识和理解。

（2）科研资料的收集能力

开展教育科研，涉及收集资料的问题。科研资料的收集能力就是指认识到科研资料的价值，并运用正确有效的方式方法收集、整理科研资料的能力。实际上也是善于捕捉、组织和判断各种信息的能力。

（3）科研成果表述能力

教育科研最终要通过文字载体以不同的论文形式将研究成果表述出来。教师的文字表达能力直接影响着科研成果的交流范围和运用程度。要求教师把经过潜心研究得出的新认识、新思想、新办法等形成文字，通过教育科研报告或科研论文、著作等形式表达出来，从而更好地发挥科研成果的作用。

2. 发展性能力

（1）科研选题能力

选择课题是科学研究的起始环节，也是关键的一环。在教育教学实践中，存在着大量需要研究和解决的问题。能否根据当前教育发展的需要准确地判断自己能否完成、该不该进行这一课题的研究，决定着该研究的成败。

（2）科研信息加工能力

科研信息的加工能力就是指对科研信息的筛选、识别、分类、分析、评估，以及利用信息作出决策和解决问题的能力。

（3）科研动手实践能力

动手实践能力是指教育科研者运用一定的方法手段，有意识、有目的地变革教育现象的物质活动能力。它主要包括用实验设备进行各种简单的或复杂的实验，能比较熟练地运用计算机来进行各种实验和数据处理，以及制图、绘图，包括科学研究设计等。在现代教育科学研究中，不仅需要科研人员的理论思维水平，而且需要有动手操作、实践的能力，动手实践能力是理论变成现实的基础。

（4）科研质量分析与评价能力

评价分析能力是指客观、公正地根据社会公认的价值标准，通过规定的程序和方法，对自己和他人所进行的科研过程和科研成果进行实事求是的鉴定性判断，并作出评价分析的能力。科学的评价分析是推进教师的教育科研工作、推广和应用教育科研成果、提高科研质量和效益的必要前提。

（5）科研成果的推广和应用能力

科研成果的推广和应用能力包括能够准确认识到科研成果的价值，主动接受科研成果，并把科研成果运用到教育教学实践中去的能力。主要体现在接受新的理论研究成果、新的实践经验，从中受到启发，并把它迁移到自己的教育教学实践中进行实验与研究。

教育科学研究重在创新，难在创新，但也贵在创新。一名优秀的教育工作者，他的创造力主要表现为善于用教育学现成的知识，创造性地提出新的教育思想、教育观念，并将新的科研成果应用于教育实践，以促进教育实践的发展。科研创新能力是创新思维和创新实践的统一。

（四）课程开发能力

在教师的专业能力中，培养自身的课程开发能力也是必要的，它是指使课程的功能适应文化、社会、科学及人际关系要求的持续不断的决定课程、改进课程的活动与过程。课程开发除了目标、内容、活动、方法、资源及媒介、环境、评价、时间、人员、权力、程序和参与等各种课程因素外，还包括各种因素之间的交互作用，特别包含了课程决策的互动和协商。因此，课程开发的重点强调过程性和动态性。课程资源的开发，即把一些潜在的课程资源利用一定的方式方法和情境挖掘出来展现给学生，从而发挥它的教学功能。也就是把那些学生忽略的、遗忘的处于"沉睡"状态的课程资源唤醒，让它为教学所用。

1.教师自身资源的利用

新教材给教师个人留有很大的创造空间，教学不是简单的教与学，而是将教师的智慧、人格与教材融为一体去感染、影响学生的过程，通过师生互动来完成教学任务，所以教师自身课程资源的利用就显得格外重要。教师的成长经历、生活阅历、经验、人生教训都是可以利用的资源，这是一本活教材，关键看教师怎样利用。特级教师钱梦龙说过："一个教师如果能从自己的发展过程中悟出某些带有规律性的认识，用以指导自己的教学实践，他就很有可能成为一个教学艺术家。"这很有道理。用自己的学习经验来启发学生的学习活动，有说服力，有示范性。

2.学生课程资源的利用

学生也是重要的课程资源，学生来自不同的家庭，受到不同的教育，每个人有不同的生活经验和背景，又有不同的兴趣和爱好，这些资源的开发和利用，可以大大提高教学效果，又可以极大调动学生兴趣。

3.生活课程资源的利用

生活空间是一个巨大的课程资源宝库，如人文资源的民风民俗、神话传说、名言警句、谜语儿歌等都是宝贵的课程资源。可以利用"我们的节日"活动，让学生在"春节、元宵、清明、端午、七夕、中秋、重阳、冬至"八大传统节日里，开展吟诗、唱曲、小品等形式自由地展示每个节目的起源、意义和价值，由于很好地利用了生活这一课程资源，让学生更加热爱这些传统节日，热爱祖国灿烂的传统文化，热爱生活。

4.不利因素资源的利用

课程资源无处不在、无时不有，课堂上的偶发事件，这种稍纵即逝的课程是一种资源，社会上偶发的各类事件的资源更是广泛得多。我们的生活从来不是缺乏教育资源，而是缺乏善于发现和有效利用教育资源的有心人。对于那些在设计好的教案和常规课堂以外的教育资源，我们都要积极对待、及时抓取。

5.错误资源的利用

"错误"也是一种课程资源。有位特级教师说："教'3＋2＝5'的教师是合格教师，教'3＋2＝?'的教师是好教师，教'3＋2＝6'的教师是优秀教师！"这位教师的话表达了一种教育思想：错误可以激化学生的心理矛盾和问题意识，更好地促进学生的认知和发展。特级教师于永正有一句话："我喜欢发言出错的学生。"有错误的课堂才有波澜，错误往往会让同学们记忆更深刻，错误是难求的有效的教学资源，关键看教师怎样利用。

6. 差异资源的利用

由于每个学生的学习基础、智力差异可能会形成不同的思维方式或学习方式，而这种差异的巧妙利用就很可能成为一种宝贵的课程资源。

（五）教学管理能力

教师的管理能力在专业能力发展中也是非常重要的，主要体现在对学生的管理和对教学的管理上。

1. 对学生的管理能力

对学生的管理，要注重把"赏识"与"惩罚"结合在一起，培养学生正确的人生观。"赏识"教育深受欢迎，认为好孩子是夸出来的。课堂上，学生在表扬与激励中成长。

作为一名教育工作者，对学生教育的方式有很多，"惩罚"的方式也有很多，如何让学生在感恩中知道不足呢？写信的方式、暗喻的方式、旁敲侧击的方式、循序渐进的方式、谆谆教诲的方式等，都是"惩罚"的另一种方法。

2. 对教学的管理能力

在教学中，教师对教学的管理，主要是以学生为中心，把课堂还给学生，教师要走下讲台，走进学生之中，成为他们中的一员，参与学生的活动，关注学生的感受，与学生进行情感交流。

 道德故事

我为什么选择教师职业？

我不是学师范的，当教师完全是出于个人的选择。

我初中毕业以后，因母亲病逝，家道中落，只读了三个多月的高一就失学了。在家待了半年左右，上海解放，翻天覆地的变化激起了我投身社会的热情。可是我能为这个新生的社会做些什么呢？

当时我第一个想到、也是唯一能想到的，就是当教师。

因为我的心中装着一位教师的完美形象，是他使我切身感受到了教师工作的崇高和不同寻常的意义。

我从小智力平平，生性顽皮，不爱学习，到小学五年级的时候已创下了三次留级的"纪录"。老师送给我的评语是"聪明面孔笨肚肠"。自卑的阴影笼罩着我，使我完全丧失了进步的信心。但在我五年级留级后，遇到了一位终生难忘的好老师——武钟英老师，这是我一生的幸运。

武老师教我们国语课兼级任教师，上课的第一天就把我叫到办公室，拿出一本四角号码小字典，对我说："现在我教你四角号码查字法，如果你能学会，就可以证明你不是什么'聪明面孔笨肚肠'。你想证明一下自己吗?"我当然很想知道自己究竟笨还是不笨。结果在武老师的指点下很快学会了这种查字法,这使我对自己的信心大增。接着武老师又给我布置了一项任务:在他每教新课之前,由我把课文里的生字从字典里查出来抄在黑板上,供同学们学习。一个长期被同学们看不起的"老留级生",居然还能承担如此光荣的任务,自然感到从未有过的自豪!我由于爱武老师,也爱上他的课,对他布置的作业都能认认真真、一丝不苟地完成,于是又不断在国语课上受到表扬。到六年级时,武老师又把我的一篇作文推荐给县里的一份报纸,居然发表了。当我看到自己的名字变成了铅字,清清楚楚地印在报纸上时,真比登台领奖还要风光十倍!

最难忘领小学毕业证书和成绩单的那一天。记得武老师在把成绩单发到我手里的时候,亲切地拍着我的肩膀说:"钱梦龙,看看我给你写的评语吧。"我至今对打开评语栏时看到的第一句话仍然保持着强烈的印象,这句话是:"该生天资聪颖!"我知道,这是武老师两年来帮助我一步步克服自卑、自弃心理的最后一步。至此,"聪明面孔笨肚肠"那句话投在我心灵上的阴影,已被自信的阳光驱散得无影无踪了。当我进入初中的时候,已经是一个酷爱读书的少年郎了。

今天,我可以毫不夸张地说,正是武老师,用他真挚的爱心和出色的教育艺术,把我从"差生"的路上拉了回来,乃至改变了我的一生。

1949年当我决定投身社会、面临选择的时候,又是武老师的形象坚定了我当一名教师的决心。于是我到县城西门外的一所初级小学去毛遂自荐,居然感动了校长,让我当了一名义务教师。这就是我的教师生涯的开始。

从我走上讲台的那一刻起,五十多年来,武老师始终是树立在我心中的一把高高的标尺,是他,不断地鞭策、鼓舞着我努力做一个像他那样对学生充满爱心的教育艺术家。

我也懂得了一个道理:人的能力暂时低一些不要紧,但心中的标尺不能低。

——钱梦龙:《路,是这样走出来的》,载《人民教育》,2003年第5期

故事启迪

从小学到初二,钱梦龙都是出了名的"差生"。他回忆:"我小时候笨得出奇,现在想起来还会脸红……记不清报告单上挂过多少'红灯',从小学到初中二年级,竟创下了累计留级四次的'辉煌纪录'!"被老师们定论为"聪明面孔笨肚肠"的学生,高一读了三个月就辍学了。1952年,高中还没有毕业的钱梦龙,鬼使神差地做了中学的一名语文老师,并且成为了著名的语文教师。你认为钱梦龙靠的是什么?请你自己思考一下,然后写下自己的感想,与其他老师和学生分享。

第三节   教师专业能力的培养途径与方法

前文说过，教师专业能力的内容包括课堂教学能力、教学评价能力、教育科研能力、课程研发能力、教学管理能力，根据其内容，教师专业能力的培养途径和方法，主要从以下几个方面进行。

一、立身教育的理想信念

成就事业的根本是人的理想信念，形成什么样的理想信念，就会形成什么样的事业。什么是信念？信念是行为的动机，信念表现为人们对自然和社会的理论原理、见解和知识力量的真实性是坚信无疑的。所以，教师要成就自己的事业、促进专业的发展，必须树立远大的理想和信念。怎样追求自己的教育理想？

1. 培养成就感

成就感是一种人生体验，也是一个人努力奋斗的原动力。成就感与认识、情感、动机行为等多种因素相关，并通过成功带来的积极情绪来调节自己，进而产生积极向上的行为表现。

魏书生老师说：教师劳动有三重收获。一是收获各类人才，二是收获真情实感，三是收获创造性劳动成果。特级教师欧阳代娜生动地描述了她批阅学生作文的感受："我看着学生们交来的作文，心情久久不能平静，那一篇篇生动的文章打开一扇扇青春的心扉，一个个深邃的主题，一道道深邃的目光，批改作文是心灵美的享受。当我一次次陶醉在崇高的心境中时，我是那样的兴奋和安慰，我感到心里是那样年轻而火热。"

教师这个职业对社会和自身而言最大的价值就是创造。教师通过培养学生的创造力来体现自己人生的价值，在平凡的工作中培养成就感。

2. 培养研究兴趣

苏霍姆林斯基所说："如果你想让教师的劳动能够多带来一些乐趣，使天天上课不致变成一种单调乏味的义务，那你应引导每一位教师走上研究这条幸福的道路。"可见，以教育立身，以教育立名，必须紧紧结合教育的实践，结合自己的兴趣爱好以及所教学科的特征，投入到教学研究中。有这样一个故事，有人曾问三个砌砖工人："你们在做什么？"第一个工人说："砌砖。"第二个工人说："我正在赚工资。"第三个却说："我正在建造世界上最富特色的房子！"几年后，前两个人一生都是普通的砌砖工人，而第三个人却成了著名的建筑师。为什么会有如此大的不同呢？原因就是第一个工人是为工作而工作，第二个工人是为赚钱而工作，第三个工人则是把工作当成了兴趣而坚持了下去。我们教师同样如此，从基础做起，围着一个目标坚持下去，研究兴趣就能在工作的坚持中得到培养。

 知识拓展

英国对教师教学的 8 条标准

1. 通过鼓励学生、激发他们的学习动机，在他们接受学习挑战的过程中对他们给予较高期望。

2. 教师要让学生通过自己的努力取得进步作为教学的结果。

3. 教学中能驾驭好学科和课程知识。

4. 备课和教学过程都要体现良好的教学结构。

5. 教学要对全体学生的学习需求和学习特长做出回应。

6. 教学评价要做到准确和富有创造性。

7. 为确保给学生提供良好的安全学习环境，教师需要有效管控教学行为。

8. 教师需要履行更为专业的职责。

二、进行教学反思

波斯纳认为："没有反思的经验是狭隘的经验，至多只能是肤浅的知识。"他提出了教师的成长公式："成长＝经验＋反思"。反思教学，是教学专业能力成长的一个好途径。那么，教师在教学中应该反思什么呢？

1. 对教学设计的反思

教学设计是课堂教学的蓝本，是对课堂教学的整体规划和预设，勾勒出了课堂教学活动的效益取向。教师在设计教学方案时，对当前的教学内容及其在《标准》中的地位、学生已有知识经验、教学目的、重点与难点，课堂练习、教学效果等都已经有一定的思考和预设。教学设计的反思就是针对这些思考和预设进行"再思考"，从而有效地改进教学。

2. 对教学过程的反思

教学过程是学生在教师的指导下有目的、有意识、有计划地掌握双基、发展能力的认识活动，也是学生在掌握双基、发展能力的过程中获得全面发展的实践活动。教学过程中，学生、教师、教学内容、教学方法、教学媒体、教学环境、校园文化等都是影响教学效果的直接因素。对教学过程的反思就是对教学过程中各要素的相互作用过程及其效果的反思。具体可以从以下几个方面进行反思。

第一，各教学环节的时间分配是否合理(特别要反思是否把时间用在核心概念和思想方法的理解和应用上)。

第二，教学重点和难点的处理是否恰当。

第三，是否启发了学生提问，学生回答的质量如何。

第四，问题是否恰时恰点，学生是否有充分的独立思考机会。

第五，是否关注到学生的个性差异，学生活动是否高质高效，有没有"奇思妙想"、创新火花，有没有抓住这种机会。

第六，是否渗透和强调了能力的培养。

第七，教学内容的"价值观因素"是否得到充分挖掘，并用学生能理解的方式进行展示。

第八，教学媒体使用是否得当。

第九，教师语言、行为是否符合教育教学规律，学生有什么反应。

第十，各种练习是否适当。

3. 对教学效果的反思

教学效果的反思是指在教学活动结束后，教师对整个活动所取得的成效的价值判断，包括学生所获得的发展和教师自己的价值感受两个方面。前者主要考查学生双基的掌握、能力发展、学习方法的掌握、科学、人文价值的认识，以及理性精神的养成等诸方面；后者主要考查教师自己在教学活动中对教学内容和学生情况的了解程度的变化、个人教学经验的变化、实施有效教学能力的提升、教学思想观念的变化等。其中，教学是否达到了预期的目标，学生行为是否产生了预期的变化，是教学效果反思的重点。

4. 对个人经验的反思

这是教师对自己教学活动的持续不断的反思过程，是教师专业化成长的必由之路。对个人经验的反思有两个层面，一是反思自己日常教学经历，使之沉淀成为真正的经验；二是对经验进行解释、归纳和概括，提炼出其中的规律，使之成为有一定普适性的理论。

 知识拓展

澳大利亚的《全国教师专业标准》

一、《全国教师专业标准》的基本理念

促成高质量的教学：标准的制定对于一个职业来说是质量保证的必需条件，各州将以全国教师专业标准作为制定教师发展规划和教师展开教学设计的基准。全国教师专业标准从专业知识、专业实践及专业发展等相关方面为教师发展提供总体结构，以提高学生的学业成就，统一各地对有效教学实践的认识，正确理解何谓高质量的教学。

为教师质量提供全国性基准：针对不同地区对教师质量有着不同的衡量标准的现

状，标准试图有效地解决这些差异，以排除地区间教师流动的障碍，促进国内教师朝着高质量、高素质的方向发展。

提升教师的职业期望和专业成就：考虑到全球化时代职业的灵活性和终身学习的趋势，标准设立了能够激励教师成就动机的专业发展阶段体系以及灵活出入教师行业的体系，以吸收优秀人才加入教师行业。同时，新标准也为澳大利亚中小学教师职业晋升提供了一个全国统一框架，使教师能够不断反思工作的有效性，明确自身专业学习需求，规划自身的职业生涯。

促进统一的教师认证和注册体系建立：新标准迈出了第一步。新标准为教师、教师教育者、教师培养机构、专业协会学会及公众之间展开专业对话提供了统一语言，也为职前教师教育课程认证、初任教师注册、教师绩效奖励、教师职业生涯的更高等级专业技能认证提供了透明、客观的全国统一标准。当前澳大利亚由各州和地区来负责教师的认证和注册，需要一个全国的评估体系加强联邦与各州和地区在教师质量方面的合作。

二、《全国教师专业标准》的主要内容

专业知识：教师利用自身专业知识对教育环境和学生个体需求的变化做出回应。教师必须非常了解学生，包括学生的社会、文化、种族、宗教背景和特殊学习需求；教师必须理解并尊重在学校、家庭和社区之间建立密切关系的重要性；教师必须熟悉学生各发展阶段的身体、智力和情绪特征。

教师还必须了解并掌握所教学科的基本思想、原则和结构，并将这些与其他内容建立联系；教师必须了解有效传授所教内容的教学法，懂得如何应用信息通信技术来支持和提高学生学习。

专业实践：教师必须能够创造一种尊重学习的氛围。教师能够为学生创设一个安全、富有吸引力和挑战性的学习环境；必须能够在整个教学、学习周期的各阶段游刃有余；制定学习与评估规划、制订学习计划、教学、评估、提供学生学习反馈、向家长或监护人汇报学生学习等；必须擅长使用大量教学策略和资源让学生的学习结果最大化；必须能够对学生学习成绩做出分析，并使用成绩来评估和改进教学实践；教师必须是拥有大量技巧的高效沟通者，能与学生、同行和家长建立密切关系。

专业发展：教师能够不断反思、评估和提高专业知识及实践能力；教师要积极投身于个体和同行组织的各项专业学习中，以支持、提高自身的专业知识与实践能力；教师必须为学校、社区和教师职业做出贡献，为学生和同行的学习与幸福提供支持。

三、提高教学研究能力

1. 提升校本教研能力

校本教研是为解决学校教育教学实际问题而进行的研究，是一种学习、工作和研究三位一体的学校活动和教师行为。教师不但要有娴熟的教学基本功，更重要的是要有教学研究能力，最终实现事业成熟。教师必须是一名教学的研究者，正如我国著名教育实践家魏书生所说：科研是我们每位教师分内的事，是每位教师心灵深处的需要。教师作为研究者，在校本教研中将获得多方面的专业发展。

首先，在参与校本教研时，教师通过对自己课堂上行为的反思和研究，能够了解自己在课堂上做了什么、有什么意义、反映了什么样的教育教学理念，对学生的学习有什么影响。同时，教师通过对学生进行深入细致的观察和探究，能够理解学生到底在想什么、做什么，他们到底学了什么，这种学习对他们的发展有什么作用。

其次，在参与校本教研中，教师可以从日常繁杂的教学事务中脱身出来，获得精神上的超越、理性的升华和感情上的愉悦，提升自己的精神境界和品位。教师从事研究的最终目的不仅仅是改进教育实践，还可以改变自己的生活方式。在这种生活方式中，教师能够体会到自身存在的价值与意义，可以逐步实现教师的专业自主发展。

最后，在参与校本教研中，教师要消除对研究的畏惧心理，提高自尊、自信和自立的能力。教学研究过程中，往往存在一种"神秘感"，似乎研究是十分高深的事情，其实，把多年的教学经验总结下来，加上理论的指导和指导的理论，校本研究就基本成功了。

2. 提升课例研究能力

记得一位特级教师曾说过这样一段话："我对教学的悟性就是从一个个课例开始的，不做一个个课例的积累就不会具备真正的教学经验。"课堂是教学活动的场所与环境，是教学现象发生与教学规律呈现的领域，是课程与教学活动的综合体。课例研究要突出以下几个特点。

（1）教学性

课堂的本质是教学，而不是展示。教学重过程，展示重结果。教学过程不仅是一个教师引导学生掌握知识、发展智力的认识过程，同时也是一个师生情感共融、价值共享、共同创造、共同成长、共同探索新知、共享生命体验的完整的生活过程。

（2）研究性

课堂不仅是课程实施的场所，更是进行课程发展与教学研究的实验室，每一间教室都是教师教学理论和方案的实验室。研究性意味着课堂不仅要成为教师自我反思的对象，同时也要成为教师同行或专家共同讨论的领域。

（3）实践性

课例研究的出发点和归宿是解决教学实际问题，课例研究是教学观念不断更新、教学行为持续不断改进、教学水平不断提升的过程。课例研究是没有终点的。

3. 打造个性化的专业能力

俗话说"没有个性的老师，就没有个性的学生"，教师的个性发展，是根据教师的自身规律特点，依据自身的兴趣、爱好、追求，塑造不同的个性。在以人性化教育促进个性化的发展中，教师不仅要有独立的人格，更要有独特的个性，它不仅影响其自身教育教学活动的效果，而且在很大程度上影响着学生个性的健康发展。

（1）教学机智的个性化

现在的教学与传统的教学最大的不同之处在于强调教师的教学机智。课程改革所倡导的教学观——"教学不只是忠实地实施教案过程，而更是课程创生与开发的过程"，需要教师的教学机智；"教学过程要走向相互适应取向和创生取向"，需要教师的教学机智。教学过程成为教师与学生追求主体性、获得解放与自由的过程，这种"解放"将使教学过程真正成为师生富有个性化的创造过程。例如，在语文阅读中，教师可以运用引导、指导、点拨的具体做法，体现教师教学机智的个性。

（2）教学语言的个性化

苏霍姆林斯基说："语言修养问题跟其他同样的问题一起，成了我们全体教师特别关心的对象。我们研究这个问题已经有 25 年了。"最后苏霍姆林斯基得出结论："教师的语言修养在极大程度上决定着学生在课堂上的脑力劳动的效率。我们深信，高度的语言修养是合理地利用时间的重要条件。"所以，对教师阅读教学的评价应该充分关注教师的教学语言。有的教师语言幽默，有的教师语言精练，有的教师善于抒情，有的教师长于阐理，教师的语言应该在集百家之长的同时，正视自己的"专长"，实现自身发展的个性化。

 道德故事

悬镜练演讲

萧楚女只上过八个月的正规学校，他的渊博知识，全是自学得来的。他有一个自学本子，本子的扉页上抄了蒲松龄的一副对联：

有志者，事竟成，破釜沉舟，百二秦关终属楚

苦心人，天不负，卧薪尝胆，三千越甲可吞吴

勤奋成了他的习惯。读书是这样，以后做事情也是这样。

过去他没教过书。在襄阳二师任教时，他同秦纵仙住一间宿舍，他给秦纵仙的突出印象，就是很刻苦，备课到深夜一二点钟是常有的事。

有件事让秦纵仙感到奇怪：萧楚女不管睡得多晚，第二天一早床上总是空的，而且校园里也不见他的踪影。一天早上，秦纵仙就留着心，等萧楚女出门时，他悄悄地跟在身后。只见萧楚女在草坪上转了两圈，就走出校门，顺着巷子走上西大街，出西门口，捧着护城河水洗把脸，然后一路小跑，钻进羊祜山后的一片树林里，不见了。

秦纵仙紧紧地尾随其后，只见曙光初照，一道明晃晃地反光从树林里射出来。秦纵仙顺着反光仔细一看，见一棵树上挂着一面镜子，萧楚女正对着镜子说话哩！

秦纵仙蹑手蹑脚地走到萧楚女身后，只听他嘴里念念有词："我翻开历史一查，这历史没有年代，歪歪斜斜地在每页上都写着'仁义道德'几个字。我横竖睡不着，仔细看了半夜，才从字缝里看出字来，满本都写着两个字是'吃人'！"

秦纵仙听了半天，才听出一点名目。啊，原来他在朗诵鲁迅的《狂人日记》。他知道萧楚女酷爱这篇作品。萧楚女说这篇作品是讨孔的檄文，它揭露了封建制度"吃人"的本质，赞扬了封建社会叛逆者的战斗精神和自我解剖精神，提出了"将来容不得吃人的人活在世上"的理想，号召民众起来推翻黑暗社会。

秦纵仙大声叫："喂，你在耍什么猴戏？"

萧楚女吃了一惊，回头一看是秦纵仙，笑问："你怎么也来了？"

秦纵仙说："怕你丢了呗！"

萧楚女呵呵一笑，解释说："我正在备课。""备课？"

萧楚女说，他没有教学经验，现在要利用课堂向学生传授革命知识，光凭热情不行，没有流利的口才，没有生动的讲解，是不能打动学生的。为了弥补自己的缺陷，除了认真准备教案以外，他每天清晨都到山里对着镜子练习讲课技巧，练习声调的抑扬顿挫高低快慢，矫正口形，练习讲课的姿势和神态，力求使自己讲的课能像春风化雨，滋润学生心田。

听了萧楚女的话，秦纵仙深为他一丝不苟的精神所感动。

萧楚女在二师的讲课，深入浅出，生动活泼，深受学生欢迎。他把马克思主义的道理传播到学生中间，传播到鄂西北，像一把火，照亮了许多有志于救国救民的知识青年的心灵，使他们在黑暗中看到了光明，在迷茫中找到了方向。人们说，萧楚女是革命火种在鄂西北的传播人。

故事启迪

萧楚女，曾与恽代英一起主编《中国青年》，在广州协助毛泽东编辑《政治周报》，曾任广州农民运动讲习所专职教员、黄埔军校政治教官。参加过武昌起义、五四运动。他是中国共产党早期青年运动领导人之一，是中国共产党优秀理论家、中国青年的良师益友、《中国青年杂志》的创始人之一。1927年4月22日在南京石头城监狱被杀害，2010年被评为"100位为新中国成立作出突出贡献的英雄模范人物"之一。看了萧楚女的简介，你一定会惊讶，就是这样一个人，为了把学教好，当年是如何锻炼自己的基本功的。你为了把课教好，是怎样锻炼自己的基本功的？把这个经历写下来吧，教学研究就从这一刻开始。

 师德体验

我的蝴蝶结

每个教师都有自己的教学特色，但很多人最终却未能走上专家型教师这个层次。原因在哪里呢？现在，请你寻找一下自己身上能够成为专家型教师的"蝴蝶结"。这些美丽的蝴蝶，使你能够看到自身力量的强大，会给你的人生带来全新的体验。

因为我有＿＿＿＿＿＿＿＿＿＿所以我能＿＿＿＿＿＿＿＿＿＿＿＿

因为我有＿＿＿＿＿＿＿＿＿＿所以我能＿＿＿＿＿＿＿＿＿＿＿＿

因为我有＿＿＿＿＿＿＿＿＿＿所以我能＿＿＿＿＿＿＿＿＿＿＿＿

因为我有＿＿＿＿＿＿＿＿＿＿所以我能＿＿＿＿＿＿＿＿＿＿＿＿

因为我有＿＿＿＿＿＿＿＿＿＿所以我能＿＿＿＿＿＿＿＿＿＿＿＿

因为我有＿＿＿＿＿＿＿＿＿＿所以我能＿＿＿＿＿＿＿＿＿＿＿＿

因为我有＿＿＿＿＿＿＿＿＿＿所以我能＿＿＿＿＿＿＿＿＿＿＿＿

因为我有＿＿＿＿＿＿＿＿＿＿所以我能＿＿＿＿＿＿＿＿＿＿＿＿

因为我有＿＿＿＿＿＿＿＿＿＿所以我能＿＿＿＿＿＿＿＿＿＿＿＿

因为我有＿＿＿＿＿＿＿＿＿＿所以我能＿＿＿＿＿＿＿＿＿＿＿＿

因为我有＿＿＿＿＿＿＿＿＿＿所以我能＿＿＿＿＿＿＿＿＿＿＿＿

因为我有＿＿＿＿＿＿＿＿＿＿所以我能＿＿＿＿＿＿＿＿＿＿＿＿

假如你能把上边的内容填满，你一定能够成为一个专家型教师，离成为一个教育家也不远了。如果还不能填满，请问问你身边的同事，请他们帮你发现你身上的特质。最后，这些工作做完后，你有什么感想，请写在下边横线上。

我的感想：＿＿＿＿＿＿＿＿＿＿＿＿＿＿＿＿＿＿＿＿＿＿＿＿＿＿＿

 名篇选读

谈谈教师的教育素养

教育素养是由什么构成的呢？这首先是指教师对自己所教的学科要有深刻的知识。我们认为很重要的一点是，教师在学校里教的是科学基础学科，他应当能够分辨清楚这门科学上的最复杂的问题，能够分辨清楚那些处于科学思想前沿的问题。如果你教

的是物理，那么你就应当对基本粒子有所了解，懂得一点场论，能够哪怕是粗略地设想出将来的能源发展的前景。教生物的教师则需要懂得遗传学发展的历史和现状，熟悉生命起源的各种理论，知识细胞内部发生的系列化过程。教育素养就是由此开始并在此建立起来的。可能会有人反驳说：为什么教师要懂得那些课堂上并不学习的东西以及那些跟中学所学的教材没有直接联系的东西呢？这是因为：关于学校教学大纲的知识对于教师来说，应当只是他的知识视野中的起码常识。只有当教师的知识视野比学校教学大纲宽广得无可比拟的时候，教师才能成为教育过程的真正的能手、艺术家和诗人。

　　我认识几十位这样的教育能手。他们的教育素养从备课就能看得出来。他们是按照教学大纲、而不是按照教科书来备课的。他们仔细地思索过教学大纲以后，就把教科书里有关的章节读一遍。他们这样做是为了把自己置身于学生的地位，用学生的眼光来看教材。真正的教育能手知道的东西，要比学校里的东西多得多，因此他不需要在课时计划里把要讲的新教材都写出来。他的课时计划里并不写叙述（演讲、讲解）的内容，而只写一些为了指导学生的脑力劳动所必要的关于课堂教育过程的细节的简短的纪事。教育工作的能手对于课堂上所学的自己那门科学的起码知识了解得如此透彻，以致在课堂上，在学习教材的过程中，处于他的注意中心的，并不是所学东西的内容本身，而是学生，是学生的脑力劳动，是学生的思维以及学生在脑力劳动中遇到的困难。

　　请你留意观察一下那些只知道必须教给学生的那点东西的教师的工作情形吧。他认真地按照教科书把要讲述的东西准备好，甚至把讲述的内容和逻辑顺序都记住。你将会发现：那些在讲述新教材时应当使用的直观教具和说明性的材料（如在历史、地理、生物课上要用的文艺作品中的形象），好像是人为地附加在课的内容上的，所有这些都从学生思想的表面上滑过去了（有时候教师甚至忘记了使用他所挑选和准备好的东西）。为什么会得到这样的结果呢？这是因为，处于教师注意中心的只是教材内容，而不是教育过程的各种细节和教师使足力气去回想讲述的过程，他的全部注意力都集中在自己的思考和教材内容上。学生要领会这样的讲述是困难的，在这种课堂上没有随意识记，因为在教师的讲述和语言里没有情感。如果教师不得不使足自己的全部力气去回想教材内容，他的讲述缺乏情感，那么学生就会不感兴趣，而在没有兴趣的地方也就没有随意识记。这是教师教育素养的一个非常微妙而又非常重要的特征：教师越是能够运用自如地掌握教材，那么他的讲述就越是情感鲜明，学生听课以后需要花在抠教科书上的时间就越少。真正的教育能手必有真正丰富的情感。那种对教材理解很肤浅的教师，往往在课堂上造成一种虚张的声势，人为地夸夸其谈，企图借此来加强对学生意识的影响，但是这样做的结果却是可悲的：虚张声势会使人空话连篇，爱说漂亮词句，所有这些都会腐化学生的灵魂，使他们内心空虚。

当人们谈到形成信念的问题时，常常会听到这样一些议论：对教材的知识——这还不是信念，有知识并不意味着有信念，这样把两者对立起来是毫无道理的。所谓真正的有知识，就是对知识有深刻的理解并且把知识多次地反复思考过；而如果对知识有深刻的理解并且反复地思索过，变成了学生主观世界的一部分，变成了他自己的观点，那就意味着知识已经成为信念。那么，在什么条件下知识才能触动学生个人的精神世界，才能成为一个人所珍视的智力财富和道德财富呢？只有在这样的条件下——用形象的话来说，就是在知识的活的身体里要有情感的血液在畅流。如果在教师的讲课里没有真正的、由衷的情感，如果他掌握教材的程度只能供学生体验他所知道的好一点的东西，那么学生的心灵对于知识的有感触就是迟钝的，而在心灵没有参与到精神生活里去的地方，也就没有信念。由此我们还是得出那个同样的结论：教师对教材有深刻的知识——这是教育素养的基本方面之一。

教育素养的这一重要特征的第一个标志，就是教师在讲课时能直接诉诸学生的理智和心灵。在拥有这一真正宝贵财富的教师那里，讲述教材就好比是向交谈的对方（学生）发表议论。教师不是宣讲真理，而是在跟少年和男女青年娓娓谈心：他提出问题，邀请大家一起来对这些问题进行思考。在分析这种课的时候，大家会感觉到：在教师跟学生之间建立了一种密切的交往关系。你，作为校长，也会被教师的思想的潮流所带走，你会忘记你是来检查教师的工作的，你会感到自己也变成了学生，你跟一群15岁的少年们一起为发现真理而欢欣鼓舞，你在心里回答着教师提出的问题。在我们州的一所学校里发生过一件有趣的事：年轻的校长在听一位有经验的教师上几何课，他的思想完全被教师的讲解迷住了，以至于当教师向同学们问道："你们谁能回答这个问题？"的时候，这位校长竟举起手说："我！"这才是真正的教育技巧。这就是我们所说的那种直接诉诸儿童的理智和心灵的境界，这种境界只能是教师具备深刻的知识的结果。他的知识要如此深刻，以至于处于他的注意中心的并不是教材内容，而是儿童们的脑力劳动。

而在另外一种课堂上，当你看到教师跟学生之间并没有交往，教师一头钻进他的课时计划里，而孩子们在看着天花板或者天空中飘浮的云朵时，你会作何感想呢？你会在学生面前觉得不自在，你会替教师、替自己，也替教育学觉得难为情。你后悔不该来听课。在课后，你不想当时就跟教师进行谈话，你会想：是不是把谈话推迟到明天，是不是应当再来听他一节课呢？

可见，教师在他所教的科学基础学科方面，如果没有深刻的科学知识，就谈不上教育素养。那么怎样才能使每一位教师不仅懂得一点教学的常识，而且深知本门学科的渊源呢？

读书，读书，再读书——教师的教育素养的这个方面正是取决于此。要把读书当做第一精神需要，当做饥饿者的食物。要有读书的兴趣，要喜欢博览群书，要能在书本面前坐下来，深入地思考。

怎样才能使读书成为每一位教师的需要呢？这里很难确定地说有什么特殊的方法。读书的需要是靠教师的全部精神生活培养起来的。

但是，把读书变成教师的精神需要，毕竟还是有一些非常具体的、容易捉摸的、易于检查的条件和前提的。这首先是时间——供教师自由支配的时间。教师的空闲时间越少，他被各种计划、总结之类的东西弄得越忙，那么他对学生将要无物可教的那一天就来得越快。我们的教师集体遵循着一条规则：教师不写任何总结和汇报。除了教育工作计划和课时计划外，教师不写任何别的计划。课时计划是必不可少的文献，它能反映出教师个人的创造性实验室的情况。对课时计划不规定什么固定的格式。当然，也对它提出一定的要求。这首先就是要对学生将要学习的理论性教材进行教学论的加工。一个创造性地工作的教师所做的课时计划，就是对课堂上应当发生的和可能出现的情况作出最大限度的预见。

每一位教师都有自己的创造性的实验室，这个实验室一年比一年丰富起来，这是教育素养的一个非常重要的方面。这里指的是教师劳动的工艺学。例如，数学教师们一年年地积累教学资料——各种不同难度（不同变式）的应用题、教师和学生制作的直观教具等。教师为每一节课积累的资料每年都在增加，因此他也就没有必要再写课时计划了。地理教师每年在充实他的各个专题的直观教具册。语文教师在逐年编辑用于语法教学大纲的每一章节的个别作业卡片集，编写和修订应当让学生牢记的最低限度正字法词汇表。

教师的教育素养的一个很重要的因素，就是要懂得各种研究儿童的方法。教育素养在很大程度上取决于，教师是否善于在儿童的脑力劳动和体力劳动过程中，在游戏、参观、课外休息时间内观察儿童，以及怎样把观察的结果转变或体现为对儿童施加个别影响的方式和方法。对儿童的认识首先是由观察构成的。这里应当再说一遍：教师应当了解儿童的健康状况，了解他的智力发展和身体发展的个人特点，了解影响他的智力发展的解剖生理因素。关于解剖学和生理学、心理学和缺陷教育学的书籍，应当成为一个善于思考的、创造性地工作的教师的必备书。教师到了学校以后（这种提高是在许多教师的经验的基础上进行的），才开始真正地研究心理学：他要时常去翻阅心理学书籍，以便更深入地思考和理解儿童的行为中、脑力劳动中、同学的相互关系中的这种或那种现象，这一或那一特点。

没有扎实的心理学基础，就谈不上教育素养。有些教师觉得心理学是一门枯燥的科学，在学校里得不到实际的应用。我们很关心让心理学成为教师实际工作中的真正指南。我们经常在校务委员会的会议上介绍心理学家的研究成果，在教师休息室的"新书"陈列架上陈列心理学书籍，让教师去阅读、思考和研究。当然，我们宣传这些书籍，不能让它只是一种良好的愿望，我们每一位教师（包括校长和教导主任）都在经常地、用心地写儿童的"教育鉴定"，这种"教育鉴定"要求弄清楚儿童复杂的精神世界，深入了解儿童的欢乐和忧愁，而这种"教育鉴定"所依据的基础就是心理学的分析、观察和研究。

在听课和分析课的时候，我和教导主任把一些需要进行心理学和教育分析的问题记在单独的一页纸上（例如下面这些问题：积极的脑力劳动是怎样影响旧教材在记忆中的保持的；在决定课堂上脑力劳动的方式时怎样考虑到学生的神经系统类型；采用哪些特殊的手段来激发学生对所学学科和具体教材的兴趣；等等），校长、教导主任和负责课外活动的教师，也随时随地会遇到教育工作中的一些心理学和教育学问题。在学校生活的这个领域里，会遇到许多问题，如果缺乏心理学知识，简直就无法解决这些问题（例如：学生的哪些行为可以交给班集体去讨论，哪些则不宜于在集体中讨论；在评定知识的过程中要有怎样的教育机智等）。我们每星期聚会两次，读自己写的心理学和教育学笔记，并且讨论用什么方法解决那些困难而复杂的问题。有些问题我们提到校务委员会上进行讨论，而就个别问题我们还到科学研究中心去请教。

教育素养还有一个方面，谈到它不能不使人焦急，这就是教师的语言修养问题。二十年前，我去听一位教师的课，观察孩子们怎样感知新教材的讲解。我发现，孩子们听后很疲劳，下课时简直是精疲力竭了。我开始仔细听教师的语言（他教生物学），使我大为吃惊。教师的语言是那么混乱，没有逻辑顺序，他讲的教材的意思是那么模糊不清，以致第一次感知各种新概念的儿童，不得不用全部力气，才能听懂一点点东西。孩子们感到疲劳的原因正在于此。

为什么我作为校长，也没有立即发现这一点呢？因为我听的是自己很熟悉的教材。我有足够的暗示——我实质上是用自己的思想补上了教师讲课中的"漏洞"。我又听了几节课，逐字逐句地把教师的讲解记录下来，我在校务委员会的会议上读了这些记录，问同事们：请大家想一想，一个对所讲的事物毫无了解的人，能不能听得懂。请大家设想一下，如果你们对叶绿素、二氧化碳、光合作用本来一无所知，那么你们从我所读的记录里能听懂些什么呢？

回答这个问题是痛苦的，令人为难的，但是回答只有一个：什么也听不懂。如果说在下节课上，学生毕竟还知道一点东西，学习最好的学生还能得到优秀的分数，那么在这一点上，我们只能归功于学生的勤奋和努力，而获得这些知识却要付出多大的代价呢？这是以学生的健康为代价换来的：因为他们实质上不是在教师的课堂上，而是独立地在课外时间抠教科书去获取这些知识的。

我们全体教师敢于正视真理，虽然这个真理是严峻的。我和教导主任又去记录了几节课，还把在其他课（历史、物理、化学课）上逐字逐句的记录读了一遍。情况并不像生物课那么严重，但是几乎在所有的课上，教师的讲解不符合语言修养的许多基本要求。而最主要的、使全体教师深为忧虑的一点是：对于概念的解释不够明确，教师力求用语言手段创造的那种表象模糊不清甚至有些混乱，然而没有清晰的表象，由简单到复杂、由近及远、由具体到一般的过渡就是不可能的。我们不得不深感遗憾地、痛心地承认：是的，我们还不会用语言来创造鲜明的形象，而鲜明的形象正是儿童思维的出发点和源头。

从那时起，语言修养的问题跟其他同样重要的问题一起，成了我们全体教师特别关心的对象。我们研究这个问题已经有25年了。全体教师向自己提出的第一项任务，就是分析应当向学生讲解的那些表象和概念。我们分析各科教学大纲和教科书，大家在一起考虑：怎样找到鲜明的、准确的和经济的语言外壳，才能使儿童建立起关于这样一些事物和现象的表象，例如：天空、田野、草原、灌木丛、沙漠、火山、严寒、土壤的肥沃度、收成等。所有这些看起来都是很简单的东西，但是当我们试图创造出每样东西的鲜明的、儿童能够理解的语言形象时，就会发现这件事并不那么简单。

"怎样解释天空这个概念呢？"一位教师惊奇地说，"那里，那就是天空……"他用手指着说。但是难道可以一直让学生用可以看见的形象来思维吗？我们的语言的缺点就正在于此：由于我们不善于用语言来创造鲜明的形象，我们就使得学生由形象思维向抽象思维过渡感到困难，需知抽象思维是建立在概念的基础上的，而概念又是在语言创造的表象的基础上形成的。

我们开始学习用语言来描述可以看到和观察到的东西，然后逐渐转到解释那些用感官不能直接感知的事物和现象有联系的概念。接着，我们转向深入地分析教科书的课文：确定逻辑顺序，找出因果关系、质的联系、时间联系。我们发现，备课和对教材的教学论的加工——这首先是教师的逻辑思维和语言修养的统一。

教师们开始仔细地考虑自己的叙述形式，在他们的课堂上出现了创造性劳动的一种重要特征——自我监督。我们日益明确地认识到：教师的语言修养在极大的程度上决定着学生在课堂上的脑力劳动的效率。我们深信，高度的语言修养是合理地利用时间的重要条件。当我们很有必要使事物、现象和概念在教师的语言里找到鲜明的、能够为儿童所理解的语言外壳的时候，我们却在无数次的复习上浪费了多少时间啊！

——选自苏霍姆林斯基，《给教师的建议》

第五章　以人为本理念：师德修养的目标

夫霸王之所始也，以人为本。本理则国固，本乱则国危。

——管仲

以人为本，以财为末；人安则财赡，本周则邦宁。

——陆贽

人生第一要事是康健，第二要事是康健，第三要事是康健。

——陶行知

你要记住，在敢于担当培养一个人的任务之前，自己就必须要造就成一个人，自己就必须是一个值得推崇的模范。

——卢梭

要把学生造就成一种什么人，自己就应当是什么人。

——车尔尼雪夫斯基

第一节　以人为本释义

教书育人是教师的主要职责，现阶段我国教师的职责主要是育出什么样的人。树立"以人为本"的理念，就能解决这个问题。

一、以人为本的内涵

以人为本就是要以人为中心，强调人的发展，突出人的需要。对于教师来说，教师所做的一切都必须把学生放在首位。

以人为本就是要始终关注学生的幸福、自主和尊严，把培养身心健康、全面发展的人，作为根本的目标。

以人为本就是要充分体现人文关怀和道德情感，把学生的冷暖苦乐放在心上。

以人为本就是关注育人的教师的自身成长，让教师持续发展，关心教师工作和生活，让他们有更多的精力放到提高自我、教书育人上去。

总之，坚持以人为本，从狭义而言，就是学校的一切要素都要围绕学生的发展而展开；从广义而言，就是将学生与教师的利益放在首位，尊重他们的想法和教学需求，结合教育规律来调整管理方案，提升教育发展质量；从人性而言，坚持以人为本理念就是表现学生的精神风貌和教师的个性修养。

二、以人为本的特点

(一) 以人为本是教师职业德性内涵的直接表达

当教师面对一群求知欲望强烈的学生时，要知道他们不是一群被动接受知识的机器，而是能够在未来创造世界的主宰者。因此，教师在教学过程中，必须时时刻刻围绕学生的主动需求展开，围绕学生发展展开，围绕未来的社会脊梁展开。教师树立"以人为本"的发展理念，包含了两层意思：一是以教师个体发展为本，二是以学生发展为本。只有教师和学生都得到发展，才叫"以人为本"，不能牺牲教师的"本"而强化学生的"本"，否则教育就成了"涸泽而渔"，教师没有了"本"，学生的一切发展都将不可能，这就要求教师在教学过程中发展自己的重要性。

针对以人为本理念，教师发展和提升的主要内容应该是教师的职业德性，原因有二：一是教师的职责是传道授业解惑，教师职业本质上是通过自己的内在品格和修养来影响和熏陶学生，以美德启迪美德，以正义培育正义，以积极促进积极，使学生精神上成人、品行上立人；二是学生人生观、价值观还未成熟，需要引导。学生在成长道路上，都会遇到这样那样的问题，这些问题有时候靠学生自我的力量无法完成，这就需要通过教师耳熏目染的职业德性给学生精神上的引导和人格上的昭示，以此成为学生精神成人的起点和内在依据。如果教师失去了职业德性基础，教育行为就成了物化的、机械的知识技能的授受行为，导致教育的对象——学生失去了内在的灵魂。那么，教师怎样做到以人为本，以彰显教师职业内涵呢？需要做到以下几点。

第一，加强与学生的沟通。教师是否完成教学任务，不是学校说了算，也不是各种评价指标说了算，而是学生的反馈，也就是教学质量在学生身上体现了多少。因此，加强与学生以及家长之间的沟通与交流，始终坚持在教学过程中贯彻落实以人为本的理念，这样才可以处理好教师与学生之间的关系。教师作为学校知识的传播者，教学质量的提升，根本上离不开有效的沟通。同时，教师也应综合分析评价学生的学习状态，并在满足学生学习需求的基础上帮助其解决生活、学习中的困难，一方面确保教师可以全身心地投入教学过程，另一方面保证学生学习任务的完成。除此之外，教师还可以利用课余时间与学生家长沟通、交流，实现教师家长的无缝对接。

第二，采取民主管理。教师不仅负责为学生授课，还要负责课堂管理，有人说，不会课堂管理的教师，不是一个称职的教师。因此，在教学管理过程中，应该始终坚持以人为本的管理理念。这种管理不是生硬、强制的管理，而是民主、平等的管理，是发挥学生学习、创新潜力的管理，是学生成长成才的管理，是学生学会如何做人的管理，是增强学生主人翁意识的管理，是调动学生学习积极性的管理，总之，是体现以人为本的理念的管理。

第三，体现学生的主体地位。学生是学校的主体，也是课堂的主体，课堂上教师要做好引导作用，引导学生怎样做人、怎样求知、怎样答疑、怎样创新、怎样发展和提高等。教师在教学过程中要始终考虑怎样为学生服务，要充分尊重学生的个性发展，使每一位学生都能够健康、积极地学习，还要全面关注每一位学生的发展情况，及时为困难学生解决问题，平等地对待每一位学生，尊重每一位学生，使所有学生都能够形成健康积极的心态，使以人为本的管理理念最终落实到学生的身上。

第四，做好学生学习的引导。教师是学生学习的引导者，在学生学习的过程中起着重要的指导作用。因此，学生在教学的过程中要充分尊重学生的差异性，深入挖掘学生的潜能，慎重选择教学内容和资料，使教学内容符合学生的发展。同时，教师应全面了解学生，去发现学生的优点，鼓励学生积极向上，平等对待学生，增强学生的自信心，积极引导学生进行学习。

第五，有效促进学生的发展。在课程改革背景下，学生的全面发展成为课程改革的主要目标。而教师在学生发展的过程中发挥着重要作用，直接影响着学生的发展。因此，教师应积极转变角色，加强以人为本理念的建设，促进每个学生的健康发展，充分尊重学生的主体地位，鼓励学生进行自学，提高学生的自主学习能力和学习积极性，激发学生的学习热情，锻炼学生的分析能力，培养学生的创新思维，促进学生全面发展。

第六，做好自律。自律，就是教师自己要求、约束自己，给学生做好示范。什么是示范呢？就是榜样。有这样一个形象的比喻，如果一个人自己的表不准，它所骗的只是一个人；如果钟楼上的大钟不准，那它就会骗了全城的市民。教师就是这个"大钟"。就是走时准确、不会骗人的"大钟"。教师的一举一动、言行品质无时无刻不影响着学生，这种影响虽然是无形的、潜移默化的，但它是深刻的、有力的、持久的。正如德国著名教育家第斯多惠说的："教师本人是学校里最重要的师表，最直观的最有效的模范，学生最活生生的榜样。"所以加里宁要求教师"必须好好地检点自己，他应该感觉到，他的一举一动都处于最严格的监督之下，世界上任何人也没受着这样的严格的监督"。我们教师要时刻"捧着一颗心来，不带半根草去"，做好示范，就是对学生无声的"以人为本"。

（二）以人为本是以全体学生为本的发展，而不应当是以少数人为本的发展

教育的作用和重要性怎么说都不过分，也就是说学生在学校接受教育，应该回复到"有教无类"，无论什么人都应该接受教育，我国实行的义务教育基本上实现了孔子的理想。但不协调的是，现在学校教育就有点走了样，比如，有的中学为了不影响升学率，劝说一部分考学无望的学生提前退学；还有的学校为了提高升学率，到处买一些高分落榜的复读生。这在一定程度上失去了教育以人为本的意义，以人为本是以人的整体发展为本，包括一个人的全部，也包括全体人的全面发展。我国经济不断发展，发展成果不断惠及我国所有国民，国家提出的在第一个100年时，全面实现小康生活，按照领导人的话来说就是"不让一个人落伍"。这个延伸到教育，同样如此，教育也要发展，不能只盯着学校的尖子生，不能把教育资源都用到一部分人身上。借用恩格斯的话，我们的教育应当"结束牺牲一些人的利益来满足另一些人的需要的情况""使所有人共同享受大家创造出来的福利""使社会全体成员的才能得到全面发展"。如果社会的教育或一个学校的教育具备了或部分具备了必要的条件，并且有着这一方面的要求却不将共享问题予以实施或部分地予以实施，那就说明这个教育的运行机制（包括国家机制和学校机制）出现了问题。教育资源为全体社会成员所共有，发展成果为全体社会成员所共享，既是现代社会进步的表现，也是现代教育发展的必然结果，更是教育"以人为本"的体现。

（三）以人为本蕴含了教师的真善美爱

真善美是教师师德的最佳表现，是教师"以人为本"思想的最好注脚，丰子恺先生说："圆满的人格就像一只鼎，真、善、美好比鼎的三足。"刘延东说："做真的追寻者、善的传播者、美的创造者、爱的践行者，这个源远流长又被赋予时代内涵的命题，将

鞭策和激励每一位即将以及正在教育岗位上工作的人。"以人为本理念作为教师职业德性的基本内涵，蕴含着丰富而深刻的师德内容，蕴含着教师对真善美理想的追求。

1. 以人为本蕴含着真

"真"，就是真诚守信、公平正直，言行如一、表里如一，追求真理、求真务实。陶行知先生说："千教万教教人求真，千学万学学做真人。"作为教师，做到以人为本，最基本的德性要求自己要"真"，以鼓励学生求真和教学生做真人。一个不"真"的教师，不但无法教给学生"真"，而且学生也不会把他作为榜样求"真"。

(1)真诚守信、公平正直

真诚守信是立人的准则。孔子说："人而无信，不知其可也。"鲁迅说："诚信为人之本。"加里宁强调教师的作用时说"无尚诚实"是肩负重任的教师必须具备的基本条件之一。自己不具备的东西，也无法给予别人。教师的一言一行无不时时刻刻影响着学生，任何的虚假都难以掩饰，难以逃脱学生的眼光。假的东西不仅伤害了自己，更重要的是贻害未成年人，这也是国家对一些有违师德的教师进行严惩的原因之所在。教师必须做到真诚地对待学生，态度要老实，知之为知之，不知为不知，不要不懂装懂；做事要守信，答应学生的事要做到，不能弄虚作假。

公平正直表现了教师的人格，一是要公平地对待每个学生，不能有任何偏颇，否则会打击学生的积极性。要处处以事情本身的是非曲直来决定自己的态度和方式，比如，公平对待男生和女生；公平对待成绩好的和成绩差的；公平对待不同层次的学生；不接受家长或社会的宴请和礼物，更不能向家长索要财物；敢于与腐败作斗争。教师公平正直，才能为学生树立为人处世的标杆，培养出合格的学生。

(2)言行一致、表里如一

孔子说过："言必信，行必果。"指出了言行一致的重要性。教师言而无信，行而无果，装腔作势，狐假虎威，笑里藏刀，弄虚作假，表里不一，言行不一，不但不能赢得学生的信任和尊重，反而会遭到学生的反抗，更严重的是，会给学生造成困惑。所以教师说的、做的任何不当的瑕疵，都会让学生看在眼里，听在耳里，记在心里，给成长中的学生带来人生观、价值观的偏差，还会产生巨大的逆反心理。所以，教师言行一致、表里如一是何等重要。

(3)追求真理、求真务实

要实现中华民族的伟大复兴，就要培养出一代又一代的坚持真理、追求真理、求真务实的接班人。在不同时代，教师都要把爱国忧民的高尚情感内化在灵魂深处。在中国从黑暗走向黎明的艰难跋涉中，李大钊、鲁迅、陶行知等，以教师身份探究民族救亡图存的真理。在中国从崛起走向复兴的豪迈跨越中，千万教师又在探寻以强大教育支撑强大国家的真理。钱学森在弥留之际仍在牵挂：为何中国难出创新人才？怎样多出创新人才？面对国家和社会的需要，肩负着培养人才、引领时代的天职，教师成为真理的坚定追寻者。另外，教师是文明的传承者与创新者，贯穿于传授知识、培养能力、塑造价值等各个育人环节。教师将前人积累的文明成果，经过扬弃创新，传递给青年学生，这样一个过程，注定是一个求真的过程。教师不明白的不能交给学生，教师自己拿不准的不能教给学生，教师感到困惑的不能教给学生。教师必须克服教学中的颐指气使，科研中的浮躁虚假，教师要严谨笃实，要不断求真、崇真。

可见，教师的以人为本理念要求教师"求真"，无真就不会以学生为核心，不会以学生的学习、生活为出发点，不会从学生成长的角度考虑，也不会遵守事实和规律，更不会从学生的人生观、价值观的打造去考虑。所以，以人为本体现了教师的真，做个真教师，应该是教师成长的追求目标。

2. 以人为本蕴含着善

善是人类共同的价值追求，穿越时光、跨越国界、超越民族。莎士比亚说："善良的心地就是黄金。"卢梭说："善良的行为使人的灵魂变得高尚。"孔子的"有教无类"是最大的善，南朝著名经学家和教育家皇侃说："人乃有贵贱，同宜资教，不可以其种类庶鄙，而不教之也；教之则善，本无类也。"我们的古人对待学生时的胸怀是多么宽广啊。在汗牛充栋的中华典籍中还有无数关于善的论述，舍生取义是善，关爱他人是善，无私奉献是善，敬老爱幼是善……"善"，在今天已成为社会主义核心价值体系的重要内容。

因为教师是"人伦之楷模，万世之师表"，这是教师追求的高度。因为教师是人类美好价值理念的言传身教者，是能把善深植于大众心底，把善传播最远最广的人。不可否认，在市场经济条件下，人的利益、人的个性、人的权利问题有了新的诠释，认同善不难、践行善不易。但无论身处何时何地，做善的传播者，引导学生乃至社会大众守牢心底的那条良知底线，这是教师不可推卸的社会责任与担当。这种善的践行和传递，不仅仅体现在英雄的瞬间，更体现在教书育人的点滴，表现为行为示范潜移默化的力量。

说到底，善是人与人之间的道德关系。善举，是在利他行为中，实现自我完善。作为教师这个特殊职业，如何体现这种价值？

教师职业中包含着一种高尚而特殊的善，那是一种全身心的无私无悔的爱的奉献。爱为善之源，善为爱之予。善待学生、尊重学生，即为教师善的品格和印记。

教育是塑造人灵魂的伟大事业，教师面对的是一个个具有丰富情感的鲜活生命，这就需要教师用爱去教育和感染学生。首先要学会尊重，尊重每个学生，公平地对待每个学生，保护好学生的自尊心，特别是后进生的自尊心。作为教师，还要多关爱学生，关心学生学习、生活的点点滴滴，哪怕只是一个眼神，一个动作，都会在他们的心灵世界留下你的善行记录，进而影响学生的人生价值。这种潜移默化的作用，亦能使教师成为善的传播者。

3.以人为本蕴含着美

教育是一门艺术,艺术的重要表现就是美。作为传授知识的教师,用自己的行动把教材中的知识讲出来,必定体现着各种美,否则教师讲着枯燥,学生听着无味。

西方美学史上有句名言:"和谐就是美。"对于教师来说,它意味着遵循教育的内在规律,顺应学生的身心发展特点,营造良好的教育环境,培养全面发展、身心和谐的人。对教师来说,它也意味着,用得当的举止,优美的言行,高尚的情操,丰富的精神,为学生提供一个成长的榜样。

(1)行为美

举止大方、姿态优雅是一个人的动态性外观美,可以说,站、坐、行三态是人的自然形体在空间的形象显现,加上优雅的手势和温和的表情会构成一种和谐的造型美。我国古代有"坐如钟、站如松、行如风"的说法,它要求人站时要抬头挺胸,直立挺拔;坐时要端正稳实,脑袋不后仰,也不能半躺半坐,以免给人一种懒散无力或自命不凡的感觉;行走时要精神抖擞,从容稳健,快慢自然。教师的外观形象也少不了这三态可视因素的展现,举止言谈都应是落落大方、气宇轩昂的,其间的一颦一笑,举手投足,都应给学生一种愉悦的美感。

(2)语言美

培根说:"相貌的美,高于色泽的美,而秀雅合适动作的美,又高于相貌的美,这是美的精神。"教师的言谈举止是教师形象的外在表现之一,语言又是教师用以教育学生不可缺少的工具。文雅而富有情趣的谈吐,不仅能取得学生的信任与尊敬,增强教师的教育和教学效果,而且还有利于净化学生的心灵。比如,教师上课时开口的第一句话"同学们,早上好",面带微笑,轻轻的一声问候,马上把师生的距离拉近了。反之,教师板着脸孔说"现在上课,把书翻开",其效果就会大不一样。

(3)仪表美

俄国作家契诃夫说:"人的一切都应该是美丽的:面貌、衣裳、心灵、思想。"教师的仪容是教师规范的内容之一。尤其是面对高中生,他们已有一定的审美观和判断能力。教师是知识和教养的化身,穿着得当使人显得年轻、精神,并能起到掩饰和烘托的作用。正如俗话所说,"三分长相七分打扮,人要衣装、马要鞍装、佛要金装",这一比喻说明了一个道理,人要有修饰美。使自己内在的学识修养和外在的衣饰打扮和谐地统一起来,于朴实大方中见高雅的情趣,于整洁得体中见丰富的涵养,给学生以美的熏陶和感染。好比是一名演员,一上讲台,一个亮相,就能给学生特殊的影响。

(4)风度美

学生对教师风度美的感知过程,是由外在美到达内在美。学生对教师风度美的评价和鉴赏,是内在美和外在美的和谐统一。外在美以自然条件为基础,以服饰加以装点,由仪表来体现,其中蕴含着内在美。内在美由道德、学识构成,由教学活动来展示，由外在美来体现。二者虽有相对的独立性，但就整体来说却是统一的。一位学生在描写他对一位教师的印象时写道，入学时并没有什么特殊的印象，后来这位教师在教学活动中所展示的学识和才能强烈地吸引了他，在日常工作中所展示的道德力量深深地感染了他。在拍毕业照时，大家把老师扶在正中的座位上，忽然觉得他的形象是世界上最美好的——对每一个学生都是严如高山，爱如大海。这就是由内在美和外在美统一而构成的教师风度美。它无时无刻不在以潜移默化的形式叩击着学生的心灵，感染着学生的情绪，影响着学生的精神面貌。

4. 以人为本蕴含着爱

没有爱就没有教育。苏霍姆林斯基说："如果你不爱孩子，你就从事别的职业吧！"

无论是求真、扬善还是创造美，究其深层次的动力，往往源于对教育事业的无限热爱，对孩子发自内心的喜爱。用爱去感染学生，用爱去对待工作，用爱去面对世界，是教师职业道德修养不可或缺的部分，做一名爱的践行者应该是每名教师的担当。

世界上的爱有很多种，最特别的一种是师爱。它有着母爱的伟大，广泛而无私，它讲求不偏不倚，平等地将爱的阳光洒向每个幼小的心灵。它有着友爱的温馨，在快乐中教人道理、指向成长。它有着情爱的矢志不渝，却不会轰轰烈烈、缥缈无依，而如同润物无声的春雨，点滴渗透、沁人心脾。

师爱不是抽象空洞的理论说教，而是实实在在的行动。

就是要把尊重学生、关爱学生、教育学生贯穿在班级管理的全过程中，懂得关心、尊重人、相信人的艺术，把维护学生的利益放在首位，对学生倾注爱。以宽容之心对待孩子，用发展的眼光看待孩子，理解他们身上存在的不足，多宽容、少训斥、多关爱、少冷漠、多欣赏、少打击。鼓励学生的进步，发现孩子的亮点，给他们明确肯定和扶植，树立起对生命尊重和肯定的情怀，重视对学生智慧的开发和启迪，培养他们的好奇心、想象力、创造力，激励他们，鼓励和唤醒他们。要克服教师训导的职业习惯和权威心理引出的居高临下的态度，不漠视学生，对学生不简单粗暴，不劈头盖脸，不隔靴搔痒地说大道理，不能过分理智、冷若冰霜，要有情感，要有爱。

另外，教师的爱还应该是一种大爱，一种超越了自己的班级、教室乃至学校的狭小空间，对国家、社会、大自然和全人类的爱。这种爱，将给教师一种宽广的胸怀和眼界，一种不凡的气度和心态，更重要的是它必将通过我们的言行，传递到学生的身上，使其成为具有爱国精神、责任意识和大爱情怀的一代新人。

教师是人类灵魂的工程师，是太阳底下最光辉的职业。在从教过程中，要从学生出发，坚持用真、善、美、爱去哺育我们的下一代，去鞭策和激励每一位即将以及正在教育岗位上工作的人。唯有如此，才能涌现出更多学生爱戴、人民满意的教师；唯有如此，才能拥有一支无愧于人民、无愧于时代、无愧于历史的过硬的师资队伍。

可见，对于教师来说，它意味着欣赏每个学生，发现他们身上的闪光点；它意味

师德修养

着教会学生彼此欣赏，懂得对人与人之间差异的包容；它意味着在纷繁的世界里，引导学生去发现美、辨别美、欣赏美、创造美，激发起学生内心对美好的追求和珍视，助其成长为具有和谐之美的人。这正说明，只要具有以人为本的理念，以人为本的情怀，教师就会通过自己的魅力去发现学生身上的美，正如法国艺术家罗丹所说："世界上从不缺少美，只是缺少发现美的眼睛。"

 道德故事

卢嘉锡的故事

卢嘉锡是我国著名的化学家，20世纪30年代曾兼任厦门省立中学的数学教师。一天，一位学生拿了一道看似容易但一时又解不开的题目向他请教。他拿回去，在图书馆翻阅了众多中外杂志和有关参考资料后，才在最新出版的一本外国杂志上找到这道题的答案。这是该杂志的悬赏题目，是一项最新的研究成果。卢嘉锡向学生详细介绍了解题的方法和具体过程，直到那个学生完全弄懂为止。他对那个学生说："闽南有句老话，叫做'只有状元学生，没有状元先生'。我现在虽然在教你们，但还有许多东西自己也不懂，要进一步学习。"学生听了大为感动。

故事启迪

卢嘉锡在教学过程中，做到了"以人为本"，无论多难，也要解决学生的问题。此外，卢嘉锡也是在用自己的示范，体现关爱学生、尊重学生、理解学生、鼓励学生的人文关怀，这些充分展示了卢嘉锡的高尚情操，彰显了卢嘉锡的师德修养。

第二节　成为以人为本教师的途径

教育不只是教育学生成才，教师也要做到"教学相长"，教师本身也要成才。所以，成为以人为本教师是师德修养的主要内容。

一、提高教师教学的战略高度

古人告诉我们，"师者，传道受（授）业解惑也"，千百年来，我们教师追求的正是这三个境界：传道、授业、解惑。这三个境界充分体现了以人为本的含义，可以说，做到这三个方面，才能说教师站在了以人为本教育的战略高度。

1. 教师的"传道"

在韩愈的《师说》中，更进一步提出"道之所存，师之所存"。把传道作为教师的首要责任和根本职责。虽然韩愈所谓的"道"主要指儒家之道，但仍具有深刻的启示意义和现实意义。

在现代教育以人为本的语境下，"传道"主要是指教师通过自己的教学工作对学生进行正确的世界观、人生观、价值观的陶冶和教育，不仅让学生学会生存之道、做事从业之道，而且还要学会发展之道、为人处世之道、人与自然和谐相处之道，并通过对学生思想政治素质、道德素质和心理素质的成功塑造、培养、教育和引导，进而对整个社会的思想道德建设发挥影响、示范、辐射的作用。我们肯定教师职责内涵之"传道"，意旨直指做人的根本，直指素质教育的核心和灵魂，即思想道德素质。思想道德素质包括思想政治素质和道德素质。教师"传道"，不仅应通过言教，而且更应该通过身教；不仅要用丰富的学识教人，更要用自己的品格教人，即以自己的良好道德行为去影响、启迪和感化学生的心灵。教师要无愧于人类灵魂工程师的光荣称号，就必须树立"为人师表，为世师表"的价值追求和勇于践履"传道"——人类先进文化和民族精神道德的传播、承续与创新的历史责任和历史使命，并努力使学校成为整个社会道德建设的"首善之区"，成为道德建设的"思想库"、"示范区"、"辐射源"。

史学大师陈寅恪先生在 1929 年所作的王国维纪念碑铭中，首先提出以"独立之精神，自由之思想"为追求的学术精神与价值取向，而这一箴言也应成为当代教师的座右铭。一个教育从业者只有不断汲取古今中外最优秀的思想资源，练好自身的内功，才能胜任光荣而艰巨的"传道"使命，体现以人为本的教育精髓。

2. 教师的"授业"

如果说传道体现了教师职业抽象的内在底蕴，那么这抽象元素的外化则需要一定的授业技巧来完成。而授业的具体表现，作为教师职业的基本特点，是通过讲授的形式完成的，因此，教师应具备杰出的语言表达能力。

教学过程是一个知识传播的过程，而教师语言表达则是知识传播的基本手段。长期以来，曾经有一个似是而非的传统观念认为：学者即良师，似乎只要具备了丰富的知识与高深的学问，就可以成为一个合格的教师。这种观念并未意识到教师行业越来越专业化，一个合格的教师不仅要有知识和学问的积累，还必须具备与这一职业相应的专业技能。客观来讲，教师技能包含了许多方面，而其中最核心的技能则是语言表达能力。苏联著名教育家苏霍姆林斯基曾强调："教师的言语——是一种什么也代替不了的影响学生心灵的工具。"有些教师虽然知识渊博，甚至学富五车，但不善于表达，不具备相应的表达能力，难以把自己的知识和学生分享，当然不能算是一个合格的教师。

语言表达能力可谓教师的第一能力。著名社会学家卡耐基认为，一个人事业的成功，只有百分之十五是由于他的专业知识与技术水平，百分之八十五靠人际关系与处世技巧，而人际关系如何，则主要取决于他的说话能力与说话艺术。对教师行业来讲，

"说话的艺术"显得尤其重要。教师语言需要适应这一职业的特殊要求，要追求语言表达的"有效性""准确性"与"生动性"。所谓"有效性"，指教学语言的高效率，在有限的时间里，保证知识信息最大限度的传播，并针对学生的情况，做到因材施教。所谓"准确性"，指教学语言的科学性，要求教师必须有丰富的知识储备，不断进行自我学习，自我提高，跟上知识更新步伐。所谓"生动性"，主要指教学语言的传播效果，这一点尤其重要，教学语言如果是枯燥的机械表达，照本宣科，容易造成学生接受的困难和障碍，而生动形象的表达，可以把抽象的知识化为鲜活的具体内容，正如苏联教育家加里宁所说："教师应该把活生生的灵感和思想贯彻到自己的话语中去。"

优秀的教师必须具备一定的口才，这种口才又不同于娱乐节目或新闻媒体职业的口才。在讲授严肃知识的同时合理运用幽默感，能活跃教学氛围，收到出其不意的教学效果。但幽默仅仅只能起到手段的作用，不能为了幽默而幽默。有些教师在课堂上一味讲段子，插科打诨，只能收到哗众取宠的效果，难以实现知识与思想的有效传播，学生课后收获甚少，没有达到教学的目的。所以，教学语言需要做到书面语和口语的综合运用，幽默风趣而不油滑庸俗，生动形象而不煽情做作。这就需要把握好一个合适的度，从这个意义上说，教学归根结底是一门语言的艺术，这是韩愈"授业"观带给我们的启示。

3. 教师的"解惑"

"解惑"即让学生主动学习，并在学生提出自己的困惑之后，给予解答和帮助。现代教学理念的基本要求，已从过去的以教师为中心，转为以学生为中心。教师的工作对象是人，教育的目的是促进人全面、健康、自由地发展，包括知识的掌握、能力的提高、人格的完善、素质的培养等，从而实现"人尽其才，才尽其用"的最终社会目的。

学校教育、家庭教育和社会教育构成了教育的三大要素。学校教育的主要目的是延续家庭教育的成果，并对其进行补充和发展，从而让学生走出家门、校门，走进社会以后能够更快地适应和学习。教师对学生的培养是为了他们将来能够自主学习。因此，教师设计教学活动时要紧紧围绕调动学生积极性和主动性这个目标，引导学生主动探究。学生在探索过程中遇到自己不能解决或仍然感到困惑的问题时，教师要及时给予适当的点拨或带领学生找到解决问题的方法。高速发展的媒体使信息传播速度和范围不断加大，学生提出的问题可谓五花八门、精彩纷呈，这就要求教师充分利用各种工具，随时关注各类信息，更新自己的知识点，拓宽自己的知识面，只有教师具有渊博的知识，才能给予学生更多、更好的帮助和指导，也才能让学生对教师欣赏和钦佩。在这种思想的指引下，学生会对教师和教师的要求更加信服，教师的教学教育工作才会开展得更顺利。除此之外，学生和同学、朋友、家人、任课教师相处时也会产生这样或那样的矛盾，教师就需要一双善于发现问题的眼睛，在学生情绪出现异常时能够及时给予正确的、积极向上的引导，将一些矛盾和误解在它们出现之初就早早解决，避免产生更大的问题。教师在教学过程中要细心留意学生的心理动向和情绪动向，即所谓的"察言观色"。教师要适当地放下身段，做学生的朋友，互相探讨。由于师生之间，教师相对处于较为强势的地位，在相处过程中，要善于表扬学生，通过表扬激发学生获取知识的成就感。此外，教师在自己的工作中要不断提升自身的人格魅力，对学生保持一份"大爱"之情，克服师生交流沟通中的障碍，让学生感觉教师不仅可敬可尊，而且可亲可交，从而通过"言传身教"来影响与感染学生。

二、促进教师的自我成长和完善

俗话说：授人以鱼不如授人以渔。习近平总书记也讲：教师要有一桶水。所以说，实现教学中的"以人为本"，没有教师的"渔"和"一桶水"，谈何教学的"以人为本"呢。

1. 教师知识结构的构建

说到教师的知识结构，不同类型的教师知识结构不一样，不同学科的教师知识结构也不一样，不同时代教师知识结构要求更不一样。但作为教师，都要具备一定共同的知识结构。建立一个完备的知识结构，对于教师建立以人为本理念起到基础性作用。

教师知识是"教师专业素质的重要组成部分，也是教师专业有别于其他专业的最基本的标志。教师对教师知识的掌握与运用程度直接决定着他们专业水准的高低"。其中，学科教学知识是整个教师知识结构的核心和支点，对教师知识起到决定性的作用。此外，教师知识中还存在着普通文化知识、一般教学法知识、学科内容知识、学科教学法知识、教学情境知识等要素，尽管它们有着各自的着眼点和内容，但彼此间也有所交叉。"教师知识结构"可以简单地概括为由多种教师知识要素整合而成的专业知识体系，它是教师在教育实践活动中，经由自身学习、建构、反思、外化，最终储存在认知结构中而形成的多维度、多层次的动态知识体系，其中不仅包括不同知识要素间的比例构成、组织方式，还包括知识的整体存在样态。

按照教师知识结构要素大致可以将教师知识划分为以下四种类型。

第一，本体性知识。本体性知识是教师从事学科教学的知识基础，为教师所拥有的某一具体学科的知识，如教语文的有《语文教学法》等。

第二，条件性知识。条件性知识是保障教师完成教育教学任务的重要条件，涵盖了教师进行教学时需要的心理学、教育学、教学法知识。

第三，实践性知识。实践性知识源于个人教育教学实践中逐渐生成的一种知识，它最能体现出教师的专业性。无论是结构和内在成分，实践性知识在教师职业生涯的不同发展阶段都会有所变化，它一旦形成，便会迅速对教师教学发挥出引导作用，并会在教学实践和教学反思中不断完善。

第四，一般文化知识。一般文化知识是教师从教的人文素养，是激发学生学习兴趣、提高教师个人魅力的关键，它包括常识性的文学、历史、地理知识等，是教师学科内容知识之外的重要补充。

上述四种知识类型，是教师"教书育人"必备的知识要素，它们并不是教师一次性获得的，而是教师自身实践和教师教育共同作用的结果。需要教师长期的反思与积累方能逐步生成。此外，教师知识要素的发展在其从教的不同阶段各有侧重，如教师在职前教育阶段尚处于课本知识的学习过程中，故主要以本体性知识和条件性知识的获得为主，在入职初期则处于教学经验的积累过程中，故主要以实践性知识的获得为主。

2. 教师品行个性的修养

一个好的教师具有健康的个性品质，有着广泛的兴趣、坚强的意志、开朗的性格、稳定的情绪，这本身就是给学生以熏陶和影响的教育资源，可以给学生提供良好的示范。因此，教师良好的品行个性修养是"以人为本"教育理念的重要体现。

（1）广泛的兴趣

兴趣是最好的老师。兴趣广泛，不仅是教师自身幸福生活的条件，而且是影响学生个性发展的教育手段，也是教师与学生在更广泛的领域建立共同语言，融洽师生感情，培养教师威信的重要手段。教师广泛的兴趣，不仅表现在对教师事业酷爱和高度的责任心上，而且表现在热情指导学生感兴趣的活动上。

（2）坚强的意志

教师的工作是艰巨繁重的劳动，不仅要有热情和兴趣，而且需要教师的良心意志和觉悟。教师的意志是教师个性品质的重要内容，最重要的师表风范。教师沉着自制，善于支配情感，对自己所从事的事业抱有明确的目的和坚定的信念，不论是顺境还是逆境，总是充满必胜的信心，在困难面前百折不回，刚毅顽强，勇敢无畏，具有顽强的毅力和坚忍不拔的精神，这些都会对学生产生潜移默化的影响。

（3）开朗的性格

教师热情开朗的性格是一种重要的教育因素。它在教育、教学活动中表现为热爱人生、热爱事业、精神饱满、勤奋愉快、胸怀坦荡、乐观向上的精神状态。这种性格有利于产生巨大的人格吸引力，建立良好的人际关系，而且有利克服逆境和心理挫折，不至由于孤僻、悲观、冷漠的消极情绪而影响教育效果。

（4）稳定的情绪

美国心理学家鲍德温研究了 73 位教师与 100 名学生的相互关系后得出结论：一个情绪不稳定的教师容易扰乱其学生的情绪，而一个情绪稳定的教师也会使学生的情绪趋于稳定。可见教师的心理素质对学生的影响是很大的。

知识拓展

科克伦的"PCKg 发展结构模型"

通过借鉴建构主义的相关理论，在借鉴格罗斯曼 PCK 模型的基础上，1993 年，科克伦等人将舒尔曼的"学科教学知识"概念改造为动态的"学科教学认知"（Pedagogical Content Knowing，PCKg），并开始采用动态生成中的 PCKg 模型展现教师知识结构。在"PCKg 发展结构模型"中，作为教师整合、归纳知识的过程和结果，学科教学认知融合了一般教学法知识（Knowledge of Pedagogy）、学生知识（Knowledge of Students）、学科知识（Knowledge of Subject Matter）以及教学情景知识（Knowledge of Environmental Contexts）这四种不同指向的知识要素。这四种知识成分既构成了教师知识的主要内容，又是形成学科教学知识必不可少的因素，它们在教师课业教授、教学反思的过程中不断相互作用、不断融合，最终促成了教师学科教学认知的形成和完善，从而使教师能够在其今后的专业成长中更合理地组织教学内容、更有效地选择教学策略。但另一方面，教师对四种知识的认识程度又不可能完全相同，这些知识在不同教师发展的阶段。

三、体现教育的本质

教育的本质就是教人修道，修"人之所以为人"之道。孔子在《论语·为政》中曾说"君子不器"，在孔子看来，君子不能只懂专业技术，君子应当修君子之道。君子之道就是人之所以为人之道。不懂为人之道，只懂专业技能的人，就称不上君子。孔子认为，君子就是有完美人格的人，有高尚道德的人。因此，教育的本质说到底就是要培养和陶冶人，使人有完美的人格和心灵，使人有良知和德行，就是促进人的全面发展，人的全面发展就是"以人为本"教育理念的最佳体现。

1. 培养个性化的人

卢梭在《爱弥儿》中说：每一个年龄，人生的每一个阶段，都有其自身的完美，都有它特有的成熟状态。在万物的秩序中，人类有它的地位；在人生的秩序中，童年有它的地位；应当把成人看作成人，把孩子看作孩子。教育的使人社会化的重要性并不能掩盖其培养人的个性化的重要性，使人社会化的意义在于使个体的自我能够融入社会，在社会上找到属于自己的群体；而使人个性化的意义在于使每个个体的自我可以区别于社会上的其他单个的自我，使自己成为真正的自我，而不会淹没于社会大众之中。人与人之间必须要既有同质性又有相异性，这个社会才能既有同一的凝聚力又不乏缤纷的色彩。

可以说，个性是一种内在的素质，但又不仅仅是内在的素质，通过教育的作用，个性会产生一种外倾，即明显地与别的个体的区别所在，因此，个性更是一种内在素质的整合与提升。教育的使人个性化在实施过程中应该"唤醒学生的自觉意识，发展学生的主体能力和不断超越的良好人格，给生命的自觉、自由创造性地发展提供动力"。

2. 培养具有健全人格的人

人格是指一个人与社会环境相互作用表现出的一种独特的行为模式、思维模式和情绪反应的特征，也是一个人区别于他人的特征之一。人格包括两部分：性格与气质。可见，培养具有健全人格的人，就要达到：一是具有谦虚谨慎、沉着稳定、三思而后行的品质和习惯，具有自我批评和勇于接受批评的品质；二是具有坚强的意志，强大的受挫耐受力，在逆境时不颓废消极，在顺境时不忘乎所以；三是具有活泼、开朗、豁达的性格，保持乐观的精神和稳定的愉快的心境，高兴时不过度兴奋，遇到不快或不幸的事情时也不过度忧伤和愁闷；四是具有爱心，有人道主义精神，凡事多为他人着想，关心和帮助同学朋友，尤其是在其他学生遇到困难的时候，能够给予同情、关怀和援助。总之，把学生培养成为集思想道德力量、智慧力量、意志力量和反省力量等多种人格特征于一身的社会主义合格公民。

3. 培养具有创新精神的人

教师在教育教学环节中要不断锻炼学生创新思维。一是教师在备课、讲课的过程中注意发散性思维培养环节的设置，要设法将书本上的知识与实际生活中的案例有效结合，并引导学生举一反三、由此及彼，循序渐进地培养学生的创造性思维，慢慢让他们具备创新的能力和素质。二是尊重和培养学生的好奇心和兴趣，引导学生大胆质疑，创设民主氛围诱发学生的创新欲望。在课外活动和社团活动中多举办一些与学生所学课程相关或相近的创意大赛或者设计大赛，引导他们将所学知识应用到设计过程中，并努力增添一些新的元素和思想。三是教师善于鼓励他们凭借知识、智慧和胆识去开创能发挥个人所长的领域，培养他们敢于竞争、敢于冒险的精神，脚踏实地、勤奋求实的务实态度，锲而不舍、坚定执著的顽强意志，不畏艰难、艰苦创业的心理准备，良好的自控能力、团队精神与协作意识等多方面的品质。总之，要为培养学生的创新思维营造一个宽容和谐的氛围。

总之，通过"以人为本"理念的输入，教育的本质就是要正确地爱、赏识、理解、尊重、放手、反思、引导、创新等，要知道生命的快乐和幸福，满足和自由，要懂得宽容，而不是纵容；懂得亲情，而不是溺爱；懂得赏识，而不是抱怨；懂得尊重，而不是辱骂；懂得放手，而不是束缚。

 道德故事

大美大爱感天动地

5月的佳木斯桃红柳绿，空气中弥漫着紫丁香的浓郁香气。连日来，一个英雄的名字出现在各大媒体报端，流传在大街小巷。当失控的客车冲向孩子们的瞬间，佳木斯市第十九中学教师张丽莉用她柔弱的躯体，谱写了一曲英勇奉献的大爱之歌。张丽莉，这个勇敢的名字，神圣地植入黑土地，深深地植进人们的心底。

那一刻，柔弱的她犹如铜墙铁壁

2012 年 5 月 8 日 20 时 30 分许，佳木斯市第十九中学下晚自习的初三学生涌向校门。这时，停在门前的一辆大客车因驾驶员误碰操纵杆致使突然失控，撞向路边停着的另一辆客车，被撞客车失控后向校门口的学生们冲来。

"面对失控冲过来的汽车，张丽莉老师可以选择退避，但她用手推开、用身体撞开了身边的学生，随即被卷入车下遭到碾轧。如今，她双腿高位截肢。张丽莉老师感动了这座城市，她是我们佳木斯人的骄傲。"讲起心痛的一幕，佳木斯市第十九中学副校长靳艳萍眼含泪花。

"我刚出校门，惨祸就发生了。"十九中学生刘晔目击了惨祸的经过。当时，有几个学生背对着大客车走着，完全不知道危险。

还在医院接受治疗的学生孙智鸿回忆说，当时肇事的那辆客车冲出去三四十米，张老师向前一扑，用手将车前一名已经吓傻的学生推到一边，又用屁股将旁边的一名学生顶到了一边，她自己却被猛冲过来的客车撞倒在地。

佳木斯市中心医院院长曹洪涛在接受媒体采访时说，5 月 8 日晚 21 时许，他们收治了 6 名伤员，其中 1 名学生只是手外伤，已经出院，其余 4 名学生伤势不是很严重，还在接受治疗。受伤最严重的是教师张丽莉，医院初步诊断她为双下肢碾轧、失血性休克、骶骨骨折、双上肢及双手碾轧伤，生命垂危。

张丽莉的伤情牵动了各级领导的心。5 月 11 日晚，中共中央政治局委员、国务委员刘延东打电话给黑龙江省委书记吉炳轩，向张丽莉及其家人表示诚挚的慰问，并转达对张丽莉的崇高敬意，赞扬她的行为体现了一个人民教师的深厚慈爱之情，令人感动，可钦可佩。

吉炳轩连夜向佳木斯市委询问张丽莉的伤情和救治情况，指出要尽一切力量，保证最好的医疗水平和条件，全力进行救治。吉炳轩说："张丽莉在万分危险时刻，挺身而出，不顾生命安危勇救学生，表现了一个人民教师慈母般的大爱胸怀，展现了纯洁无私的大美形象，体现了中华民族高尚的道德情操，是黑龙江的骄傲，教师的楷模，更是人民的表率和伟大的时代英雄。张丽莉舍己救人的壮举令全省人民为之敬佩和感动，要开展向张丽莉同志学习的活动。"

5 月 12 日上午，受省委书记吉炳轩、省长王宪魁的委托，省委、省政府组织慰问团前往佳木斯市中心医院，看望并慰问了英雄教师张丽莉。省委办公厅、组织部、宣传部、省教育厅、卫生厅有关负责同志和佳木斯市委、市政府主要负责同志赴医院看望慰问张丽莉。黑龙江省教育厅作出了在全省教育系统开展向张丽莉同志学习活动的决定。

校园里，她像茉莉花一样充满热情

张丽莉，出生于 1984 年 1 月 19 日。2007 年，她从哈尔滨师范大学中文系毕业后，来到佳木斯十九中任教。张丽莉老师在学生中有着极强的亲和力，在师生们眼里，漂亮、开朗的张丽莉老师就像一束茉莉花，亲切、真挚。

张丽莉老师是三年级(3)班的班主任，担任两个班级的语文教学任务。她把 100 多个孩子的学习时刻放在心上，宁可放弃休息时间也不愿一个孩子掉队。在一次古诗知识复习时，三年级(9)班几名同学没有背下来，张丽莉就放弃午休时间，逐一领着背、记、考，直到全部合格为止。

有的学生因成绩较低而心情失落时，张丽莉总会用自己独特的方式去关心、去鼓励。在一模考试中，王睿的成绩很不理想，在座位上掉泪，张老师发现后，急忙帮着擦去泪水，像妈妈似的说："孩子，再哭我会心疼的。来，老师帮你分析原因，咱们一起努力把成绩提上来。"一席话，让孩子心中的悲伤全部融化在这温暖中，变成了向上的动力。

"夏天她在教室地上洒水为我们降温，冬天她买来电水壶给我们烧开水喝。"学生张佳岩说，放学时学生等不到来接的家长，她就主动打车送学生回家。开家长会时，她自掏腰包给家长买水喝。

"担任班主任后，她的心思完全放在了学生身上。带班两年多，她起早贪黑，甚至连饭菜也会让给没吃饭的学生。有的学生来不及吃早饭，她就拿出每个月为数不多的工资买来面包、饼干给他们吃。"姐姐对工作的认真、对学生的爱让张丽莉的弟弟感到自豪。

从不请假休息，从不丢落一节课，从不放弃一个学生，为了学生们的进步，张丽莉可以舍弃自己的一切，休息、健康、心血，乃至生命。

"每次放学和张老师一起出校门，她都会拉着学生们说：'来，咱们一起过马路，别着急，慢点，看着点儿车。'没想到，她为了保护和救同学被车撞倒，被截掉了双腿，我和同学们都特别难过。"学生闫泽坤泣不成声地说。

张丽莉所展示出来的美，是没有修饰的；张丽莉所展示出来的爱，是发乎于心的。因为自然、因为纯洁、因为厚重、因为高尚，这样的美丽更加弥足珍贵。

"以前老师是我们的拐杖，以后我们就是老师的轮椅。"面对重症监护室的张老师，孩子们说得质朴而动情。

平日里，她对每个学生都那样善良

5 月 13 日是母亲节。目前张丽莉伤势较为稳定，但存在一定的恶化倾向。为了让她得到更好的治疗，专家组决定，5 月 12 日晚将张丽莉转至哈尔滨医科大学附属第一医院救治。在这个温情的日子里，来自北京、哈尔滨的各路专家正在紧张忙碌着，全力救治母亲一样的老师。然而，知道实情的人们心底却掠过一缕酸涩，因为，张丽莉的母亲 8 年前就去世了；去年她怀孕却因为陪学生上早操跑步而流产，为了带好毕业班，张丽莉跟家人保证：等今年中考结束就要孩子。

婆婆抹着眼泪说："丽莉是个好儿媳，懂事，善解人意。"

"要么不做，要做就做得最好。这是张丽莉的座右铭。"副校长靳艳萍说，她是我们的教学新秀，是语文教学水平较高的一位老师。2007 年来学校，一直坚持主动去听老教师的课，进步非常快。语文教研组长张立波老师是丽莉的师傅，二人感情特别好，相处得就像母女，丽莉出事以后，张立波老师由于悲痛过度病倒在床。

"班上有一位同学生病了，老师带我们几个班干部去探望。打车时，一辆自行车摇摇摆摆就奔向了我，她一把将我揽入怀中，车子剐坏了张老师的裤子，可她却先问我有没有受伤。"3 年前的一件小事，让学生闫泓侠至今记忆犹新。

"我家是低保家庭，丈夫去世了，我一个人领着儿子生活，十分辛苦。张老师得知我家的情况后，每个月都给我们 100 块钱，从孩子上初一时就一直坚持，连寒暑假都不落下。我患有肾病综合征，张老师还经常询问我的病情，安慰我、鼓励我。我和儿子从心底里感谢张老师，希望她快点好起来。"家长赵亚波哽咽得说不下去了。

在佳木斯救治期间，不断有老师和学生来看望。昏迷中的张丽莉身上连接着各种监控仪器，还没脱离生命危险。"我告诉他们，马上要中考了，要以学习为主，不用来了。"张丽莉的丈夫李梓烨，满脸憔悴，却还在为妻子的学生着想。"不管以后怎么样，我都是她的依靠，她就是我的唯一。"这个悲痛中的男人斩钉截铁地说。

"老师，危险来了的时候，您是我们的天，以后我们就是您的天。"孩子们对着他们敬爱的老师说。

"有这么多人的关爱，我相信女儿一定能挺过这一关。"张丽莉的父亲对赶来慰问的各级领导说。

"敦品励学，弘毅致远。"哈尔滨师范大学毕业的张丽莉用实际行动诠释了校训精神，践行了"学高为师，身正为范"的从师准则，体现了追求道德、学问、胸怀广阔、意志刚强的品质和决心成为国家栋梁之才的理想。

根植爱，呵护爱，传播爱，因为有了千千万万个像张丽莉一样的教师，我们的社会才充满了爱，饱藏着爱，洋溢着爱。

故事启迪

人间的词汇已经无法赞扬可爱可敬的人民教师，不，是人民的英雄——张丽莉老师。一个为他人甘愿献出生命的人，就是永远值得我们尊敬和歌颂的楷模。让我们把这样一个英雄事迹植根于我们每个教师的心间。现实中，这种精神应该处处存在：你为了上好一节课，默默地耕耘，从不懈怠，永远那样斗志昂扬；你帮助学生解决了学习中的一道道难题，生活中的一件件难事；你支持了同事的工作，从不要求回报，等等。为他人付出和奉献，就是一种伟大的精神。你认为呢？

你，"以人为本"了吗？

通过本章学习，应该了解到"以人为本"是从广义上说的。既然明白了这个道理，现在我们来做个体验，看一看我们在教学工作中，你是如何体现"以师为本"的。根据下边设计的教学研讨活动场景，假如你是组织者，请把相关内容写在相应的横线上。

一、组织者事先与全体组员开会商讨活动目的、安排

1. 时间、地点等。

_____

_____

2. 教学研讨的主要内容。

_____

_____

二、组织者在组织活动的过程中，需要完成的内容

1. 怎样让教师积极研讨？

2. 通过研讨是否解决问题？

3. 研讨的记录情况是否详细？

三、研讨过程中，组织者是否有下列现象

1. 是否与参会教师抢话说？

2. 是否没有等教师说完就打断？

3. 是否中间插话？

4. 是否围绕教学核心内容研讨？

5. 是否点名道姓举例子或比较？

6. 是否能够结合理论进行实例分析？

7. 是否充分发扬民主？

8. 是否武断下结论？

……

作为组织者，如果有以上现象，那你准备怎样克服呢？请把你的想法写在下面：

1. _____

2. _____

3. _____

 **名篇选读**

"以人为本"和教育的几个问题

一、从"以人为本"的科学发展观的角度去看教育

首先，应该进一步明确教育对社会经济与人的发展的基础性作用，应进一步学习领会"教育是民族振兴的基石"的重大理论价值。既然人是自然性与社会性的统一存在，既然人的社会本质并不来自于生物遗传，那么未成年人之所以能够成长为社会主义建设者和接班人，成长为人类社会有能力、肯负责的公民，在很大程度上应该说是教育，特别是学校教育的结果。因为，在所有普及了义务教育的国家，每一位未来的公民，几乎都是经由学校从家庭走向社会的，都是在学校里，或者说主要是在学校里，学习并掌握基础性的人类认识工具与认识方法的。是学校教育在为每个公民未来的发展奠基，也是学校教育在一定程度上决定了一代人的未来发展，因而也就决定了一个国家的人口素质或综合国力的核心因素。既然"全心全意为人民服务是党的根本宗旨，党的一切奋斗和工作都是为了造福人民"，既然"促进人的全面发展"是发展的重要内涵，那么把教育视为发展的建构性目标，视为社会经济发展的科学内涵，就应成为各级政府和社会大众认识和发展教育的根本出发点。实施教育优先的发展战略，主要以公共财政支持这一关乎全体人民福祉的大事，全面落实十七大报告提出的"扶持贫困地区、民族地区教育，健全学生资助制度，保障经济困难家庭、进城务工人员子女平等接受义务教育"等要求，不仅体现了科学发展观对教育的正确定位，也是推动中国社会科学发展的必要措施。

从"以人为本"的角度观察教育问题，还应该全面认识教育及环境对人发展的多方面影响。西方的建构主义等理论，比较关注发展主体在发展活动中的能动作用，比之于机械的环境决定论，无疑是有积极意义的思想倾向，然而如果走向偏执，以为只存在发展主体主动地了解、接受或拒绝外在影响的过程，甚至认为个体的一切认识都只是个人主观建构的结果，那也会走向唯意志论或主观唯心主义的泥沼。因为，每个人的主体意识和主体行为能力，都不全是来自生物的遗传本能，而是在环境与个人遗传本能的交互作用下逐渐形成的，是环境影响与个人选择的共同结果。人们确实在努力"自由"地塑造自己，但这种"自由"又在相当程度上受制于他们所处的历史时代与社会物质文化环境。如果不承认环境对个人发展的某种决定作用，不承认个人的"自由"发展其实有诸多限制条件，那么就无法解释"时代性"、"民族性"的影响，或特定地区（例如上海或北京）居民中存在共同特点的事实。

其实，正因为外在环境对个体发展在一定程度上一定阶段会起决定作用，社会才会分外重视并积极发挥教育的多重影响，才会把教育视为"民族振兴的基石"而"优先发展"。作为教育工作者，应该从党和国家、民众对教育的这种高度期望与信任中汲取力量，应该积极主动地为新一代的发展者营造良好的发展环境，全面了解发展者的发展需求与发展基础，积极地把握党和国家、民众对下一代人健康发展的意愿，主动引导并及时帮助发展者实现符合历史潮流与人民心愿的发展。教育既然是民族振兴的奠基工程，那么教育帮助未成年人所奠之基础，就应符合民族伟大复兴的需要，也应符合未成年人幸福有为地度过一生的需要。在这个问题上，教育工作者必须有使命感和责任感。

从"以人为本"的角度看教育，还要求我们树立大教育观念，要求教育工作者主动整合。社会、家庭、学校等诸多影响因素，为新一代人类社会成员营造良好的发展环境。人的发展是人与环境相互作用的过程与结果，少年儿童发展的影响因素，不仅有学校教育，还有家庭、社区、网络、大众传媒等社会因素。比之于改革开放以前，当今社会更加复杂多样、色彩缤纷，特别是网络世界打破了现实中的国家疆界线，十大或更多社会阶层的出现，使社会的价值选择更趋多样，经济转型及社会变迁给民众既带来机遇和信心，又带来挑战和困惑……这些因素固然为未成年人增添了发展机会，同时也加大了选择困难，并向学校教育提出了巨大挑战，当其中的一些困惑，不仅干扰未成年人，而且也在干扰教育工作者自身的时候，这种挑战就更加严峻。中国特色社会主义现代化事业的发展，是一个不断应对挑战、克服困难、积极创新的实践过程，在全球化的背景下，在利益多元的条件下，如何努力实现主流价值的追求；如何努力帮助发展者把国家、民族和个人利益很好地结合起来，在实现民族振兴的过程中，贡献个人的聪明才智，追求个人的幸福生活；如何帮助青少年在纷繁多样甚至相互冲突的价值体系中，选择科学的价值理念，都是中国教育工作者正在面对并需要以创新态度去解决的问题。人类有过以集体主义选择为最高追求的成功的教育经验，也有过以个人福祉为唯一追求的成功的教育经验，迄今为止，还没有成熟的在社会主义市场经济条件下，把个人利益与国家、民族利益完美统一起来的成功的教育经验。对于当代中国教育工作者而言，这既是挑战，也是机遇，是发展自己、积极创新的历史机遇。

作为专业化的社会教育机构，学校教育工作者责无旁贷地肩负着整合社会、家庭、学校教育影响的责任。树立大教育观念，主动地从社会发展需要的角度看教育，从儿童少年终身发展需要的角度看学校教育，主动配合社会经济发展需要去改革教育，主动去配合儿童少年终身发展的需要去改革教育，并通过这些主动的思考与行动，促成学校、社会教育与家庭教育的统筹协调健康发展，开创社会主义大教育的新局面，是当代中国社会对教育工作者提出的时代要求。在这一积极变革的过程中，学校教育工作者不但需要承担主力军的责任，而且需要学会民主的工作方法，需要学会尊重发展主体，尊重与发展主体相关的社会力量，通过民主协商、沟通讨论，保障人民的知情权、参与权、表达权、监督权，推进教育决策科学化、民主化，从而使这种整合的努力真正发生效用，真正切实地为未成年人营造一个较少冲突、更加和谐的发展环境。

二、从"以人为本"的科学发展观的角度看教师

首先，必须肯定教师作为人的权利与义务，要把教师当做人去尊重，而不是仅仅当做工具去使用。作为教师的人也是目的，也是主体，同时还具有动力性或工具性。当前，有一种过分强调特殊职业从业人员的社会义务和责任，而无视其基本人权的舆论：例如有些人主张追究因患者家属一再拒绝给患者做手术，而导致患者不治身亡的医生的责任，理由是所谓生命权大于擅动手术的法律责任；又有人不分具体情况，要求学校必须为校外闯入者造成的伤害事故承担赔偿责任，理由是教师有义务保护学生等，都是这种仅把从业者当成工具人，而无视其基本人权的表现。必须承认，任何职业的从业者，首先都是人，都享有人的基本权利和义务，都只能依法承担责任和义务。"舍己救人"、"舍生取义"无疑是崇高的道德精神，也是应该大力倡导的社会主义文化，然而，这不是任何行业从业人员的法律责任或义务。所以任何人都无权命令他人去作奉献、作牺牲，而只能以自身的示范性行为去感召和激励他人来效法自己。那种认为只要你选择了某项职业，就必须如何如何的言论，恰恰反映论者只重视自己的人权，却把他人都看成工具的狭隘思想。在社会主义初级阶段的中国，人们尚不能真正"充分而自由"地发展自己，职业的选择与生存的联系，远远大于与个人兴趣爱好的联系，人们的"入行"常有诸多偶然或不得已的因素，如果一味要求从业人员承担超越法律规定的义务与责任，不仅不合法，而且会导致相反的后果。因为过高过重的超越法律规定的学习义务与责任要求，不仅会吓跑求职者，也会使在岗的从业人员不堪重负，让他们失掉在完成本职工作之余，以高尚的道德标准要求自己、创造性工作的兴趣和动力。当前医疗和教育领域的从业人员中，较广泛地存在职业"倦怠"，甚至身心疲惫的现象，这些行业人员的子女中，有相当多的人，不愿"子（女）承父（母）业"，不愿选择在相关专业学习或工作，也从一个方面反映了这类缺乏全面人性关怀舆论的不利影响。

就教育事业发展而言，全面贯彻"以人为本"的原则，就要全面深入地关心教师的身心健康，要采取切实措施减轻教师的工作学习负担和社会压力。教育的领导者要站出来保护学校，保护教师，解除他们在学校改造、经济创收以及一味追求高分种种方面的压力。真想办好人民满意的教育，就要让校长、教师只做校长、教师该做和能做的事。为此，需要政府和社会、家庭也都做好自己该做和能做的事，从而真正实现学校、家庭、社会教育协调兼顾、和谐发展，实现几股力量拧成一股绳，都为学习者创设相对宽松的发展环境，都去努力促成他们主动而多样的发展。进入新时期以来，党和政府在创设教育良好发展环境、保障教师作为人的基本权利方面，做了大量工作，诸如教师工资的国家保障工程，农村学校基础建设纳入地方经济社会发展规划的决策，以及种种国家牵头的教师学习和培训计划等，都是这些切实努力的具体表现。但是，必须着重指出，由于对教育性质定位的认识不尽一致，由于种种追逐短期效应的行为

还有市场，也由于"穷国办大教育"的现象并未彻底改变，当前在我国基础教育乃至整个教育界，前述某些过分强调教师超越法律责任以及不顾现实条件对教师提出过高要求的现象，还有所表现，校长、教师被迫透支个人健康、牺牲家庭和个人正当权益的现象，还有一定的普遍性，这是必须引起各级政府特别是教育主管部门高度重视的问题，是一个必须迅即创造条件加以解决的现实问题。

当然，由于教师职业的特殊性质，作为受到社会委托专职从事未成年人教育和保护工作的群体，不论是社会公众或教师本人，都会对这一行业产生较高的道德期许，都希望从业人员能够更加专注、敬业地对待工作，特别是作为教育对象的学生，在中国传统文化的影响下，更是满怀理想、憧憬步入学校课堂，他们大多对教师充满信任与敬仰。在这样的社会文化背景下，教师确实应该用较高的标准要求自己学习新知、追求发展，也应该自觉地用奉献和牺牲的榜样来激励自己，让自己成为值得学生和家长信赖、让国家和人民满意的人。但是，这些要求与期望，只能是社会倡导下教师本人职业道德和发展的自愿追求，而不能成为行政性强迫规定，因为如果成为强迫性的规定，不仅会限制教师作为人的选择权利，而且会成为教师个人生命中不能承受之重，成为人们逃避教师职业的合法理由。为此，作为教育的领导者，只有通过自身率先垂范的学习、牺牲与奉献行动来诠释教师职业道德的真谛，只有用自身的示范性行为感召和激发教师，只有积极营造有利于教师高扬师德的社会舆论和制度环境，才能让更多的教师主动地用更高的标准要求自己，积极地从"业师"走向"人师"，树立"立德树人"的自觉性，发扬"红烛"精神，为一代新人的健康成长殚精竭虑，奉献终生。

强调社会和教育管理者不能用行政命令去要求教师作牺牲，并不意味着社会和教育管理者不能创造条件引导教师的专业发展和师德养成。毋庸讳言，由于人们对于社会主义市场规律有一个认识过程，由于社会转型和利益格局调整的复杂影响，不仅师范院校招生、中小学教师队伍稳定的问题曾长期困扰教育主管部门，而且一些教师违背道德规范、业务素质不能适应教育教学要求的现象，也无法得到根本扭转。这些问题，固然需要有关方面采取坚决手段加以严格管理，更根本的，还需要采取国务院那样的恢复免费师范教育，为边远农村地区提供无偿的教师培训，大力表彰甘于奉献、努力进取的教育工作者，进一步依据《教师法》解决教师待遇问题等措施，并通过积极营造全社会尊师重教的良好氛围和风气的方法，从根本上营造出支持教师自觉努力、不断进取的学校教育文化与社会文化。这样才能保护优秀教师，规范管理，提高普通教师素质，鼓励和吸引社会上的优秀学子投身师范教育并终身从教，才会从根本上消除"劣币驱除良币"现象产生的土壤，才会有大批的优秀且勇于奉献的教师成长起来，迎来人们所期待的教育更加蓬勃兴旺的局面。

三、从"以人为本"的角度看学生

首先，必须认识学生作为人的复杂性，一方面在进入学校以前，儿童已开始从自然人向社会人的转变，进入小学时，他们已经是初步具备主体意识和主体行为能力的个体，已经开始具有个性特征和选择意向、选择能力。所以，儿童并不是一张任由教师涂抹的"白纸"，而是初步实现社会化的未成年的"人"。但是除了所有儿童都具有的不成熟性之外，在独生子女环境和多元文化背景中成长起来的当代中国儿童，由于受到网络文化与大众传媒的复杂影响，他们的选择意愿大大高于选择能力，任性和自私的表现相当普遍，加之父母乃至祖父母一辈呵护有加、期望过殷的"输不起"心理作怪，使得他们从儿童向学生的转变面临更多困难。因为，学生作为社会角色，不仅要享受种种社会权利，而且要承担多项社会义务和责任，后一点要求对习惯于"小公主"或"小皇帝"地位的中国独生子女们而言，应该说十分必要且确有困难。从这个角度说，未成年人还只是学习做社会主体的人，是学习正确认识和对待他人，正确认识和对待外在物质和文化世界，从而正确认识和对待成长中的自我的社会主体，是无法享有全部主体权利，也不能尽到全部主体义务的社会主体。事实上，无论从身心发展程度或法律规范责任的角度，未成年人都不能独立承担其思想和行为的后果，而努力呵护他们、教育他们，是学校、家庭与社会的共同责任。

既然未成年人不是完全意义的社会主体，既然从儿童到少年，从学生到社会公民还有复杂的转变过程，那么简单化地提倡让学习者"我的课堂我做主"，或者认为一切学习活动都是"本能"，不加区分地让所有孩子都"自主"学习，就都有偏颇之处。因为，自主是未成年人重要的发展目标。尽管自发的"自主"是每个儿童都会的，而自觉的自主，在正确把握自我与外在世界关系的基础上，能作出科学选择，并能承担其后果的自主，则绝对需要一个教育、学习、实践的反复过程。在这个过程中，教师的指导及干预，甚至是某些惩戒和制止，都是必要和必需的。以实践学习者为中心的教学，就是一味顺从儿童的自发性要求，或一味鼓励支持儿童的合理不合理尝试，不仅不符合儿童发展需要，而且违背"以人为本"原则的基本内涵。相当长的时间里，人们过分强调未成年人的不成熟性，因而剥夺了他们选择、尝试的机会，这种偏差当然应该纠正；而目前又有不能正确把握未成年人主体的特殊性，进而淡化甚至放弃教育管理责任的倾向，也是必须警惕并纠正的。

当然，强调未成年人作为主体的不成熟性，强调"自主学习"、"主体性发展"，首先是教育目标和追求，而不是中小学教育的出发点。这并不是主张越俎代庖，让教师或家长代替少年儿童决定一切，尤其是不要剥夺学习者的选择、参与机会，因为主体意识也罢，主体行为能力也罢，都必须在学习者的认识与实践的反复运动中才能逐渐发展，才能为学习者所体验、感知、认同、内化。应该尊重发展中主体不成熟的需求和意愿，创设相对安全而可控的发展环境，让他们"在选择中学习选择，在尝试中学会负责，在参与中发展自我"，让他们有机会、有可能逐渐在学校、家庭、社会的保护下，走向社会，直面人生。

从这个意义上说，遵照"以人为本"的原则设计安排未成年人的发展活动，不仅需要成年人(包括教师和家长等方面)以高度负责的精神进行科学规划,而且需要发展中的主体,即未成年人的积极参与。教育工作者需要落实未成年人实践、尝试的活动权利,还需要随着未成年人年龄增长,逐渐扩大他们在计划的制订与修改方面的权利,并让他们在参与计划和管理的过程中,逐渐学会做自己生活的主人,学会对自己、对他人、对世界的现在与未来负责。所谓"教育工作者要把学生当成人来教育",说的就是这层意思。尊重未成年人的人格,在涉及未成年人利益的问题上听取他们的正确意见,说服他们接受教师或社会的正确意见,坚决杜绝一切可能损害他们根本利益的行为,都是"把学生当成人来教育"的具体表现。

"以人为本"的科学发展观,是深刻而系统的思想体系,是马克思主义中国化的体现,也是中国特色社会主义理论,继邓小平理论、"三个代表"重要思想以来的重要发展。本文只是笔者个人的粗浅学习体会,并尝试据此分析了若干教育问题,不当之处,还望读者指正。

——北京市教科院原副院长、研究员文喆,原载《人民教育》,2008年第1期

第六章　团队合作理念：师德修养的催化剂

上下同欲者胜。

——孙武

二人同心，其利断金。

——《易经》

人心齐，泰山移。

——中国谚语

凡是教师没有集合成一个集体的地方，凡是集体没有统一的工作规划，没有一致的步调……那里不会有任何的教育过程。

——马卡连柯

正确地进行教育不是一件简单容易的事，而是一个复杂和困难的任务……要点钻研，要点机智，要点忍耐，要点自制。

——斯宾塞

第一节　团队合作释义

　　无论是学校的教育管理者，还是站在讲台上的教师，从表面看，是一个个教师独自管理、独立上课，各做各的事，互不干扰。这看似是无联系的一个画面，实际上世上再也没有什么其他工作，能比教师更需要团队合作的精神，也更能体现团队合作的精神。一个和谐创新的学校氛围的形成，需要一个坚强团结的师资队伍；一个积极向上的班级，需要一个价值观、世界观一致的教师团队；一个学校精神风貌的展现，需要全体师生的共同奋进。

　　现代学校教育是一项系统工程，教师的劳动是社会劳动的一部分，是在人们的相互联系中进行的。要培养好一批人才，既需要学校教育、家庭教育和社会教育的配合，更需要学校内部各部门的通力合作，才能使学校的各项工作有秩序地进行。任何学校，离开了集体和同事之间的团队合作、互相帮助，其后果是不堪设想的。教育只能是教师集体的事业。集体事业，就要发挥集体优势，注重整体效益，如果一个学校的全体成员，能够目标一致，步伐一致，齐心协力，共同前进，就会形成一种势不可当的力量。反之，一个学校如果四分五裂，帮派林立，各吹各的号，各唱各的调，就必然是一片混乱，教师不能把主要精力用于工作，将会造成这个学校的灾难。

　　现代教育是一种集体协调性很强大的职业劳动。因为一个人的成长需要许多人从多方面、多角度、多侧面实施立体交叉式的教育。就学校内部而言，任何合格人才和劳动者的培养，都是教师群体劳动的结晶，都是教师群体共同协作的结果。教师的群体协作对学生来说，是一种重要的教育资源，也是为人师表的重要体现。因此，团队合作是教师职业的基本要求，是教师职业道德的基本内涵。

一、什么是团队合作

1. 团队

（1）团队的概念

　　团队是为满足创造性、灵活性和高水平绩效的新型组织的需求而设计出来的，是由少数为达到共同目标、具有互补技能、完整工作指标和方法并共同承担责任的人组成的群体。

　　在团队的研究上，不同的专家研究的结果不同。

组织行为学权威、美国圣迭戈大学的管理学教授斯蒂芬·罗宾斯首次提出了"团队"的概念，他认为团队是为了实现某一目标而由相互协作的个体所组成的正式群体。他认为在团队中，成员的共同努力能够产生积极的协同作用，使团队绩效远大于个体绩效之和，这一点是区别团队与群体的关键。

英国著名心理学家尼克·海伊斯认为，团队是一个能使人想到运动员在接力赛中的形象，想到足球队员在球场踢球的形象。这些形象表明，不同的团队成员担任不同的角色，并且都对最终结果做出贡献。

（2）团队的特点

一个积极发展的团队至少应包含以下四方面特点：其一，团队需要有一个清晰可行的发展目标；其二，每位成员都有为目标做出贡献的可能性；其三，每位成员都愿意为团队目标的达成而努力，而不是被动地参与和付出；其四，每位成员都有属于自己的与团队以外进行沟通的途径，这个途径应该是有效的，是被意识到的，团队成员应该意识到自己生活在组织里而不只是一个团队里。

2. 合作

合作就是个人与个人、群体与群体之间为达到共同目的，彼此相互配合的一种联合行动、方式。有一个故事：有位外国老太来中国，她找了几个中国孩子，让他们做一个游戏，她把几个拴着细线的小球放进一个瓶子里，瓶口很小，一次只能容纳一个小球通过。她说："这是一个火灾现场，每个人只有逃出瓶子才能活下去。"她让每个孩子拿一根细线，时间开始了，只见几个孩子从小到大，依次把小球取出来了。老太很惊讶，她在许多国家做过这个实验，但是没有一个成功过，那些孩子无一例外地都争先恐后地把细线拼命往上拉，导致一堆小球最后堵在瓶口。这些孩子成功的原因在哪里？很显然，孩子们在解决问题时，充分发挥了团队合作的精神，这种精神就彰显了合作的无穷力量。

3. 团队合作

团队合作是共产主义道德和社会主义道德的集体主义原则在教师职业道德中的具体化。人才的培养需要集体的智慧和群体的合力。教师在学校里与同事之间、领导之间的关系是一种平等互助的关系，其共同的目标是为社会主义现代化建设培育人才，为无产阶级培养"四有"新人。由此，团队合作是教师处理人际关系的行为准则，是中外教育史上普遍关注和倡导的一种重要的教师职业道德规范。

团队合作指的是一群有能力、有信念的人在特定的团队中，为了一个共同的目标相互支持、自愿合作、协同努力、合作奋斗的过程。教师生活和工作在学校这个集体中，教师与个人集体的关系，犹如一个人的细胞与机体的关系，每个细胞只有在机体中才能得以生存与发展。因为集体是个人生存和发展的条件，个人只有在集体中，他的智慧和才华才能得以增强和发展，正如著名科学家钱学森说的："现代科学技术研究不能靠一个人的劳动……95％的科学技术都靠集体。……单干是没有生命力的。"只有在集体中，大家相互协作，才能产生巨大力量，这样个人的才智才能得以发挥；只有在集体中个人才能获得全面自由的发展。因为个人的全面发展必须以接受和利用前人或他人创造的物质文明和精神文明成果为前提，个人的全面发展，还必须依靠社会集体力量，依靠参加多方面的社会实践，在能动地改造客观世界的同时，不断改造提高自己，从而获得自由。由此，社会主义道德以集体主义为基本原则，它要求各行各业的人们做到热爱集体，团结合作。

4. 教师团队合作

教育领域对"合作"的关注兴起于20世纪初，并逐渐推广到"合作学习""合作教育"和"教师团队合作"的研究。"合作"的基本释义是两人或多人齐心协力共同做某事。对"教师团队合作"的概念理解则不同学者有不同的视角，大体可分为"事件说""关系说"和"文化说"。

关于"事件说"的观点，邵云雁认为：教师团队合作学习是教师基于自愿和平等的主体关系，因教育教学实践中的问题形成的既有支援性又有批判性且共担不可预测性结果的人际互动关系，是教师的专业生活方式。于聪认为：教师团队合作学习是以教师工作小组为基本形式，系统利用工作过程中各动态因素之间的互动，促进教师的学习，以教师团体和个体成绩相结合为评价标准，共同达到学习目的的学习活动。陈雅玲认为：教师团队合作学习是教师团队合作学习是以教师团队为主体发生的积极互依、合作互动、知识共享，从而实现教师共同发展的学习活动与过程。

关于"关系说"的观点，马玉宾认为：教师团队合作学习是教师们在日常生活中自然而然地生成的一种相互开放、信赖、支援性的同事关系。饶从满认为：教师团队合作学习是教师为了改善学校教育实践，以自愿、平等的方式，就共同感兴趣的问题共同探讨解决的办法，从而形成的一种批判性互动关系。哈格里斯夫认为：教师团队合作学习是教师们在日常生活中自然而然地生成的一种相互开放、信赖、支援性的同事关系。

关于"文化说"的观点，刘广苏认为：教师团队合作学习是一定的教师群体在学校共同目标的指引下，对一定的教学科研任务进行明确分工，并在各自分工负责的基础上相互配合，实现共同目标的文化。

可见，从不同的概念理解中可以提炼出教师团队合作的共同特征。本文对教师团队合作的概念理解更倾向于关系说和文化说，并认为合作的好坏与关系的建立效果是相关的，由此，将教师团队合作定义为：教师在教育教学中围绕共同目标所建立的互动、开放、有序的关系。

二、团队合作的特点

1. 要有一个好领头人

柳斌同志在 1995 年给教育部中学校长培训中心成立五周年时的题词中指出："我们应当认识、理解并牢记这样一句话：一个好校长就是一所好学校。"在这里说的"好校长"就是一个学校的带头人的问题。一个"好"字，就是对校长标准的要求。在义务教育阶段，一个好校长的标准要具备六个方面：规划学校发展；营造育人文化；领导课程教学；引领教师成长；优化内部管理；调适外部环境。所以，学校发展得好不好，团队队员只负责向负责人提供结果，最终结果的好与坏不是团队的成员负责，而是校长对最终结果负责。可见，一个好领导人是多么重要。

2. 要有可达到的目标

教师团队合作期望团队每一个教师真正明白这个团队要实现的目标。目标必须是精确的、能被量化的目标，而非模糊的、高不可攀的目标。学校的目标主要来自《学校发展规划纲要》《学校发展章程》等相关文件。制定这样的目标是学校的一项大的工程，必须发挥每个教师的聪明才智，集思广益，制定出符合学校实际的发展目标。

3. 团队资源的共享性

团队要取得成功，成员必须愿意分享他们手中的任何资源，这些资源是团队实现目标所需要的。包括物质资源，如资金、材料、教学设备、师资培训等，也包括精神和情感上的资源，如主意、建议、激情和鼓励等。如果团队资源不能实现共享，不顾团队成员利益，团队成员贡献的积极性就会被削弱，甚至走向完全失败。反之，如果团队成员只顾自己积聚，不顾团队利益，也会弱化团队的功能，最终导致失败。所有的学校都想发展好，为什么就是发展不见起色，这是原因之一。

4. 团队可以有效沟通

团队的有效沟通取决于目标和时间框架，团队成员必须至少一周开一次会议。如果必要，需要更多，有的学校还开晨会。更重要的是，团队沟通要使得每个成员知道什么将继续，可能更重要的是他们在下一次会议之前，对他们有什么期望，达成什么目标。会议切忌时间过长，会议内容要直奔主题。

5. 团队成员要有奉献精神

团队中的教师乐意并且能做团队实现目标需要做的一切而自觉奉献自己的力量。团队不能强迫团队中的教师做事情，任何成员不但不能为了团队牺牲他们私人生活，而且在必要时团队还要时时关心团队成员的生活。根据心理学测验，当团队成员生活不能平衡时，他们不能在行为上表达一致性。

知识拓展

团队合作的相关效应和理论

（1）懒蚂蚁效应：懒于杂务，才能勤于动脑

生物学家研究发现，成群的蚂蚁中，大部分蚂蚁很勤劳，寻找、搬运食物争先恐后，少数蚂蚁却东张西望不干活。当食物来源断绝或蚁窝被破坏时，那些勤快的蚂蚁一筹莫展。"懒蚂蚁"则"挺身而出"，带领众伙伴向它早已侦察到的新的食物源转移。相对而言，在蚁群中的"懒蚂蚁"更重要——"懒蚂蚁"担任着探路、引路、警备等职责。在企业中注意观察市场、研究市场、把握市场的人更重要，这就是所谓的"懒蚂蚁效应"。

（2）木桶定律：注重团队中的薄弱环节

一只水桶能装多少水，这完全取决于它最短的那块木板。这就是说任何一个组织，可能面临的一个共同问题，即构成组织的各个部分往往是优劣不齐的，而劣势部分往往决定整个组织的水平。水桶定律与酒与污水定律不同，后者讨论的是组织中的破坏力量，最短的木板却是组织中有用的一个部分，只不过比其他部分差一些，你不能把它们当成烂苹果扔掉。强弱只是相对而言的，无法消除，问题在于你容忍这种弱点到什么程度，如果严重到成为阻碍工作的瓶颈，你就不得不有所动作。

（3）华盛顿合作定律：团队合作不是人力的简单相加

华盛顿合作规律说的是一个人敷衍了事，两个人互相推诿，三个人则永无成事之日。多少有点类似于三个和尚的故事。人与人的合作，不是人力的简单相加，而是要复杂和微妙得多。在这种合作中，假定每个人的能力都为1，那么，10个人的合作结果有时比10大得多，有时，甚至比1还要小。因为人不是静止物，而更像方向各异的能量，相互推动时，自然事半功倍，相互抵触时，则一事无成。我们传统的管理理论中，对合作研究得并不多，最直观的反映就是，目前的大多数管理制度和行为都是致力于减少人力的无谓消耗，而非利用组织提高人的效能。换言之，不妨说管理的主要目的不是让每个人做得更好，而是避免内耗过多。对一个组织来说，进行详细的职务设计是绝对必要的，只有让每个人都知道自己该做什么，才能遏制"华盛顿合作现象"的发生。

（4）飞轮效应：成功离不开坚持不懈的努力

为了使静止的飞轮转动起来，一开始你必须用很大力气，一圈圈反复地推，每转一圈都很费力，但是每一圈的努力都不会白费，飞轮转动得越来越快。达到某一临界点后，飞轮的重量和冲力会成为推动力的一部分。这时，你无须再费更大的力气，飞轮依旧会快速转动，而且会不停地转动。人在进入某一新的或陌生的领域的时候，都会经历这一过程。如果要让飞轮转起来不花太大力气，条件是要有足够的坚持，这也

意味着得用足够的时间来保证。

三、团队合作的原则

1. 平等友善

与同事相处的第一步便是平等。不管你是校长，还是老教师，还是新进的教师，都需要丢掉不平等的关系，心存自大或心存自卑都是同事相处的大忌。同事之间相处具有相近性、长期性、固定性，彼此都有较全面深刻的了解。要特别注意的是真诚相待，才可以赢得同事的信任。信任是连接同事间友谊的纽带，真诚是同事间相处共事的基础。学校是个人才聚集藏龙卧虎的地方，学校的所有人都要平等友善地对待对方，共同维护团队的荣誉，共同为实现学校发展目标而努力奋斗。

2. 善于交流

同在一个学校工作，你与同事之间会存在某些差异，知识、能力、经历造成你们在对待和处理工作时，会对教育学生产生不同的想法。交流是协调的开始，不要把自己的想法说出来，更要倾听对方的想法，你要经常说这样一句话："你看这事该怎么办，我想听听你的看法。"尤其是在课堂上，更应该加强与学生的交流和沟通，维护好课堂教学秩序，为培养合格人才提供保障。

3. 谦虚谨慎

1997年版的《中小学教师职业道德规范》曾指出：教师之间要"谦虚谨慎，尊重同志，相互学习，相互帮助，维护其他教师在学生中的威信。关心集体，维护学校荣誉，共创文明校风"。团队成员做到谦虚谨慎要在几个方面注意：第一，领导与教师之间，学校领导应该尊重、信任、关心教师，公正、客观地评价教师所付出的劳动，同时要严于律己，各方面做教师的表率，深入教育教学，关心学校的发展。第二，教师与教师之间，彼此尊重，互相帮助，不抢夺时间，不搞"文人相轻"的不道德行为。第三，作为教辅人员要树立全心全意为教育，关心集体，维护学校荣誉，共创文明校风。

4. 化解矛盾

一般而言，与同事有点小想法、小摩擦、小隔阂，是很正常的事。但千万不要把这种"小不快"演变成"大对立"，甚至成为敌对关系。对别人的行动和成就表示真正的关心和祝福，是一种表达尊重与欣赏的方式，也是化敌为友的纽带。

5. 接受批评

从批评中寻找积极成分。如果同事对你的错误大加抨击，即使带有强烈的感情色彩，也不要与之争论不休，而是从积极方面来理解他的抨击。这样，不但对你改正错误有帮助，也避免了语言敌对场面的出现。

总之，作为一名教师应该以你的思想感情、学识修养、道德品质、处世态度、举止风度，做到坦诚而不轻率，谨慎而不拘泥，活泼而不轻浮，豪爽而不粗俗，一定可以和其他同事融洽相处，提高自己团队教学作战的能力。

四、团队合作的道德意义

苏霍姆林斯基说过：教师集体是大家志同道合进行创造性合作的团体，在这里，每个教师都能为集体的创造做出自己的贡献，每个人从集体的创造中吸取精神力量，同时也以精神力量去丰富自己的同志。在教师群体中，每个教师的工作态度、工作能力、工作效益，可以通过比较、鉴别，分出优劣，激励先进，督促后进。同时，教师也可以吸取别人的长处和经验来丰富和对照检验自己，达到互帮互学，共同提高。新时期的人民教师，在同一个集体中，在同一个教育方针的指导下，在各自的岗位上从事着同一个目标——培育人才的工作。他们之间的关系既是一种各司其职，并肩作战的关系，又是一种同心同德、团队合作的关系。这种关系对于实现教育目标，形成教师风格、提高自身素质和能力，形成良好校风，有利于学生良好品德的养成，有着重要的意义。

1. 团队合作是实现教育目标的客观要求

现代社会，一个人的成长需要许多人从多角度、多侧面实施全方位立体交叉教育。现代教育担任培育出具有创新精神和创新人才的任务，这一伟大而艰巨的教育工程不是哪一位教师所能独立完成的，它需要包括各专业学科教师、思想品德课教师、班主任老师和少先队、共青团及各行政管理人员在内的全体教职员工的通力合作。特别是现代社会对人才的要求越来越高，需要学生学习和掌握更多、更新的知识和技能，一个教师即便知识再渊博，也只能完成其教学的一部分，而不可能是全部。只有全体教师团结一致，相互协作，形成集体的智慧和教育的合力，才能产生良好的教育效果，才能培养出德、智、体、美、劳全面发展的"四有"接班人和新型劳动者。可见，一个团队合作的集体是实现教育目标的关键所在。正如苏联教育家马卡连柯说的："如果没有这样团结一致的教师集体，那么所谓正常的教育工作是很难想象的。"教师集体的统一是最有决定性的一件事情。一所学校如果具备了一个志同道合、充满活力的教师集体，那么办好这所学校就有了宝贵的财富和最可靠的根基。

2. 团队合作是教师人格的必备要素

教师作为精神文明的培育者和人类灵魂的工程师，承担着传授知识、传播文化、繁荣学术、弘扬科学、教书育人的神圣而光荣的任务，起着开启民智、哺育人才、承前启后、继往开来的作用。正是教师承担的任务和发挥的作用，以及社会对教师的特殊要求，使得教师在教育实践活动中修养成品德高尚、智力和才能优秀的人，具有完美的人格特征。这种完美的人格形象对学生起着言传身教和潜移默化的作用。成为学生模仿、效法的楷模和榜样。教师的这种人格是由良好的思想政治素质，高尚的道德、品行素质，优秀的科学文化素质和突出的能力素质等构成的。而团结同事、互相协作正是教师高尚的思想、道德和科学文化、能力等素质的综合表现。俗话说"大度集群朋"，教师之间只有在相互尊重、相互了解、相互信任、团队合作的基础上去展开自己的从教活动，才能建立起良好的同事关系，才能化哀怨为理解、信任，变文人相轻为文人相亲，改心存芥蒂为相互支持。

3. 团队合作是提高教师自身能力的有效途径

团队合作不仅有利于教师群体形成合力，也有利于教师自身素质和能力的全面提高。一名教师，仅凭一腔热情来教书育人是不够的，或拥有一个文凭，甚至饱读诗书、满腹经纶但缺少教育经验，也是难以取得成就的。必须加强与同事间的教书和育人的交流，虚心学习他人的长处，只有这样，才能尽快地提高自己，才能进入优秀教师的行列之中。反之，一个教师如果缺乏谦虚诚恳的取人之长、补己之短的态度，缺乏与团队合作的品质，仅靠井底青蛙的视力，单个人去闯、去拼，很难做出成绩，更难提高自身的能力。

4. 团队合作是形成良好校风的重要保障

良好的校风是办好学校的精神力量，它对全校师生员工起着潜移默化的教育和熏陶作用，并长久地影响教师和学生的学习和生活。学生在这样的氛围中就会如沐春风地积极进取，奋发向上，并形成良好的思想道德和个性品质；教师在这样的氛围中，更能发挥聪明才智，提高工作效率，提高教育质量。而良好校风的形成离不开教师团队合作精神，因为教师集体的风气是构成校风的主体，只有团队合作的教师集体才能培养出良好的学生集体，才有形成良好校风的基础。这里说的教师集体的风气，其核心是教师之间的人际关系氛围。教师之间相互尊重、相互信任，团队合作、共同发展，人际关系必然和谐，教师集体的风气必然正，学校的校风也必然好。反之，教师之间如果缺乏团队的合作的精神，就会出风头、拉帮派、闹矛盾、人际关系紧张，不可能形成良好的校园风气。

5. 团队合作有利于学生良好品质的形成

教师们具有团结友爱、协作的优秀品质，使学生看在眼里、记在心头。特别是当前的在校学生中独生子女占主体，他们在智力、才能等方面有得天独厚的优势，但又存在家庭生活空间与心理空间的狭小，在很大程度上促成他们的"自我专注"，使得他们处理人际关系及利益关系的能力较差，合作意识不强等。进入学校后，他们把教师作为学习的榜样，教师的言行对他们产生潜移默化的影响。因此，教师的团队合作精神对学生的良好品德形成有重要的作用。

道德故事

利人利己

在远古的时候，上帝在创造着人类。随着人类的增多，上帝开始担忧，他怕人类的不团结，会造成世界大乱，从而影响他们稳定的生活。为了检验人类之间是否具备团队合作、互帮互助的意识，上帝做了一个试验：他把人类分为两批，在每批人的面前都放了一大堆可口美味的食物，但是，却给每个人发了一双细长的筷子，要求他们在规定的时间内，把桌上的食物全部吃完，并不许有任何的浪费。

比赛开始了，第一批人各自为政，只顾拼命地用筷子夹取食物往自己的嘴里送，但因筷子太长，总是无法够到自己的嘴，而且因为你争我抢，造成食物极大的浪费，上帝看到，摇了摇头，为此感到失望。

轮到第二批人类开始了，他们一上来并没有急着要用筷子往自己的嘴里送食物，而是大家一起面对面坐成两排，先用自己的筷子夹取食物送到坐在自己对面人的嘴里，然后，由坐在自己对面的人用筷子夹取食物送到自己的嘴里，就这样，每个人都在规定的时间内吃到了整桌的食物，并丝毫没有造成浪费。第二批人不仅仅享受了美味，从此，还获得了更多彼此的信任和好感。上帝看了，点了点头，为此感到欣慰。

但世界总是不完美的，于是，上帝为第一批人类的背后贴上五个字："利己不利人"；而在第二批人的背后贴上另外的五个字："利人又利己"！

故事启迪

看完故事，请大家想三个问题：一是在你的身边有类似的故事发生吗？如果有请你用笔把它写出来。二是你在和同事处理同一件事情的时候，是怎样处理的，有什么感想吗？请把感想写出来。三是如果上帝奖励了前一类人，而对后一类人不奖励，你有什么态度吗？在你的身边发生过这样的事情吗？请用你的笔把它写出来！

第二节　教师团队合作的途径

教师在孤立中不可能实现自己的成长，更谈不上学校整体教育教学质量的提高。学会积极沟通与合作是当今时代的要求，合作意味着为了共同的目标，能够积极地施予帮助，同时在必要时敞开自我，坦然接受别人的帮助。研究表明，学校成功的决定性因素在于教师专业成长的合作关系；教师专业成长的决定性因素也在于校内教师的合作关系。教师合作有利于学生学业水平的提高，有利于学校教育水平的改善与教育氛围的提升，有利于教师职业人生的发展与完善。加强教师与学生、教师之间、教师与教育管理者、教师与家长之间的团结，促进学校整体合作精神的形成，学校的整体教育智慧才能得以提高。

一、教师之间的合作

本校教师尤其是同级学科教师，应多进行合作。对于同一课题文章，教师的理解、处理、选择的教学方式，以及整体的设计等方面的差异也是很大的。这种差异为教师间开展合作性的教学活动提供了基础。这种合作途径可以通过同伴互相辅导、求证，小课题合作研究等达到目的，还可以聚焦某个教学目标任务。把完成统一教学任务而采取的各种不同的方法和方式进行对比，不断地改进设计和选择教学活动，评估学生的学习成绩，反思课堂教学的所得与所失。

开展与本校教师之间的合作，要处理好与同事之间的关系。处理好同事之间的关系，一般要坚持三条原则：一是互相尊重。既要尊重与自己感情较好、观点相近的同事，也要尊重与自己联系较少、观点相左的同事。要注意克服自傲、妒忌的心态。当与同事发生矛盾冲突时，要宽容大度，虚怀若谷。二是优势互补。教师之间的交往应充分挖掘互补功能，使教师在互相交往中实现思想上的互助、信息上的互换、情感上的融合和知识上的整合。以提高整个队伍的专业化水平。三是情感互动。在互动中争取每个人价值的最大实现，从而在整个教师群体中，形成互相欣赏和促进、互相关心和帮助、互相竞争和合作的交往范围。

与其他教师建立良好的同事关系，我们可以尝试着从以下一些方面来努力。

第一，主动开发、培养广泛的兴趣爱好，使你有更多的渠道和机会与更多的同事接近和交往；

第二，与其他教师进行学习和教学上的争辩，但掌握好争辩的分寸，避免使用过激和尖刻的语言；

第三，表现友好相处的愿望，学会"雪中送炭"，在关键时刻送上温暖，表达你的关切之心；

第四，遇事设身处地的替他人着想，及时、妥善地处理矛盾，遇到矛盾学会退让、等待、迂回。适可而止，给对方留点退让的余地；

第五，不在别人背后说三道四，不传播各种小道消息，尊重他人的"私人秘密"；

第六，学会文明的交往礼仪，遇见同事主动打招呼，灵活运用礼貌用语；

第七，经常做一些有益的反思，促进同事间的和谐交往。

二、教师与教育管理者的合作

学校教育管理者具有双重身份，既是教育专家或教学能手，又是管理专家或优秀管理者。学校管理者虽然没有身临教学第一线，但应该通晓教学内容、教学方法、教学规律。学校管理者时时刻刻在关注着学校教学的发展，丝毫没有懈怠的迹象，为什么在中国那么多的教育专家都来自教育管理阵营呢，除去占有一定的有利资源外，这个也是特别重要的原因。因此，学校教育管理者对教师的态度和看法对一个教师工作的开展和成绩的取得起着重要作用。为此，教师会同教育管理者协调、沟通、阐明自己的教育理念，明确自己的工作计划，制定自己的工作方案，以赢得学校的认可和支持。反之亦然，也会影响教育管理者以更加认真负责的态度管理学校工作，从而促进学校的发展和改革，促进学校的教育教学质量的改善和提升。下面我们来看《汤石》的故事，进一步说明团队合作的重要性。

有一个装扮像魔术师的人来到一个村庄，他向迎面而来的妇人说："我有一颗汤石，如果将它放入烧开的水中，会立刻变出美味的汤来，我现在就煮给大家喝。"这时，有人找了一个大锅子，也有人提了一桶水，并且架上炉子和木材，就在广场煮了起来。这个陌生人很小心地把汤石放入滚烫的锅中，然后用汤匙尝了一口，很兴奋地说："太美味了，如果再加入一点洋葱就更好了。"立刻有人冲回家拿了一堆洋葱。陌生人又尝了一口："太棒了，如果再放些肉片就更香了。"又一个妇人快速回家端了一盘肉来。"再有一些蔬菜就完美无缺了。"陌生人又建议道。在陌生人的指挥下，有人拿了盐，有人拿了酱油，也有人拿了其他材料，当大家一人一碗蹲在那里享用时，他们发现这真是天底下最美味好喝的汤。

这个故事说明当你贡献自己的一份力量时，众志成城，汤石就在每个人的心中。在学校中，无论是教师，还是教育管理者，本质上都属于教师范畴，都是为学生发展和成长服务的。因此，只要具有团队合作的精神，就会为学校的发展贡献力量。

三、教师与学生的合作

这个问题，在前文已有叙述，在此只做简单陈述。首先，教师要尊重学生、关爱学生、呵护学生，对学生不能有打骂、挖苦、讽刺、打击等行为的发生。教师应该处处为学生的学习、生活着想，为学生的发展着想，为学生的未来着想。教师要平等、公正对待每个学生，从小给学生种下平等、公正的种子。其次，学生应该尊重教师的劳动，教师的每一节课都是花费了巨大心血认真准备出来的，学生要认真、积极、主动地听讲，积极参与问题的讨论，积极回答老师所提的各类问题。最后，教师和学生的关系应该是融洽的、和谐的，应该是教师是教师，学生是学生，意思是教师和学生都要把握好自己的身份和角色，不要为了与学生和谐共存，就忘记了教师的身份，与学生乱打乱闹，如果这样就失去了师道尊严，最终有害学生的成长和发展。

四、教师与家长的合作

教师与家长合作的主要内容，就是关心孩子的成长。怎样关心孩子的成长应该成为教师和家长的核心内容，但这一点却经常做不好。做不好的原因往往就是要么家长管得过宽、过严，要么管得过窄、过松，有的家长甚至什么都不管，直接推给学校的教师，当起了甩手掌柜。陶行知教育生涯中，遇到这样一件事：

一个孩子的母亲，因孩子把她刚买的一块手表当成新玩具给拆了，就狠狠地打了孩子一顿，并把这件事告诉了孩子的老师，老师幽默地说："恐怕一个中国的小爱迪生被你枪毙了。"母亲不解其意，老师给她分析说："孩子的这种行为是好奇心和创造力的一种表现，要解放孩子的双手，让他从小有动手的机会。你一打他，会把孩子对未知领域强烈的好奇心和求知欲扼杀掉，使孩子失去发明创造能力。""那我该怎么办？"这位母亲听了老师的话，对自己的行为后悔莫及。"补救的办法是有的"老师接着说，"你可以和孩子一起把手表送到钟表铺，让孩子站在一旁看修表匠如何修理。这样，钟表铺就成了课堂，修表匠成了老师，孩子就成了学生，修理费成了学费，孩子的好奇心不但不会伤害，而且还可以得到满足，说不定，他以后会成为爱迪生那样的发明家呢！"

陶行知先生在处理和家长的关系时，既说服了家长，又给了家长合理化的建议，自然地帮助家长怎么教育孩子做出了指导。家庭是学校教育的基础和补充，家长是教师的重要教育伙伴。作为教师要主动与家长取得联系，及时向家长报告和沟通学生的情况；教师在与学生家长接触中要文明礼貌，尊重学生家长，认真听取他们的意见和建议；教师也有义务向家长传播科学的教育思想和方法，促进家庭教育的科学化，是家长在正确的家庭教育思想的指导下，以恰当的教育方式配合学校做好学生的教育工作。

 ## 道德故事

朱熹和陆九渊的"和而不同"

我国南宋时期著名的教育家朱熹和陆九渊的治学态度令人敬佩。他们的治学思想是对立的，曾在一次辩论会上唇枪舌剑，争得面红耳赤，十几天不见分晓。可是，他们并没有因此而互相瞧不起，结下不解之恨，而是友情如常，互拜为师。后来朱熹主持白鹿洞书院，特意邀请陆九渊到学院讲学。陆九渊接到请帖欣然前往，作了生动深刻的演讲，使学生深受教育，朱熹也连声称赞讲得好，事后还把陆九渊的话刻在石碑上，立于书院门口，与学生共勉。

故事启迪

教师作为有知识的特殊群体，往往存在"文人相轻""互不买账""互相拆台"，这种不良风气对教师的团队合作共同育人风气的形成有很大的消极影响，它导致教师之间人际关系封闭、冷淡、甚至对垒，影响教师在学生心中的形象和威望，造成教育力量的消耗，影响教师的成长和发展，也影响学校正常的教育教学秩序，使很多学校的发展规划不能及时落实到位。

第三节　教师团队合作的影响因素

教师团队合作作为一种理念和行动方式，在学校变革和教师发展等领域得到高度认可。但是，知识的高度专业化使教师之间的联系趋于松散，教师团队实质上是一种"松散联合系统"，尤其是在高考指挥棒下的教师为了自己所教科目取得好成绩，更是不愿意把教学经验或研究成果共享。因此，教师对合作的态度往往表现出两种典型的倾向：一是拒绝合作、单兵作战，二是虚假合作。教师团队存在着知识成果共享与开放性不够、团队成员之间缺乏实质性合作、学缘结构不合理导致的知识重叠度过高、缺乏有效的激励和惩罚机制等问题。因此，探究学校教师团队合作行为的影响因素具有重要的意义。

一、主观因素

1. 教师的兴趣点有差异

教师教育学生时，都知道不同的学生有不同的特质，就是孔子所说的"因材施教"。同样，接受过专业教育的教师的特质也是千差万别。由于教师除去教学时间外，属于自己的时间相对较多，教师的兴趣也表现得各种各样：有的教师喜欢运动，有的教师喜欢吹拉弹唱，有的教师喜欢挥洒笔墨，有的教师喜欢外出旅游，有的教师喜欢学术研究，有的教师简笔画非常漂亮，有的教师电脑操作非常娴熟，有的教师爱好书法……教师的兴趣爱好有利于其教育教学工作，更有利于修身养性，但正是兴趣点的不同，导致了教师团队合作的难以建立和持续有效开展工作。

2. 教师的性格本身

报界巨子史量才说："国有国格，报有报格，人有人格。"这里说的"格"，就是个性。一个具有良好道德修养的教师，一定是一个有责任感的教师，他一定对学生充满了爱心，也一定会对课堂精益求精，更会注意自己内在的修养，通过自己的人格力量、学识水平、处世心态、气质修养等给学生树立榜样，从而熏陶学生。又如俄国教育家乌申斯基所说："在教育中的一切都应以教育者的人格为基础，因为只有人格能影响人格，只有性格才能形成性格。"也就是说，只有拥有健全人格的个性教师，才能培养出具有健全人格的个性学生。可见，有个性的教师确实对学生的成长非常重要。但是，从教师团队合作而言，一群个性十足的教师在一起，恰恰又成了难以有效合作的障碍。这就是前边所说的"高度专业化使教师之间的联系趋于松散，教师团队实质上是一种'松散联合系统'"。专业化的水平越高，教师的个性表现得就越强烈，当然如果在加强专业化的同时，不断加强自我道德修养，就能达到为人师的最高境界，达到团队合作的最高精神。

3. 教师本身的学科差异

教师基本都是以专业化发展为前提的，所教学科不同，喜欢钻研的领域自然也不同。由于存在学科的差异性，往往造成"各唱各的调，各做各的事"，互不干扰，大家都在自然地发展着。这样一种状况，团队就难以建立起来，作用也难以有效发挥。

4. 教师参与合作的意愿

教师团队建设过程中会产生一定的合作成本，有显性成本和隐形成本。显性成本就是能够直接计算出来的成本，比如，教案的准备、成员间的研讨、自主空间的侵犯等都属于显性成本；隐形成本就是难以看到的或难以计算的成本，比如，贡献知识后自身竞争力相对减弱、自己的不足暴露无遗等都属于隐性成本。另外，对教师来说，合作是一个非强制性行为，如果一个学校缺乏激励措施或激励机制来鼓励教师团队的合作行为，通过激励在一定程度上来补偿教师的合作所损失的成本，教师参与合作的意愿就几乎不存在。

5. 教师的合作能力和技巧

(1)熟练掌握合作规则。"没有规矩，不成方圆。"团队合作也不例外。一般情况下的团队讨论，能力强的团队成员要等到能力弱的团队成员发表过意见后再发表。这就说明在合作中掌握合作规则很重要：包括如何倾听别人的意见，在团队中如何开展讨论，如何表达自己的见解，如何纠正他人的错误，如何汲取他人的长处，如何归纳众人的意见等。因此，可在团队合作前这样规定：讨论前，团队成员先独立思考，把想法记下来，再由团队负责人安排，各自说出自己的想法，其他人倾听，然后讨论，形成集体的意见后由记录员将其整理出来。这样，每个团队成员都有了思考的机会和时间。

(2)在合作中学会倾听。在开始合作时，要求每个成员学会三听：一是认真听每位成员的发言，眼睛看着对方，要听完整，认真思辨，不插话；二是要听别人的发言要点，培养成员收集信息的能力；三是听后需作思考，并做出判断，提出自己的见解，提高成员反思、评价的能力。在这样要求下训练，引导成员学会反复琢磨、体会，善于倾听成员意见，不随意打断别人发言，为成员提供发表不同见解的空间，以达到相互启迪、帮助的效果，成员不但养成了专心听的习惯，调动了主动参与的积极性，而且培养了成员相互尊重的品质，能体会他人的情感，善于控制自己的情绪。

(3)在合作中学会讨论。交流讨论是团队合作解决问题的关键。每个成员表达了自己的想法后，意见不统一、理解不一致时，就需要通过讨论、争辩，达成共识，解决问题。团队组织者要说明按一定的步骤和方法进行，让不同层次的成员逐步学会讨论交流问题的技能。合作学习中，成员在独立思考的基础上，再通过共同讨论、相互启发，从而达到合作的目的。成员讨论问题后，各成员可以汇报自学或独立思考的内容，其他成员必须认真听，并且有自己的补充和见解。最后，还应将各自遇到的问题提供给全组成员讨论，对达成共识和未能解决的问题分别归纳整理，得出正确的结论。通过这样的讨论，可以培养团队成员的思考、分析、判断和表达能力。

（4）在合作中学会组织。听、说技能是合作学习的基本技能，组织技能就是合作学习的重要技能。组织技能是听、说技能和独立思考的前提。合作讨论的成败与否，很大程度上取决于团队内的组织者，具体做法是：组织者指导进行组内分工、归纳组内意见、帮助别人评价等，另外，为了体现团队内的主体性，可定期更换组织者。通过训练不但提高了合作学习的效率，而且为成员今后立足于社会打下了坚实的基础。

（5）在合作中学会评价。合作学习活动中评价不只是成员对成员做出的简单的评价，其中也包括成员之间的相互评价、成员的自我评价等。评价能力的培养也很重要。组织者不仅要引导团队成员对学习结果进行评价，也要对学习过程进行评价，既要对知识掌握情况进行评价，也要对每个团队成员的情感表现进行评价。通过正确地评价让团队成员的自尊心、自信心和进取心得到保护，激发每个团队成员的发展和创新的活力。

二、客观因素

由于我国传统的管理模式是一种"自上而下"的模式，学校领导者和行政管理部门是管理的主体，教师只能服从上层领导的意愿和执行他们的决策。而造成教师甘愿成为"忠实执行者"的原因，主要是由于学校管理人员和教师缺乏先进的参与民主理念，以及参与制度形式化和参与活动的简单化。

1. 参与者与管理者的团队参与理念落后

学校是一个大团队，大团队建设不好，学校的各个小团队，如专业教学团队等，也很难做好。大团队为什么不能有效地建立起来呢？原因是：由于传统的"官本位"思想在教师心中根深蒂固，这种落后的观念将学校管理人员看做是学校决策权力的唯一行使者，使得教师已习惯听从于管理人员的领导和管理，对管理者和领导产生了依赖感。由于长期如此，教师们已形成了思维定势，认为应该完全服从于学校领导者的"命令"，自己没有权利或义务去参与决策学校事务；而管理者们也已习惯了以"决策者"自居，"独断专行"，无视教师的参与，认为教师的参与将会缩小他们的权力范围，影响到他们"发号施令"，对教师参与管理持有抵触情绪。另外，虽然有些管理者已经意识到了教师参与的重要性并且也愿意与教师分享权力，但是，他们却对教师参与的能力和效果抱有怀疑的态度。他们认为，普通教师缺乏参与决策必须具备的知识和能力，参与能力和参与要求有很大的差距，再加上考虑到团队参与的过程中还要增加参与成本，结果会导致管理的效率低下，所以管理者们不希望教师参与到学校决策的制定中来。因此，在管理实践中，许多学校管理者不能清楚地认识到教师团队所隐藏的强大力量，也没有深刻认识到教师团队参与所带来的诸多益处，比如，教师团队能够集思广益，促进学校管理质量的提高，增进工作中的民主气氛，体现教师与管理者之间的平等地位，以及增强教师的主人翁意识和责任感；团队中形成的合作、互助、信任、共享的团队文化能够取代原有的松散模糊的组织文化，增强组织内的协调与沟通，激发教师的工作热情，提高教师的满意度等一系列的优势。由于管理者和参与者都缺乏民主管理的理念和对团队参与的认识，导致在学校中难于有效实施教师团队参与学校事务的管理。

2. 参与制度设计不健全且未能有效执行

这是从制度保障来讲的。法律法规是学校教师参与学校管理的保障性因素，学校教师参与学校事务管理作为教师的一项基本权利和义务，它的贯彻实施必须由国家制定的相关法律法规予以保障。从我国立法情况来看，教师参与学校管理的法制建设，已经初步形成了《中华人民共和国宪法》《中华人民共和国教育法》《中华人民共和国高等教育法》《中华人民共和国教师法》《中华人民共和国义务教育法》《中华人民共和国未成年人保护法》等一系列清晰的法律，教师参与管理权利的保护在法律体系中呈现出扩张的趋势。但在学校内部管理制度上却显得十分笼统和含糊，存在具体内容界定不清楚、执行不规范等现象。在学校管理制度的有关条款中，虽然都明确提出了教师可以通过所在学校召开的教职工代表大会等其他形式参与学校的事务管理，但是，仔细分析当前所有的教师参与制度，却发现制度本身并没有对教师参与给予详细的规则说明，例如，教师应该如何参与、怎样参与学校管理，参与的范围、程度等，以及在参与过程中所具有的权利和义务没有作出进一步明确的规定，并且在制度的执行中，对教师参与管理的监督、评价和奖惩机制缺乏详细的说明，导致参与制度的不健全，直接地影响了教师参与工作的有效落实和开展。

依照法律法规的规定，教职工代表大会是教师行使民主管理权利的重要形式，但是，教职工代表大会的确立并不意味着保证了教师参与学校各项事务管理的权利。实践证明，教职工代表大会制度等在学校管理工作中促进教师参与管理方面的作用是有限的，而且在监督作用等方面的问题也同样是模糊的，可操作性较差，执行力度弱，众多制度都流于形式，都不具有实效性。由于制度的不健全及执行流于形式，导致教师对制度产生不信任感，造成教师参与热情度、工作积极性偏低等现象的出现，以及教师缺乏参与学校重大决策的机会，对维护和保障自身合法权益就缺少了有力的武器。

3. 参与活动方式过于简单

团队参与的组织形式为教师提供了一个有效的参与途径，目前，各学校在校长负责制的领导下，都实施了以教职工代表大会为主要形式开展的群体参与活动，但也有很多学校没有召开过这样的会议。所以，增强教师参与管理的积极性和有效性，难免有些力所不能及，在实际管理中，通过与学校自身的实际情况相结合开展教师团队参与管理，部分学校实施效果较好，而有些学校的实施效果却差强人意，由于实施参与的方式简单化，许多教师选择参与的机会和渠道也相对较少，限制了教师通过参与管理获取个人发展的积极性。因此，学校应根据自身实际需求来实施参与活动的方式，以开展多元化的团队参与方式，促进教师根据自身的需求和所具备的专业知识技能等方面来选择参与方式，让教师们在团队中能够得到表现自己的机会，有利于提高教师的积极性和工作热情度。

4. 没有合理的激励机制

激励机制是一种美妙的助推剂，它是调动教师参与任何教育活动积极性的一种机制，是教师参与的活力，不仅能够最大限度地发挥出团队成员的潜能，并且可以激发教师团队的归属感和工作热情。建立合理的激励机制对激发教师参与学校管理是非常重要的，能够起到"鼓励先进，鞭策后进"的推动作用。因此，建立健全的教师团队参与激励机制是完善教师团队参与管理制度急需解决的，是重中之重的一个促进环节。下面从宏观方面和微观方面进行建立。

从宏观方面来说，学校应当在教师团队参与学校管理活动中定期开展参与管理评优活动，选拔和奖励在团队参与活动中的优秀团队和优秀参与者，对评选的优秀团队和优秀参与者给予一定的物质或精神奖励，以此激起受奖团队和参与者的自豪感、荣誉感和成就感，同时也能给其他团队和他人以感染和震撼，产生榜样激励效果。

从微观方面来说，团队内部应对团队成员参与管理的表现和成就设立内部激励机制。在团队中，对成员而言，拥有合作进取的工作氛围也是一种激励参与管理的动力，团队领导者应该懂得营造团队成员之间相互依存、相互协作的合作氛围，让团队成员经常得到团队领导或同事的肯定和赞赏，使教师们乐意在这样的团队中甘愿做出贡献。另外，团队领导者还要善于发现团队成员的工作成效，根据成员工作性质、水平、对团队的贡献程度以及所取得的成就，实行"论功行赏"的激励办法，体现出成员不同的工作态度、工作成效之间的激励差别，从而促进团队成员参与管理的积极性、主动性和持久性。

5. 没有完善的评价机制

评价机制作为团队参与的一个重要环节，是在"以人为本"理念下加强教师团队参与建设的重要组成部分，也是对教师团队参与情况的一种价值判断活动。评价机制的实施能够对教师团队具有指导、判断、激励的功能。通过评价发挥教师参与的激励作用，帮助教师能够更科学准确地认识自我，以此增强教师的自信心。因此，建立科学的评价机制，是调动教师团队工作积极性、促进教师自身发展、提高学校质量的重要机制。一般而言，教师团队的评价主要是对团队成员参与管理过程中工作绩效情况的评价。根据团队设定的参与目标，采用科学的方法评价团队成员工作目标的完成情况和工作职责的履行程度。换言之，即是对教师参与管理的工作表现进行系统描述和考核，及时将评价的结果反馈给团队组织和教师个人的过程，有助于发现教师工作中存在的困难和问题，利于团队成员之间达成共识。

评价机制的方式主要有：一是鼓励性评价。即在进行评价时，应突出以鼓励性评价为主，注重保护教师团队成员的自尊心和自信心，任何人都希望自己是最优秀的；如若采取批评性的评价方式，容易打击教师团队成员的自信心和参与管理的积极性，造成教师产生"丢面子"、自己技不如人、差人一等的想法，由此不接受评价意见和抵触参与学校任何活动。因此，学校在进行参与评价过程中，应以鼓励性评价为主，而不要采用批评的方式，以评出最优秀的团队或者个人为主，而不是评出最差的团队或个人。这样可在团队内部树立榜样，激发团队的参与热情，以调动团队成员参与的积极性，也可以带动个别有消极倾向的成员的积极性。二是交互式评价。所谓交互式评价，就是指教师团队成员之间以公正、公平的态度对对方进行评价。传统的评价机制是由上至下的评价方式，这样的评价方式只能导致教师被动接受评价意见，而且在评价过程中并不能真正的公平、公正，容易使教师对评价机制产生不信任，使评价机制陷于形式化。由于交互式评价的平等性，在参与过程中实现教师团队之间的交互评价，能使教师真正地展现自己，主动、自愿地接受其他成员的评价意见，并且愿意积极地帮助他人，以此推进教师团队参与管理的合作与发展。另外，为保证评价的公正和公平，在团队成员之间进行相互评价打分的同时，必须将成员得分的情况作出解释，以此作为打分的依据来准确评定。三是整体与个体的结合评价。对团队进行综合性评定时应注重团队的整体评定和团队成员的参与情况相结合。在对团队参与的绩效评价中，应将绩效分为团队整体绩效和团队成员绩效两部分，不能笼统的将团队中优秀成员的业绩视为团队所有成员的业绩，以此彻底打破"吃大锅饭""搭便车"现象的产生，这样的评价才能对团队成员产生真正的激励作用，为团队和成员个人指明努力的方向，从而提高管理水平和管理效率。

 **道德故事**

批评中成长

2003年，新一轮的基础教育课程改革在全国范围内全面铺开。作为学校的教研负责人，我大量地阅读相关的课改资料，主动接受全新的教育形式，为自己的教学指导工作做好准备。开学不久，学校举行了首届课程改革研讨课改活动，课后进行评课。面对做课教师，我真诚而坦率地发表自己的意见。评课结束了，同组的范老师挽着我的胳膊与我同行："王老师，你的评课很具体，对教材的理解很透彻，不过你的评课是不是太随和了？新课程应该怎样评课，我们真想结合课例听一听相关的理论知识。"

是这样吗？我仔细一回味，的确如此。评课中，我"侃侃而谈"的是内容的枝节；"滔滔不绝"的是课堂的细节。这样的评议，对讲课者，对其他老师有什么帮助？虽然套用了几句新名词，但那显然是在贴标签。回想自己参加课改培训时，听专家讲座时，也是多次热血沸腾的，特别想将新理念传授给所有老师，但从未付之行动。

范老师的批评虽然轻声细语，在我听来却如醍醐灌顶。她的批评令我难堪，令我羞愧，更令我心灵受到强烈的震撼。我终于明白了一个很简单而又很重要的道理：没有理论的指导，当然是新瓶装旧酒；没有理论的指导，当然无法深入到新课改之中。让这句批评的话语，在我心中沉淀吧。我狠下决心，每天抽出一定的时间读书学理论。

前不久，我校进行课改汇报课，我担任主评。我结合课例，有理有据，层层深入进行剖析。评课结束时，老师们不约而同地给我长时间的热烈的掌声。范老师走过来夸奖道："听你的评课真过瘾，你也快成专家了。"

而此时此刻，我内心充满感激，我默默说道："范老师，是你的批评，使我有了这样的长进，你才是真正的课改引导专家。"

——王慧聪：《同事，身边的课改指导者》，载《中小学教师培训》，2006 年第 1 期

故事启迪

教师之间真正的合作，就会有批评，批评后的态度是生气、牢骚，还是奋进、知耻而后勇，全取决于当事人自己。故事说明了该教师由于同事的批评或善意的提醒，"狠下决心，每天抽出一定的时间读书学理论"，终于取得了同事的认可。因此，团队合作中不但要有表扬，还要有批评。

 师德体验

驿站传书

一、游戏类型：团队协作型

二、游戏目的：驿站传书游戏被称为"小游戏，大道理"，主要是说通过这个小游戏，使学员强烈意识到，充分沟通对团队目标实现的重要意义；制度规则的建立与修正，比如，凡事预则立，不预则废和执行力是事业成功的关键等道理。

三、场地器材

1. 场地：团体辅导室。

2. 器材：若干笔，写好数字的纸条，若干张白纸，秒表。

四、人数要求

一组 10 人到 20 人，2 组到 8 组。

五、活动时间

45～60 分钟。

六、操作过程

1. 每一支队伍坐成一列，从现在开始所有人不许再发出任何声音，接下来要进行的项目叫驿站传书，这是一个团队项目，到时会将一组信息交到最后一名队员的手中，然后在规定时间内将这组数字传递给第一名队友这里，第一名队友将得到的信息写到前面白板上，以最准确和最迅速的那个队伍为胜者。

2. 得分规则：在准确的前提下以名次记分，按照先后顺序依次得分为 4、3、2、1 分（四支队伍的情况）；如果传输结果错误，记零分；后两轮得分加倍。每轮数字信息难度逐渐加大，由最简单的两位数到分数、对数、开方、小数等。（每组信息不同，最好是相同数字，但是顺序重新排列；最后一轮各组信息相同）

3. 比赛规则：

(1)椅子不动，人不能离开椅子，不能发出任何声音；

(2)头不能向后转；

(3)每轮结束后都可能增加规则。

4. 每轮结束后的补充条款：

(1)不能使用现代化工具；

(2)不允许使用和传递任何工具；

(3)所有人不可从椅子上转身或起身，同时椅子不可移动；

(4)后面队友的手不能超过前面队友的纵截面；

(5)整个过程中不能发出任何声音。

七、注意事项

1. 严禁使用尖锐的物品，活动过程中若是有较为恶劣的传递方式，培训师根据情况予以提醒，随时注意场面控制，时刻大声提醒队员要遵守规则。

2. 学员传递过程中不得动作过重，尤其不得重击头部和掐、捏等等。

3. 夏天不宜在太阳下操作，自然条件恶劣情况下不宜让学员做该项目。

4. 在实施阶段不断提升信息的难度，在每轮结束时一定要留出足够的时间分组讨论，针对每一轮的变化培训师应该注意积极或消极的人，场地的控制和队伍分队要注意分工明确，保证整体布置的均匀。

5. 第一次可以给一个难度中等的数字，数字最好有一定特点如 2009、918 等。

6. 难以分辨的数字不要过多。

7. 可以适当给一次简单得意想不到的数字，以检验学员的应变能力和速度。

8. 不要轻易在数字上做手脚，根号和分数不要轻易使用，有问题都会是培训师的麻烦。

八、培训目标

1. 沟通的方式和必要性(沟通是团队建设的基础,任务完成的保证)。

2. 突破思维定式充分地利用规则。

3. 团队学习的重要性经验的分享。

4. 信息的共享以及及时反馈的重要性。

5. 在特定条件下,让团队更好地做到有效沟通。

6. 提升学员各方面的信息传递和接收时的反馈能力。

7. 体验双向沟通和深度沟通,提升对沟通方法的认识。

 名篇选读

教育的信仰

教育并不是一件容易的事,如一般人所想的。一般人以为教育只是技能的事。有了办事才能,便可以做校长,有了教授才能,便可以做教师;至其为人到底如何,却以为无关得失,可以存而不论。在这种情形之下,做校长的至多是办事严明,会计不乱,再请几位长于讲解的教师,便可邀誉一时了。做教师的呢,只要多少有相当的根柢,加以辩论的口才,也便可邀誉一时了。这还是上等教育人才。等而下之,那些蝇营狗苟,谄媚官绅者流,也未尝不可以做校长!那些凭借官绅势力,不学无术的鄙夫,也未尝不可以做教师!——这班人在五四运动以后,迎受"新潮",又添加了一副逢迎学生的手段。于是上下其手,倒也可以固位,以达他们"有饭大家吃"的目的!读者或者觉得我说得太过,其实决不会的;就以文明的浙江而论,内地里尽多这种情形呢!

至于教育行政人员,那就连技能和才干都在可有可无之列了。只要有援引的亲朋,应酬的工夫,乃至钻营的伎俩,那就厅长也行,科长也行,科员也行;懂得教育——更不用说有研究了——与否,原是不必论的!至于提倡士气,以身作则,那更非所论于这班征逐酒食的群公了!他们只知道趋炎附势,送旧迎新罢了!如此而言教育,怎样会有进步?

但教育行政人员多少总是官僚;官僚原是又圆滑又懒惰的东西,我们本不能属望太奢的。教育的责任,十有八九究竟应该由校长教师们担负的。但现在的校长教师们究竟怎样尽他们的责任呢?让我就浙江说罢,让我就浙江的内地说罢。

那校长一职,实在是一个缺!得了这个缺时,亲戚朋友的致贺,饯行,正和送一个新官上任一般。这是我在杭州常常目睹的。一般人看校长确和教师不同。我有一次偶然做了一个中学的教务主任,家里人写信给我说,你升了级了。照这样算来,校长竟比教员升了两级了;无怪乎一般校长都将校长当"三等县知事"做了!无怪校长公

（是杭州某团体的雅号）诸公千方百计地去谋校长做了！这样的校长，受命之后，先务之急是"串门子"；凡是学校所在地的议员、绅士，在省里的，必得去登门拜访一番，以表示他的敬意；然后才敢上任。上任后第一是安插几个必要的私人和上峰、绅士所荐的人；第二是向什么大学里请一两个毕业生，装装门面，新新耳目；第三是算账，看看出入如何——一般的校长特别注意这件事；第四才是例行公事，所谓教育了！

这是经始的时候如此，至于平常日子，校长除了"教育"以外，也还有他的重大的事，便是应酬官绅和迎送客人！有一个地方的校长，因该地绅士有甲乙两派，互相水火，校长决不能有畸轻畸重之嫌；于是费尽心机，想出一条妙计，每星期请一次客，甲乙派轮流着。这样，两派都不得罪了。这就是他的教育宗旨了！这层办妥帖了，校里的事自然便能为所欲为了！名利双收，全靠这种应酬的本领呢。但"五四"以后，学生也常会蹈瑕抵隙地和校长捣乱；这也很厉害的！校长却也有他的妙法，便是笼络各个首领，优加礼遇，以种种手段诱惑他们，使为己用！也有假手于教师的。各样情形，不实不尽！总之，教育是到"兽之国"里去了！

至于教师们尽他们责任的方法，第一是在于植党。植了党便可把持、操纵了。这种教师大约总有靠山——地方势力；凭了靠山，便可援引同类。有了同类，一面便可挟制校长，一面便可招徕学生；而招徕学生，更为他们的切要之图！他们的手段，说来令人惊叹！在招考的时候，他们便多方请托，多取自己同乡（同县），乃至亲戚故旧之子弟，俾将来可以调动裕如。至于平日呢，或诱学生以酒食，或诱学生以金钱，或诱学生以分数，尤其是无微不至！我知道有一个学校的教师，他每星期必请学生吃一次，香烟、瓜子而外，还有一桌一元钱的菜，这种惠而不费的办法，竟可收着指挥如意的效果呢！

可怜一班心胸坦白的青年只因见识短浅，定力缺乏，遂致为人犬马而不自知，真是怅惘了！金钱诱惑，比较少些；因为究竟太明显了，不敢明目张胆地做去。有用此法的，也只借借贷为名。分数的诱惑行之最易，因为这是教师们高下随心的，而且是不必破费一钱的。但太容易了，诱惑的力量反倒少了。——用了这种种手段，教师们植党的目的完全达到了；他们正如军阀一般，也可拥"学生军"以自卫了！于是威吓校长，排除异己，皆可如意而行；甚至掀起惊人的学潮，给予重大的牺牲于学校与学生！——而他们仍扬扬无惭。他们的教育的全过程，如是如是！

在这种教育现状里，在实施这种教育的学校里，校长与教师间，教职员与学生间，一般的关系又如何呢？这可以一言蔽之，就是"待遇异等"！有操纵的实力的教师与有教授的实力的教师，校长前程有关欲相倚重，自然特别看待；其余却就成了可有可无的东西了！虽是可有可无，在校长却也不无有用。别人送十二月薪俸，这类人不妨和他们说明，少送一个月或两个月；别人照关约所定数目送薪，这类人有时不妨打个扣头——若反抗时，下学期可以请他走路！这些油，不用说都是校长来揩了；岂不是"有用"么？至于教师与教师之间，当然也无善状可言。他们决不读书，更无研究，课余之暇，中有嫖嫖，赌赌，吃吃，以遣时日，在内地里，教师们的嫖赌，是没有什么的；他们更可猖狂无忌了。此外还有讨小老婆，也是近来教师们常有的事。再说教师之于学生，往往依年级为宽严，视势力为厚薄。四年级学生，相待最是客气，三年级就差了，二年级一年级更差了！一班之中，会捣乱的，会说话的，常能得教师的青睐，遇事总让他三分！这种种情形，我想可以称为"阶级教育"罢！

上所述的现象，都因一般教育者将教育看做一种手段，而不看做目的，所以一糟至此！校长教师们既将教育看做权势和金钱的阶梯，学生们自然也将教育看做取得资格的阶梯；于是彼此都披了"教育"的皮，在变自己的戏法！戏法变得无论巧妙与笨拙，教育的价值却已丝毫不存在！教育的价值是在培养健全的人格，这已成了老生常谈了。但要认真培养起来，那却谈何容易！

第一教育者先须有"培养"的心，坦白的，正直的，温热的，忠于后一代的心！有了"培养"的心，才说得到"培养"的方法。像以上所说的校长教师们，他们口头上虽也有健全的人格，但心里绝没有健全的人格的影子！他们所有的，只是政客的纵横捭阖的心！如何利用别人，如何愚弄别人，是他们根本的态度！他们以教育为手段，同时也以别人为手段。以"人"为手段，实在最可恶！无论当做杀人的长刀，无论当做护身的藤牌，总之只是一件"东西"而已！这样，根本上取消了别人与自己对等的人格！而自己的人格，因此也受了损伤；看别人是东西，他的人格便已不健全了！再进一步说，他自己的人格也只作为权势与金钱的手段罢了！所以就"人格"而论，就"健全的人格"而论，利用者与被利用者，结果是两败俱伤！康德说得好，人总须彼此以"目的"相待，不可相视作"手段"；他希望将来的社会是一个"目的国"。我想至少学校是"目的国"，才有真教育可言！

不足与言教育的，我们内地里有些校长与教师，我们真也不能与言，不必与言了。但前文所谓上等教育人才的，又如何呢？我意现在有许多号称贤明的校长教师，都可列在这一等内。他们心目中的教育，可以三语括之：课功、任法、尚严。

课功是指注重事功而言。如设备求其完善，学业成绩求其优良，毕业生愿升学与能升学（能考入大学专门）的，求其多，体育成绩于求优良之外，更求其能胜人：都是所谓课功。事功昭著于社会，教育者之责便已尽了。因为要课功，便须讲效率，便不得不有种种法则以督促之。法则本身是没有力量的，于是必假之以权威。权威有鞭策之功；于是愈用愈爱用，而法则便成了迷信了！在任权信法的环境中，尚严是当然的。因为尚严，所以要求整齐划一；无论求学行事，无论大小，差不多都有一个定格，让学生们钻了进去。江苏有一个学校，乃至连学生剪发的事都加规定；他们只许剪平顶，不许剪他种样子，以表示朴实的校风。抱以上这三种见解而从事于教育的人，我也遇过几个。他们有热心与毅力，的确将教育看做一件正正经经的事去办，的确将教育看做一种目的。他们的功绩，的确也不错。我们邻省的教育者，有许多是这种人。但我总觉他们太重功利了，教育被压在沉重的功利下面，不免有了偏枯的颜色。

我总觉得"为学"与"做人"，应当并重，如人的两足应当一样长一般。现在一般号称贤明的教育者，却因为求功利的缘故，太重视学业这一面了，便忽略了那一面；于是便成了跛的教育了。跛的教育是不能行远的，正如跛的人不能行远一样。功利是好的，但是我们总该还有超乎功利以上的事，这便是要做一个堂堂的人！学生们入学校，一面固是"求学"，一面也是学做人。一般人似未知此义，他们只晓得学生应该"求学"罢了！这实是一个很重要的误会，而在教育者，尤其如是。一般教育者都承认学生的知识是不完足的，但很少的人知道学生的品格也是不完足的。

其实"完人"是没有的；所谓"不完足"，指学生尚在"塑造期"（Plastic），无一定品格而言；——只是比较的说法。他们说到学生品性不好的时候，总是特别摇头叹气，仿佛这是不应有的事，而且是无法想的事。其实这与学业上的低能一样，正是教育的题中常有的文章；若低能可以设法辅导，这也可以设法辅导的，何用特别摇头叹气呢？要晓得不完足才需来学，若完足了，又何必来受教育呢？学生们既要学做人，你却单给以知识，变成了"教"而不"育"，这自然觉得偏枯了。为学生个人的与眼前浮面的功利计，这原未尝不可，但为我们后一代的发荣滋长计，这却不行了。

机械地得着知识，又机械地运用知识的人，人格上没有深厚的根基，只随着机会和环境的支使的人，他们的人生的理想是很模糊的，他们的努力是盲目的。在人生的道路上，他们只能乱转一回，不能向前进行；发荣滋长，如何说得到呢？"做人"是要逐渐培养的，不是可以按钟点教授的。所谓"不言之教""无声之诲"，便是说的这种培养的功夫。要从事于此，教育者先须有健全的人格，而且对于教育，须有坚贞的信仰，如宗教信徒一般。他的人生的理想，不用说，也应该超乎功利以上。所谓超乎功利以上，就是说，不但要做一个能干的，有用的人，并且要做一个正直的，坦白的，敢作敢为的人！——教育者有了这样的信仰，有了这样的人格，自然便能够潜移默化，"如时雨化之"了；这其间也并无奥妙，只在日常言动间注意。

但这个注意却不容易！比办事严明，讲解详晰要难得许多许多，第一先须有温热的心，能够爱人！须能爱具体的这个那个的人，不是说能爱抽象的"人"。能爱学生，才能真的注意学生，才能得学生的信仰；得了学生的信仰，就是为学生所爱。那时真如父子兄弟一家人，没有说不通的事；感化于是乎可言。但这样的爱是须有大力量，大气度的。正如母亲抚育子女一般，无论怎样琐屑，都要不辞劳苦的去做，无论怎样哭闹，都要能够原谅，这样，才有坚韧的爱；教育者也要能够如此任劳任怨才行！这时教育者与学生共在一个"情之流"中，自然用不着任法与尚严了。

法是力量小的人用的；他们不能以全身奉献于教育，所以不能爱——于是乎只能寻着权威，暂资凭借。但权威是冷的，权威所寓的法则也是冷的；它们最容易造成虚伪与呆木的人！操行甲等而常行偷窃的学生，是各校常见的。循规蹈矩，而庸碌无用，但能做好好先生的学生，也是各校常见的。这都是任法尚严的流弊了。更有一件，权威最易造成或增加误会；它不但不能使人相亲相爱，反将使人相忌相恨！我曾见过江苏一个校长，他的热心毅力，我至今仍是佩服。但他任法尚严，却使他的热心毅力一概都埋没了！同事们说他太专，学生们说他太严；没有说他好处的！他于是成了一个孤独的人。后来还起了一次风潮，要驱逐他去职！这就是权威的破坏力！我以为权威绝对用不得；法则若变成自由的契约，依共同的意志而行，那还可存；总之，最要紧的还是人，是人的心！我对于那些号称贤明的教育者所持的功利见解，不以为不好，而以为不够；我希望他们百尺竿头，更进一步！

我的意思，再简单说一说：教育者须对于教育有信仰心，如宗教徒对于他的上帝一样；教育者须有健全的人格，尤须有深广的爱；教育者须能牺牲自己，任劳任怨。

我斥责那班以教育为手段的人！我劝勉那班以教育为功利的人！我愿我们都努力，努力做到那以教育为信仰的人！

——朱自清，《春晖》第 34 期，1924 年 10 月 16 日

第七章　创新理念：师德修养的时代要求

读书无疑者，须教有疑，有疑者，却要无疑，到这里方是长进。

——朱熹

我们发现了儿童有创造力，认识了儿童有创造力，就须进一步把儿童的创造力解放出来。

——陶行知

抓创新就是抓发展，谋创新就是谋未来。不创新就要落后，创新慢了也要落后。

——习近平

如果你要成功，你应该朝新的道路前进，不要跟随被踩烂了的成功之路。

——约翰·D.洛克菲勒

提出一个问题往往比解决一个更重要。因为解决问题也许仅是一个数学上或实验上的技能而已，而提出新的问题，却需要有创造性的想象力，而且标志着科学的真正进步。

——爱因斯坦

脱欧、意大利总理被民选掉，这些事件使经济全球化出现了危机，但经济全球化是历史的大趋势，某些国家某些集团某些个人为了一己私利，不能阻碍住历史的车轮。我国经济实力显著增强，同时生产力水平总体上还不高，自主创新能力还不强，长期形成的结构性矛盾和粗放型增长方式尚未根本改变，国家提出的"一带一路"战略，正是解决我国根本问题的重要举措，怎么完成这样一个具有历史性的艰巨任务，对培养创新型人才提出了更高的要求。因此，作为教师应该紧跟时代特点，转变观念，培养适合时代潮流的人才是当务之急。

2. 科技进步要求教师创新

当今科学技术突飞猛进、日新月异，发展速度之快，令人目不暇接，几天不了解世界大势，就有落伍甚至被淘汰的感觉。在这样一个时代，肩负人才培养的教师，从思想观念上树立起创新理念，把创新理念落实到每个学生身上，由教师来启动一场教育大变革，以迎合未来世界的挑战。正如习近平总书记说的那样："教师是立教之本、兴教之源，承担着让每个孩子健康成长、办好人民满意教育的重任。"

3. 教育现状改变要求教师创新

我国教育自新中国成立尤其是改革开放以来，取得了很大成绩，但还没有从传统的教师讲、学生听，教师提问、学生回答等陈旧的教学模式中脱离出来。虽然教育部门三令五申强调素质教育，但"应试教育"仍然大行其道，有的学校甚至提出"只要走北大清华，怎么做都可以"，这种状况大有愈演愈烈之势，让人十分担忧和无奈。我国经济持续发展到今天，对人才的要求越来越高，各级学校所担负的为社会不断培养各级人才的任务越来越重。这就要求各级各类学校深化教育体制改革，加快教育结构调整，不断改进教学方式和教学方法，在全面实施素质教育中重视并突出创新教育，而教师是教学改革的最终落实者和实践者，所以教师创新意识在一定程度上体现了教育教学的质量和水平。

4. 学生发展要求教师创新

著名的钱学森之问："为什么我们的学校总是培养不出杰出人才？"钱学森认为："现在中国没有完全发展起来，一个重要原因是没有一所大学能够按照培养科学技术发明创造人才的模式去办学，没有自己独特的创新的东西，老是'冒'不出杰出人才。"钱学森之问，包括两个层面：一是学校培养创造发明型人才的模式，二是创新创业型人才在社会上发挥作用脱颖而出的机制。谁之过，当然不是教师之过，但如果我们教师在课堂上时时刻刻以创新的思维去引导、开发学生，那我们的学生就会少一些"循规蹈矩"，多一些奇思妙想，少一些高分低能，多一些真才实学。因此，教师的创新意识是多么重要。

知识拓展

美国对学生的创新教育

一、课堂教学气氛活跃，注重培养学生的批判思维能力

美国的课堂教学，气氛十分活跃，注重课堂上的提问和讨论。美国人有句名言，"没有什么问题是愚蠢的"。师生间的问与答被认为是创新教育的最有效的形式之一。

二、课程教学内容丰富多彩，大力培养学生实践创新能力

美国课程设置的内容是丰富多彩的。其内容比较重视让学生学习与现代经济、社会、科技发展相关的知识，特别注重选择有利于培养学生实践能力和创造能力的教学内容。

三、美国学校考试题目千奇百怪，注意引导学生全面素质和学习潜能的提高

考试的内容与学生的教材没有直接的关系，主要考学生的逻辑、分析、推理等几方面的能力。考题也千奇百怪，如癞蛤蟆是否有听觉？试证明之；试说出一种根源在外太空的东西，并为你的理论作一个完整的辩论等。

四、大力开展研究型课程的学习，着力培养学生的科学探索精神

美国的研究型课程在设计的时候就特别强调对学生创造性能力的培养，其目标设计主要包括：一是注重学生批判性思维、发现问题与解决问题的能力培养。其中最重要的是解决问题的过程，问题能否得到解决倒是次要的。二是使学生能够主动学习，能够有兴趣、有信心、有责任心地探索和解决问题。在课程实施过程中强调学生自主活动。三是使学生通过实践与具体探究的过程，获得知识、能力、态度、情感、品质等方面的发展。四是使教室从封闭走向开放，实现课堂与社会的有机结合。

五、鼓励学生走出校门，积极发挥社区教育的功能

美国学校很注意让学生从社会中、从大自然中获取知识，学生们经常出去旅行，学到什么内容，就到实地参观、考察什么内容，工厂、农场哪儿都去。

三、教师创新教育的特征和对策

1. 教师创新教育是一种方法论教育

无论什么学科，如数学、哲学等都是一种方法论教育。不同的是，数学课培养的是逻辑思维，哲学课培养的是辩证思维，而教师创新教育培养的是创新思维，即教师通过教学手段、教学方法、教学内容等的运用，开发学生的创新意识、激发学生的创新热情、培养学生的创新思维、发掘学生的创新潜力、提高学生的创新能力等。具体地说，就是在教师授课过程中，教师引导学生或学生在学习实践过程中自主寻找创新的课题，进行事物的探索，哪怕一道数学题、一篇语文阅读、一首诗词背诵等都可以在学习过程中自主寻找创新点，进行创新性学习。只要我们教师有意识去做创新引导，

我们的教育就会真正成为创新性教育。

2. 教师创新教育是一种能力教育

教师创新教育本质上是使每个受教育者在潜移默化的学习过程中，不知不觉地提高受教育者的创新能力，即提高受教育者的创新能力是教师创新教育的终极目标。创新能力既是复杂的问题，又是简单的问题，说复杂是因为究竟通过什么途径采用什么方法提高受教育者的创新能力，说简单是因为创新能力体现在生活、工作的方方面面。比如，美国第一个乘坐宇宙飞船上天的宇航员，早在孩提时代就有"到月球上去玩玩"的想法。有一天，当他把这一想法告诉妈妈时，得到的回答是：去玩玩可以，但不要不回来了，否则，妈妈会想你的。这位妈妈所说的话，就鼓励了和保护了孩子的创新思维。在我们的课堂上，天天时时我们的学生都有这样或那样的问题，只是很多时候学生慑于教师的威严，学生的创新思维在不知不觉中泯灭掉了。

3. 教师创新教育离不开知识教育

没有知识教育就没有创新教育，创新教育永远离不开知识的学习和积累。纵观历史上做出伟大成就的科学家、学者、大师等，哪一个不是有着雄厚的基础知识，甚至还有多种爱好，绝不是单单为创新而创新，否则创新就会成为"无源之水，无本之木"。钱学森曾感慨："这么多年培养的学生，还没有哪一个的学术成就，能够跟民国时期培养的大师相比。"大家如果探究一下民国时所产生的大师，就会发现这样一个普通的事实，这些大师几乎都有深厚的国文功底，大数学家苏步青教授曾经建议复旦大学，凡是语文成绩达不到一定要求者复旦大学不予录取，讲的就是这个道理。我们今天的教育之所以不出大师，就是因为教育走上了单一化道路，比如，文理分科造成的弊端就是会研究不会写论文，学制分层导致的是职业教育所收学生都是被高校选拔淘汰掉的一批人。单一化道路出现了有技能无知识、有知识无文化、有文化无技能等奇特现象。所以，知识教育永远是一切教育的基础，不能因创新能力的培养而忽视知识教育。

 道德故事

在权威圣圈面前

1900 年，著名教授普朗克和儿子在花园里散步，他神情沮丧，很遗憾地对儿子说："孩子，十分遗憾，今天有个发现，它和牛顿的发现同样重要。"他提出了量子力学假设及普朗克公式，他沮丧这一发现破坏了他一直崇拜并虔诚地信奉为权威的牛顿的完美理论。他终于宣布取消自己的假设。人类本应因权威而受益，却不料竟因权威而受害，由此使物理学理论停滞了几十年。

25 岁的爱因斯坦敢于冲破权威圣圈，大胆突进，赞赏普朗克假设并向纵深引申，提出了光量子理论，奠定了量子力学的基础。随后又锐意破坏了牛顿的绝对时间和空间的理论，创立了震惊世界的相对论，一举成名，成了一个更伟大的权威。

故事启迪

就这样，一个伟大的创新由于信奉权威使物理学理论停滞了几十年，不能不说是历史的遗憾。从心理学的角度而言，超智商天才儿童占总人口的3％，也就是说，在我们的幼儿园里，如果有100人的规模，按照概率算这100个儿童里可能就有三个孩子是天才，更不用说较高智商者，那为什么这些儿童长大后并没有出现几个天才呢，原因很简单，社会的压制、家长的压制、教师的压制，使天才后天存在和发展的空间大大缩小了，甚至根本就不存在了。

第二节　教师创新教育的要素

创新教育是一项完整的系统工程，创新教育自始至终伴随着人才成长的全过程，既不能急于求成、一蹴而就，也不能漠然处之、错失良机，应该按照科学理念，加强教师的创新意识、创新思维、创新潜能、创新能力的培养，循序渐进、扎实稳妥地开展创新教育。

一、创新意识的教育

(一)创新意识概述

创新意识是指人们根据社会和个体生活发展的需要，引起创造前所未有的事物或观念的动机，并在创造活动中表现出的意向、愿望和设想。创新意识代表着一定社会主体奋斗的明确目标和价值指向性，成为一定主体产生稳定、持久创新需要、价值追求和思维定势以及理性自觉的推动力量，成为唤醒、激励和发挥人所蕴含的潜在本质力量的重要精神力量。

(二)创新意识的内涵

创新意识包括创造动机、创造兴趣、创造情感和创造意志。

第一，创造动机是创造活动的动力因素，他能推动和激励人们发动和维持进行创造性活动。

第二，创造兴趣能促进创造活动的成功，是促使人们积极追求新奇事物的一种心理倾向。

第三，创造情感是引起、推进乃至完成创造的心理因素，只有具有正确的创造情感才能使创造成功。

第四，创造意志是在创造中克服困难，冲破阻碍的心理因素，创造意志具有目的性、顽强性和自制性。

（三）增强创新意识的途径和方法

在长期的工作、学习实践中，每个人都形成了自己所惯用的、格式化的思考模型，这种思考模型就是图式，这种图式不会轻易改变，当我们遇到外界事物或现实问题的时候，总能不假思索地把它们纳入这个图式中，进行思考和处理问题。一旦图式形成，就很难接受新鲜事物，很难从不同的"视角"（思考问题的角度、层面、路线或立场）思考问题，所以我们不断加强创新意识的培养，就是不断突破图式，图式突破的程度和次数决定了创新意识的大小、高低。为了增强创新意识，可以从思维定式和视角两个方面了解增强创新意识的途径和方法。

1. 破除思维定式法

（1）破除"权威定式"

有人群的地方总有权威，权威是任何社会都实际存在的现象。对权威的尊崇常常演变为神化和迷信；在思维领域，人们习惯于引证权威的观点，不假思索地以权威的是非为是非，这就是权威定式。

①思维中权威定式的形成主要通过两条途径：第一条途径是"教育权威"，即在从儿童长到成年过程中所接受的权威。第二条途径是"专业权威"，即由深厚的专门知识所形成的权威。

②权威定式的强化往往是由于统治集团的有意识的培植，而且权威确立之后常会产生"泛化现象"，即把个别专业领域内的权威扩展到社会生活的其他领域内。

③权威定式有利于惯常思维，却有害于创新思维。在需要推陈出新的时候，它使人们很难突破旧权威的束缚。历史上的创新常常是从打倒权威开始的。

（2）破除"从众定式"

①从众定式的根源在于，人是一种群居性的动物，为了维持群体生活，每个人都必须在行动上奉行"个人服从群体，少数服从多数"的准则；然而这个准则不久便会成为普遍的思维原则而成为"从众定式"。

②从众定式使得个人有归宿感和安全感，以众人之是非为是非，人云亦云随大流，即使错了，也无须独自承担责任。人们大部分的行为选择其实都是从众的结果，而很少有经过自己独立的深思熟虑。

③在传统社会中，统治阶级不断强化人们的从众定式，因而排斥那些惊世骇俗的言行和特立独行的人物。

（3）破除"知识—经验定式"

知识与经验有许多不同之处。简单地说，你掌握与了解的一些事物的现象与本质是知识，如何运用你了解的事物的现象与本质则是经验，一般把两种定势统称为"知识—经验定式"。

①知识经验与创新思维的关系，是个较为复杂的问题。知识经验具有不断增长、不断更新的特点，从而有可能使我们看到它们的相对性，经过比较发现其局限性，进而开阔眼界，增强创新能力。知识经验又是相对稳定的，而且知识是以严密的逻辑形式表现出来的，因而又有可能导致对它们的崇拜，形成固定的思维模式，由此削弱想象力，造成创新能力的下降。

②思维上的"知识—经验定式"在以下三个方面构成了"思维枷锁"。

第一，知识经验本身是一种限定或框架，"任何肯定即否定"，因而使人难以想到框架之外的事物；

第二，知识与现实并不能完全吻合，而过去的经验也不一定能适用于现在和未来，因此"运用之妙存乎一心"；

第三，知识经过"纯化"之后，常常只提供唯一的标准答案，既不能完全符合现实，也会扼杀人的创新思维。

③为弱化"知识—经验定式"，或从根本上阻止其形成，人们应该经常进行创新思维训练，以便灵活地运用已有的知识和经验，让它们与自己的智慧同步增长。

2. 扩展思维视角法

（1）肯定—否定—存疑

①思维的肯定视角就是，当头脑思考一种具体的事物或者观念的时候，首先设定它是正确的、好的、有价值的，然后沿着这种视角，寻找这种事物或观念的优点和价值。

②思维中的"否定视角"正相反，否定，也可以理解为"反向"，就是从反面和对立面来思考一个事物；并在这种视角的支配下寻找这个事物或者观念的错误、危害、失败、缺少之类的负面价值。

③对于某些事物、观念或者问题，我们一时也许难以判定，那就不应该勉强地"肯定"或者"否定"，不妨放下问题，让头脑冷却一下，过一段时间再进行判定。这就是"存疑视角"。

（2）自我—人—群体

①我们观察和思考外界的事物，总是习惯以自我为中心，用我的目的、我的需要、我的态度、我的价值观念、情感偏好、审美情趣等，作为"标准尺度"去衡量外来的事物和观念。

②"他人视角"要求我们，在思维过程中尽力摆脱"自我"的狭小天地，走出"围城"，从别人的角度，站在"城外"，对同一事物和观念进行一番思考，发现创意的苗头。

③任何群体总是由个人组成的，但是，对于同一个事物，从个人的视角和从群体

的视角，往往会得出不同的结论。

（3）无序—有序—可行

①"无序视角"的意思是说，我们在创意思维的时候，特别是在思维的初期阶段，应该尽可能地打破头脑中的所有条条框框，包括那些"法则""规律""定理""守则""常识"之类的东西，进行一番"混沌型"的无序思考。

②"有序视角"的含义是，我们的头脑在思考某种事物或者观念的时候，按照严格的逻辑来进行，透过现象，看到本质，排除偶然性，认识必然性。

③创意的生命在于实施，我们必须实事求是地对观念和方案进行可行性论证，从而保证头脑中的新创意，能够在实践中获得成功，这就是"可行视角"。

 道德故事

鬼谷子与创新思维

相传中国古代著名军事家孙膑的老师鬼谷子在教学中极善于培养学生的创新思维，其方法别具一格。有一天，鬼谷子给孙膑和庞涓每人一把斧头，让他俩上山砍柴，要求"木材无烟，百担有余"，并限期 10 日内完成。庞涓不假思索，每天上山砍柴不止。孙膑经过认真思考后，选择一些榆木放在一个大肚子小门的窑洞里，烧成木炭，然后用一枝柏木枝做的扁担，将榆木烧成的木炭担回鬼谷洞，意为"百（柏）担有余（榆）"。10 天后，鬼谷子先在洞中点燃庞涓的干柴，火势虽旺，但浓烟滚滚。接着又点燃孙膑的木炭，火旺且无烟。

故事启迪

作为一名创新教育的实践者，应从中引起思维并受到启发。实施创新教育必须以创新思维为基础，要以更新思想观念为先导，树立新的教育发展观，新的人才观，改革教学内容，创新教学方法，要围绕培养学生的创新能力这一主题思想，来研究教学内容设置和教学的方式、方法，变"授之以鱼"为"授之以渔"，使学生的综合素质和创新能力双提高。

二、创新思维的培养

（一）创新思维概述

1. 创新思维的概念

创新思维是指以新颖独创的方法解决问题的思维过程，通过这种思维能突破常规思维的界限，以超常规甚至反常规的方法、视角去思考问题，提出与众不同的解决方案，从而产生新颖的、独到的、有社会意义的思维成果，是每个人在进行创新活动时所必须依赖的思想基础，包括思维的基本类型和具体思维模式等。一切需要创新的活动都离不开思考，离不开创新思维，可以说，创新思维是一切创新活动的开始。创新思维是思维的高级形态，因此既有一般思维的基本性质，又有其自身特征。

2. 创新思维的特征

(1)思维的流畅性

思维的流畅性指的是思维的发散量或发散程度，在测量上表现为很容易地产生大量的产品(包括想法、观点和技术手段等)。例如，儿童 A 和 B 回答"如果你有了钱准备干什么?"这样一个问题，儿童 A 回答说"买巧克力""买玩具"，而儿童 B 则回答说"买书""买游戏机""买电影票""存银行"和"给妈妈买生日蛋糕"。那么，我们认为儿童 B 要比儿童 A 具有更好的思维流畅性。对于一个教师仍然是这样，有的教师授课过程激情飞扬、涉及面广、重点突出、紧扣教材又能旁征博引、幽默风趣而不失严肃认真、善于引导、知识性趣味性相结合，而有的教师尤其是刚入行的教师大多会表现出上课枯燥无味、前后矛盾、心慌紧张，这些就是思维流畅性的表现不一的缘故。

(2)思维的变通性

思维的变通性有时也叫灵活性，对于同一问题情境，能从不同类型角度去考虑。是指思维发散的类别和不同方面。其主要特点表现为在对待同样的问题上，能够用许多不同的办法和途径，一旦思维出现困难能主动地改变思路，从其他的角度重新考虑问题。因此，变通性不仅表现为产品的数量，而且还主要表现为产品之间的不同性质。比如，对于"面粉有什么用处?"的问题，儿童可以给出许多不同的答案。儿童 A 说出了"可以做面包、蛋糕，喂猪……"等 10 种答案，但所有的回答都与"食物"的性质有关。儿童 B 说出了"做馒头、调糨糊和用来呛人"3 种答案。儿童 B 给出的答案的数量比儿童 A 少，流畅性相对差些，但儿童 B 的变通性要比儿童 A 好，因为儿童 B 不仅利用了面粉的可食性，而且还利用了面粉的黏稠性和飘散性。通过儿童的案例，教师在教学过程中，不要只把教材交给学生，这样不算合格的教师，应该对教材深入备课，对知识进行多方位变通，把精华讲给学生，然后把问题抛给学生，或者让学生设计问题，教师进行全方面辅导，这种表现就是教师思维的变通性。

(3)思维的独特性

思维的独特性，是指思维展开的思路不同寻常，思维获得的结果标新立异，有独到之处，有新颖性的结果。我们要鼓励学生敢于标新立异，善于别出心裁。比如，古代一位先生教学生画画，他引用了韦应物的诗歌《滁州西涧》："独怜幽草涧边生，上有黄鹂深树鸣。春潮带雨晚来急，野渡无人舟自横。"用诗中的最后一句，随手出了一个题目，大家都绞尽脑汁独立思考，布局构思。过了一会儿，学生纷纷完成了画作，老师评讲。多数人画得平平庸庸，没有什么特色，只有一个人不仅画出了冷清的渡口和浮在水面上的空船，他还别出心裁，在船头停了一只小鸟。老师给了这位学生极高的评价，他描绘出独特的意象：春潮、雨、野渡、横舟，一只小鸟正好暗示了无人，诗进行形象思维，引导和开发学生的形象思维。

抽象思维也称逻辑思维，是人们在认识活动中运用概念、判断、推理等思维形式，对客观现实进行间接的、概括的反映的过程。抽象思维作为一种重要的思维类型，具有概括性、间接性、超然性的特点，是在分析事物时抽取事物最本质的特性而形成概念，并运用概念进行推理、判断的思维活动。比如，面对五颜六色的苹果、柑橘、香蕉、菠萝等，我们却说"水果"，甚至说"植物的果实"；面对千姿百态的大雁、海燕、仙鹤、天鹅等，我们却说"飞禽"，甚至说"鸟纲"等，这些都是抽象思维出来的结果。

 道德故事

郑板桥独创一体

郑板桥是清代书画家、文学家，"扬州八怪"之一。他自幼爱好书法，立志掌握古今书法大家的要旨。他勤学苦练，开始时只是反复临摹名家字帖，进步不大，深感苦恼。据说，有次练书法入了神，竟在妻子的背上画来画去。妻子问他这是干什么，他说是在练字。他妻子嗔怪道："人各有一体，你体是你体，人体是人体，你老在别人的体上缠什么？"郑板桥听后，猛然醒悟：书法贵在独创，自成一体，老是临摹别人的碑帖，怎么行呢！从此以后，他力求创新，摸索着把画竹的技巧融于书法艺术中，终于形成了自己独特的风格——板桥体。

故事启迪

创新无处不在，无处不有，关键在于能不能通过事物之间的联系，想别人不所想，思别人不所思。郑板桥就是通过动作思维完成了书法体的转变，创造了符合自己个性的书法体。

（3）直觉思维与灵感思维

直觉思维也称非逻辑思维，是一种没有完整的分析过程与逻辑程序，仅依据内因的感知或依靠灵感或顿悟迅速地对问题答案作出判断和结论的思维。猜想、设想，或者在对疑难百思不得其解之中，突然对问题有"灵感"和"顿悟"，甚至对未来事物的结果有"预感""预言"等都是直觉思维。直觉思维具有自由性、灵活性、自发性、偶然性、不可靠性等特点。比如美籍华裔物理学家丁肇中，在谈到"J"粒子的发现时写道："1972年，我感到很可能存在许多有光的而又比较重的粒子，然而理论上并没有预言这些粒子的存在。我直观上感到没有理由认为这种较重的发光的粒子（简称重光子）也一定比质子轻。"这就是直觉。正是在这种直觉的驱使下丁肇中决定研究重光子，终于发现了"J"粒子，并因此而获得诺贝尔物理学奖。

灵感思维是指凭借直觉而进行的快速、顿悟性的思维。它不是一种简单逻辑或非逻辑的单向思维运动，而是逻辑性与非逻辑性相统一的理性思维整体过程。灵感思维具有突发性、模糊性、独创性、非自觉性、思维灵活活动的意象性及思维高度灵活的互补综合性等特点。灵感在创新活动中如此重要，那么，如何做才能有利于灵感的产生呢？灵感的产生方法很多，大致有久思而至、梦中惊成、自由遐想、急中生智、另辟新径、原型启示、触类旁通、豁然开朗、见微知著、巧遇新迹等方法，这些方法都要经过悬想、苦索、顿悟三个阶段才能达到，不是一开始就能达到的。王国维《人间词话》中说：古今之成大事业、大学问者，必经过三种之境界："昨夜西风凋碧树。独上高楼，望尽天涯路。"此第一境也。"衣带渐宽终不悔，为伊消得人憔悴。"此第二境也。"众里寻他千百度，蓦然回首，那人却在灯火阑珊处。"此第三境也。这种人生三境，用到灵感思维上可以这样说："昨夜西风凋碧树。独上高楼，望尽天涯路。"此悬想也。"衣带渐宽终不悔，为伊消得人憔悴。"此苦索也。"众里寻他千百度，蓦然回首，那人却在灯火阑珊处。"此顿悟也。

 道德故事

爱迪生与鱼雷

爱迪生是伟大的发明家，他拥有很强的创造能力，他这么强大的创造能力来自哪里呢？一方面来自他的勤奋，另一方面是由于他的勤于思考。其实还有一方面是很重要的，那就是直觉，这种直觉不是很容易产生的，它是在不断的创造中形成的。一个人如果没有从事很多的创造活动，那么也很难在创造中产生直觉。所以我们不要认为直觉是可以凭空产生的。

在海战中常用的鱼雷，最初是由亚得里亚海沿岸的一个工程公司的英国经理怀特·黑德于1866年发明的。在1914—1918年间，处于发展中期的德国传统鱼雷，共击沉总吨位达1200万吨的协约国商船，险些为德国赢得海战的胜利。当时美国的鱼雷速度不高，德国军舰发现后只需改变航向就能避开，因而命中率极低，想不出改进的方法。

他们去找爱迪生，爱迪生既未做任何调查也未经任何计算，立即提出一种意想不到的办法，要研究人员做一块鱼雷那么大的肥皂，由军舰在海中拖行若干天，由于水的阻力作用，使肥皂变成了流线的形状，再按肥皂的形状建造鱼雷，果然收到奇效。

故事启迪

从表面看，问题确实非常难，但如果换个角度，就变得容易了，就像哥伦布问"谁能把鸡蛋在桌子上立起来"一样，那么爱迪生用了什么思维就把这个问题解决了？你在教学过程中，是不是也用过这样的思维呢？不妨说一说，写一写吧。

（4）常规性思维和创造性思维

常规性思维是指人们根据已有的知识经验，按现成的方案和程序直接解决问题。

常规性思维的基础是"常规"。常规性思维的特征是：经常按某一规律从事相关的活动而产生的主观能动性，影响甚至决定之后从事的其他相关活动。常规性思维一般是按照一定的固有思路方法进行的思维活动，这种思维缺乏灵活性。

创造性思维，是一种具有开创意义的思维活动，即开拓人类认识新领域、开创人类认识新成果的思维活动。创造性思维是以感知、记忆、思考、联想、理解等能力为基础，以综合性、探索性和求新性为特征的高级心理活动，需要人们付出艰苦的脑力劳动。一项创造性思维成果往往要经过长期的探索、刻苦的钻研，甚至多次的挫折方能取得，而创造性思维能力也要经过长期的知识积累、素质磨砺才能具备，至于创造性思维的过程，则离不开繁多的推理、想象、联想、直觉等思维活动。

 道德故事

三个抄写员

黎锦熙(1890—1978)是我国著名的国学大师。20世纪20年代，他在湖南办报，当时帮他誊写文稿的有三个人。

第一个抄写员沉默寡言，每天都闷不做声，只是老老实实地抄写文稿，错字别字也照抄不误，后来这个人一直默默无闻。

第二个抄写员则非常认真，他对每份文稿都先进行仔细的检查然后才抄写，遇到错字病句都要改正过来。后来，这个抄写员写了一首歌词，经聂耳谱曲后命名为《义勇军进行曲》。他就是田汉。

第三个抄写员则与众不同，他也仔细地看每份文稿，但他只抄与自己意见相符的文稿，对那些意见不同的文稿则随手扔掉，一句话也不抄。后来，这个人建立了以《义勇军进行曲》为国歌的中华人民共和国。他就是人民领袖毛泽东。

故事启迪

从三个抄写员中，我们知道不同的思维就会产生不同的结果。第一个人用的是常规性思维，只会按照一定的固有思路进行工作，思维缺乏灵活性，致使一辈子默默无闻。第二、第三个人用的是创造性思维，能够抓住核心问题，不对原有的事物进行简单的再现和重复，故能成就自己的一番事业。

三、创新能力的提高

(一)创新能力概述

创新能力是运用已有的知识和理论，在科学、艺术、技术和各种实践活动领域中不断提供具有经济价值、社会价值、生态价值的新思想、新理论、新方法和新发明的能力。一个人创新能力的形成是由诸多因素促成的，既包含一些先天性因素，如性格、爱好、特长或缺陷、聪慧或愚笨、灵巧或笨拙以及体格的健康状况等；也包含一些后天的因素，如风俗习惯、家庭教育、文化程度、道德品行、坚强信念、工作作风及信仰等。由此可见，创新能力也是可以通过锻炼、教育、培养得到的。那么教师应该如何培养青少年的创新能力呢？在这里给大家提出四点意见：一是树立创新理念，有了创新意识，创新就会不知不觉产生；二是努力学习科学文化知识，创新离不开文化知识；三是多鼓励青少年，无论青少年学子有什么想法，都要在第一时间进行鼓励；四是注重因材施教，不能搞大一统，对于一些善于创新的学生，予以保护，重点培养；五是注重学生个人特质，每个学生的特质都不一样，我们要用一些测量工具或者在实践中，发现学生的特质，保护和培养学生的特质；六是鼓励学生不断学会革新自我，即不断突破先前已有的定式。

(二)创新技法在创新能力中的运用

1. 方法的重要性

如果把创新活动比喻成过河的话，那么方法和技巧就是过河的桥或船。方法和技巧可以说比内容和事实更重要。有了科学的方法和技巧，才能有更好的创新能力。法国著名的生理学家贝尔纳曾说过："良好的方法能使我们更好地发挥天赋的才能，而笨拙的方法则可能阻碍才能的发挥。"黑格尔说："方法是任何事物所不能抗拒的、最高的、无限的力量。"笛卡儿认为：最有用的知识是关于方法的知识。

2. 定义

创新技法是从创造技法中套用过来的，是指创造学家收集大量成功的创造和创新的实例后，研究其获得成功的思路和过程，经过归纳、分析、总结，找出规律和方法以供人们学习、借鉴和仿效。简言之，创新技法就是创造学家根据创新思维的发展规律而总结出来的一些原理、技巧和方法。它的应用既可直接产生创造、创新成果，同时也可启发人的创新思维，提高人们的创造力、创新能力和创造、创新成果的实现率。

3. 创新技法的运用

(1)智力激励法

智力激励法又叫头脑风暴法或 BS 法，是指一组人员通过召开特殊的专题会议形式，对某一特定问题，与会成员之间互相交流、互相启迪、互相激励、互相修正、互相补充，集思广益，从而达到产生大量新设想的集体性发散技法。这是世界上最早付诸实践的创新技法。智力激励法在 20 世纪 30 年代由奥斯本发明后在世界各国大受欢迎，当然，要想发挥最佳作用，它必须遵循四项基本原则。此法经各国创造学研究者的实践和发展，至今已经形成了一个发明技法群，如奥斯本智力激励法、默写式智力激励法、卡片式智力激励法等。

智力激励法遵循的原则是：第一，自由思考。即要求与会者尽可能解放思想，无拘无束地思考问题并畅所欲言，不必顾虑自己的想法或说法是否"离经叛道"或"荒唐可笑"。第二，延迟评判。即要求与会者在会上不要对他人的设想评头论足，不要发表"这主意好极了！""这种想法太离谱了！"之类的"捧杀句"或"扼杀句"。至于对设想的评判，留在会后组织专人考虑。第三，以量求质。即鼓励与会者尽可能多而广地提出设想，以大量的设想来保证质量较高的设想的存在。第四，结合改善。即鼓励与会者积极进行智力互补，在增加自己提出设想的同时，注意思考如何把两个或更多的设想结合成另一个更完善的设想。

　　(2)奥斯本检核表法

　　奥斯本检核表法是针对某种特定要求制定的检核表，主要用于新产品的研制开发。奥斯本检核表法是指以该技法的发明者奥斯本命名、引导主体在创造过程中对照九个方面的问题进行思考，以便启迪思路、开拓思维想象的空间，促进人们产生新设想、新方案的方法，主要面对九个大问题：有无其他用途、能否借用、能否改变、能否扩大、能否缩小、能否代用、能否重新调整、能否颠倒、能否组合。

　　奥斯本检核表法的优点是：它是一种具有较强启发创新思维的方法。这是因为它强制人去思考，有利于突破一些人不愿提问题或不善于提问题的心理障碍。提问，尤其是提出有创见的新问题本身就是一种创新。它又是一种多向发散的思考，使人的思维角度、思维目标更丰富。另外核检思考提供了创新活动最基本的思路，可以使创新者尽快集中精力，朝提示的目标方向去构想、去创造、去创新。

　　奥斯本检核表法的缺点是：它是改进型的创意产生方法，你必须先选定一个有待改进的对象，然后在此基础上设法加以改进。它不是原创型的，但有时候，也能够产生原创型的创意。

　　(3)和田十二法

　　和田十二法，又叫"和田创新法则"（和田创新十二法），即指人们在观察、认识一个事物时，可以考虑是否可以。和田十二法是我国学者许立言、张福奎在奥斯本检核表法基础上，借用其基本原理，加以创造而提出的一种思维技法。它既是对奥斯本检核表法的一种继承，又是一种大胆的创新。

　　和田十二法的具体体现为：加一加、减一减、扩一扩、缩一缩、变一变、改一改、联一联、学一学、代一代、搬一搬、反一反、定一定，如果按这十二个"一"的顺序进行核对和思考，就能从中得到启发，诱发人们的创造性设想，这些技法通俗易懂，简便易行，得到很大推广，深受学生的欢迎，已取得了丰硕的成果，比如对"加一加"的创新运用：

　　南京的小学生丛小郁发现，上图画课时，既要带调色盘，又要带装水用的瓶子很不方便。她想，要是将调色盘和水杯"加一加"，变成一样东西就好了。于是，她提出了将可伸缩的旅行水杯和调色盘组合在一起的设想，并将调色盘的中间与水杯底部刻上螺纹，这样，可涮笔的调色盘便产生了。

（4）5W1H 法和 6W2H 法

5W1H 法也叫六何分析法，是一种思考方法，也可以说是一种创造技法，在企业管理、日常工作生活和学习中得到广泛应用。

5W1H 是指对选定的项目、工序或操作，都要从原因（何因 Why）、对象（何事 What）、地点（何地 Where）、时间（何时 When）、人员（何人 Who）、方法（何法 How）六个方面提出问题进行思考。

①对象（What）——什么事情。

公司生产什么产品？车间生产什么零配件？为什么要生产这个产品？能不能生产别的？到底应该生产什么？例如：如果这个产品不挣钱，换个利润高点的好不好？

②场所（Where）——什么地点。

生产是在哪里干的？为什么偏偏要在这个地方干？换个地方行不行？到底应该在什么地方干？这是选择工作场所应该考虑的。

③时间和程序（When）——什么时候。

例如，这个工序或者零部件是在什么时候干的？为什么要在这个时候干？能不能在其他时候干？把后工序提到前面行不行？到底应该在什么时间干？

④人员（Who）——责任人。

这个事情是谁在干？为什么要让他干？如果他既不负责任，脾气又很大，是不是可以换个人？有时候换一个人，整个生产就有起色了。

⑤为什么（Why）——原因。

为什么采用这个技术参数？为什么不能有变动？为什么不能使用？为什么变成红色？为什么要做成这个形状？为什么采用机器代替人力？为什么非做不可？

⑥方式（How）——如何。

手段也就是工艺方法，例如，我们是怎样干的？为什么用这种方法来干？有没有别的方法可以干？到底应该怎么干？有时候方法一改，全局就会改变。

6W2H 也叫八何分析法、6W2H 标准化决策/评价模型，是一种通用决策方法，当然它也是一种通用创造技法。在企业管理和日常工作生活和学习中有着十分广泛的应用。

6W2H 是一个以价值为导向的标准化思维流程，是人们在追求理想和目标的过程中，都要经过选择目标（Which）→选择原因（Why）→功能如何→（What）→什么场地（Where）→什么时间（When）→什么组织（Who）→如何提高效率（How to do）→性价比如何（how much）八个方面提出问题并从中选择性价比最高的方法和路径来实现预定目标。

①目标（Which）——选择对象。

公司选择什么样的道路？公司选择什么样的产品？例如，在住宅工业化的过程中，是选择钢结构、木结构还是预制混凝土（PC）结构？是做项目型公司还是做产品型公司？

②原因（Why）——选择理由。

为什么要生产这个产品？能不能生产别的？到底应该生产什么？例如，如果现在做项目型公司不挣钱，能不能做产品型公司？

③对象（What）——功能与本质。

这个产品的功能如何？它能满足哪些客户和人群的需求？例如，对房地产开发商而言，小户型酒店式公寓的功能与本质是投资需求还是单身白领的过渡性住房需求？

④场所（Where）——什么地点。

生产是在哪里干的？为什么偏偏要在这个地方干？换个地方行不行？到底应该在什么地方干？这是选择工作场所应该考虑的。例如，对房地产开发商而言，小户型酒店式公寓建设在经济开发区是否合适？又例如，"到有钱的地方去赚钱"不仅适合于房地产公司的开发区域选择，也适合于个人就业地点的选择。

⑤时间和程序（When）——什么时候。

时间与节奏的把握是十分重要的，例如，制造企业的 just-in-time 理念、房地产大盘的分期开发、分期开盘理念。

⑥组织或人（Who）——责任单位、责任人。

现在这个事情是谁在干？为什么要让他干？如果他是"万金油"，根据老子《道德经》——"知者不博，博者不知"的论断，是不是可以将"博者"换成"知者"？如果按乔布斯法则，一个优秀的人可以顶得上 50 个平庸的人，那么三个臭皮匠肯定不如一个诸葛亮。

⑦如何做（How to do）——如何提高效率。

如何提高效率？最简单的法则就是采用标准化产品。如果公司的组织比较完备，那么是否还可以采取"帕累托改进"？如果公司的组织还不够完善，是否可以采用"卡尔多—希克斯改进"？

⑧价值（How much）——性价比如何。

"三十辐共一毂，当其无，有车之用。埏埴以为器，当其无，有器之用。凿户牖以为室，当其无，有室之用。故有之以为利，无之以为用。"万物皆有其价值，可以利用，物与物的交换，以价值为基础，有可以换无，无可以换有，一切取决于个人心中的那个性价比。

（三）创新品格与创新能力

教师创新品格的培养既不是外部强加的，也不是自然而然形成的，教师的自主意识和内在需要起着重要作用。教师的创新品格是教师专业发展的必要条件，是教师专业发展的内在动力，是实现创新能力发展的基础和前提。教师也只有对自己的创新品格有一种责任感，注重自己的成长和进步，才能使自己的创新品格不断完善、不断提升，使自己始终处在创新能力不断自我更新的发展状态。

1. 创新品格的内涵

品格，也就是个性，指一个人的整体精神面貌，即具有一定倾向性的心理特征的总和。不同的品格，对人的行为举止是有影响的，积极的品格有利于创造性的发挥，负面的品格可能成为创新的壁垒。

创新品格是人们在创新活动中所表现出来的性格特征，是创新精神的重要组成部分。也有人理解为，创新品格是人们在创新活动中所表现出来的较强的意志、情感、自信心、目标兴趣等性格特征。

2. 教师创新品格的打造

(1)制定科学的专业发展规划

一个任教 30 年的老教师，教学效果比不上只教了 3 年的新教师。为什么？因为这样的老教师在 30 年里都在重复着一年的教学经验。又如有的教师，今天想在课堂教学上有所建树，明天又想在科研方面"出人头地"，后天又想在教育学生的方式方法上有新的创举。几十年过去了，昔日的小伙子变成了弯背弓腰的长者，可教学能力"涛声依旧"。究其原因，是因为他们缺乏规划、缺乏对专业发展的自我设计。由此可见，根据自身实际，制定适合自己的专业发展规划并按照规划"一步一个脚印"向前走，是教师培养创新品格的良策。制定专业发展规划，先要分析自我，全面了解和认识自我，要对自己的能力、兴趣、特长、需要等进行全方位的准确分析，要清楚地认识到自己的优缺点，诊断自己的主要问题，认识问题发生的领域、难度，找到自己最擅长的领域和专业发展方向。制定专业发展规划，应考虑到社会、学校和学生的需求。专业发展的根本目标要指向学生的学习需要，将教师个人目标与学生的需求联系起来；应体现学校远景，反映社会对教师的要求；专业发展要与日常的教育教学活动紧密相连；发展规划既要有长远性，又要有可操作性和持续性。根据"缺什么就补什么"的原则，分别制定好长期与近期规划。近期目标的制定，要根据"最近发展区"理论，拟订具体的实施策略，设计行动方案。根据自己的缺陷来确定需要强化的行动措施。如多向同行学习，不断改进自己的教学实践；有选择地强化读书，勤做读书笔记，弥补理论功底的不足；加强和同行沟通、合作，参加各类研训活动，在交流中拓展思维，提高鉴赏和辨别能力等。制定科学的学科发展规划是教师夯实专业基础知识和培养创新品格的基础。

(2)管理好自己的知识

初为人师，我们都会有这样的经历：今天撰写教案时想起昨天看过的一份资料，但无论如何也找不到了，最后只能遗憾地放弃；在备课或撰写文章时，想起了某篇文章上的一个片段很精彩，或者是某本书上的一个材料很有价值，可翻箱倒柜也不见踪影……这种现象说明教师不善于管理自己的知识。教师的知识可分为显性和隐性两大类。学科内容知识、课程知识、学科教学法知识等属于显性知识，这些显性知识可通过阅读等途径来获得；而教育教学实践经验、教学机智、教育教学技巧、教学情境创设力、个人的科研能力、治学策略等隐性知识必须在实践中不断感悟并逐渐累积。对显性知识的管理，可通过自主研修、学习，搜集信息资料，采用系统化分类管理，建立实用的知识管理库。而隐性知识，它基于教师的个人经验和个人特性，镶嵌在教师日常教育教学中，深藏在教师知识的"冰山"下部。对于这些非系统的内隐知识，管理的关键是尽力让其显性化。教师应做有心人，把实践中的智慧、经验，课堂上发生的有意义的事件以及平时观课和教学研讨中有价值的信息及时记录并整理出来，运用叙事研究、案例撰写等把它们外显出来，并通过教育论坛和博客等方式和同行交流、分享，以让自己更好地反思。管理好自己的隐性和显性知识是教师培养自己创新品格的知识基础。

（3）积极开发教学案例

教师在教育教学过程中会遇到很多有意义的事件，如转化"问题学生"失败的教训或成功的经验；课堂教学中处理突发事件的教育机智等。但是许多教师意识不到这些，尽管在日常的工作中也谈论这些问题，但"口头谈论的东西会即刻消失在空气之中"。案例作为教师对所经历的教育教学事件的记录，能反映一个教师专业成长的轨迹，这种记录对教师的专业成长来说是极其宝贵的财富。案例写作，是教师发出自己声音的重要渠道，建构自己知识体系的重要手段。撰写教学案例，它要求教师要对过去的知识进行梳理，对过去的教育教学情境和经验进行审视、批判和反思。"写作是一种有力的思考工具"，通过写作，能让教师在对原有知识和经验重新认识的基础上，获得新的理解和体验。案例写作，更是过去的实践经验和新的理论学习、教育教学智慧之间的交流、对话和碰撞。案例写作，能帮助教师跨越实践与理论的鸿沟，使隐含于自身实践中的缄默理论"浮出水面"。案例写作，必须梳理自己的行动，确立写作主题，围绕主题选择和组织材料，让隐含于实践背后的思想和信念"闪亮登场"，从而确立新的教育教学理念。教师积极开发教学案例的过程强化着创新品格的自主培养。

（4）建立个人教学档案袋

教学案例只关注事件，仅仅是实践中的某一片段，而教学档案袋，则是对自身实践的一种全面系统的记录。教学档案袋是教师对自己工作进程的一种记录，是对自己的工作成就、风格、态度等全面的高度个人化的描述。其功能是可以不断地改进教学，挖掘专业发展的潜力以及培养自己的创新品格。因为在收集和筛选反映教师个体的教学效能的材料过程中，教师必须对实践活动进行再思考，对存储的材料进行再修正，并根据存储的材料对下阶段的教学策略进行调整，所有这些都需要教师不断地反思。因此，教学档案袋不仅是评价教师的工具，更是教师自我反思的有效方法，故而更成了教师培养自己创新品格的重要途径。教学档案袋是一种高度个人化的产品，所以，它没有固定模式，其内容可以包括：你为什么要编纂教学档案袋？如何看待你的学生？你认为你的教学对学生有什么价值？你采用什么样的教学方法？为什么用这样的教学方法？在课堂教学中你组织了哪些活动？如何运用教材？你的教学信念是什么？你的教学风格是什么？诸如此类的问题。当然，教学档案袋切忌变成静态的教学资料堆积，教学档案袋的建设应是动态的、不断完善和不断生成的，这样才能留下教师专业发展的"脚印"。建立个人教学档案袋是教师培养自己创新品格的重要途径。

(5)坚持教学反思

反思是教师获取实践性知识、增强教育能力、生成教育智慧的有效途径。依据教师工作的对象、性质和特点，教师的反思主要包括：课堂教学反思、专业水平反思、教育观念反思、学生发展反思、教育现象反思、人际关系反思、自我意识反思、个人成长反思等。每一种反思类型还可以再细分。譬如说课堂教学反思，还可以分为课堂教学技能与技术的有效性反思、教学策略与教学结果的反思、与教学有关的道德和伦理的规范性标准的反思等。如果按照课堂教学的时间进程，还可以细分为课前反思、课中反思和课后反思等。让反思成为一种习惯，做反思型教师是教师创新人格的一项重要内容。教师的反思可以采用"六个一"制度：每节课后写一点教学反思笔记，每周写一篇教学随笔，每月提供一个典型案例或一次公开课，每学期做一个课例或写一篇经验总结，每年提供一篇有一定质量的论文或研究报告，每五年写一份个人成长报告。华东师范大学叶澜教授认为，写一辈子教案不一定成为名师，若写三年教学反思即可成为名师，若坚持10年20年，就会形成大气候。综观著名教师的成长，都是在学习实践的基础上，写教育书信、教育手记、教育论文、教育专著，逐渐形成大气候的。坚持教学反思是教师培养自己创新品格的重要保证。

(6)进行教育科学研究

教师即研究者。研究是提升教师素养的一条重要途径，主要是通过什么样的研究和怎样研究，才能有效地解决自己教育教学中的问题，提升自己的专业水平。在一定程度上，教育过程是一个不断产生问题、发现问题、解决问题的过程，是一个应用教育理论、探索和研究的过程。苏霍姆林斯基说："如果你想让教师的劳动能够给教师带来乐趣，使天天上课不至于变成一种乏味的义务，那你就应当引导每一位教师走上从事研究的这条幸福的道路上来。"斯滕豪斯在反思课程改革的过程中也指出："从实验主义者的立场看，课堂是检验教育理论的实验室；对那些偏爱自然观察的研究者而言，教师是课堂和学校的潜在的实际观察者……教师拥有大量的研究机会。应该承认，每一个课堂都是一个实验室，每一位教师都是教育科学研究的成员。"所以，立足于研究教育教学现象、探索教育规律的过程，也是实现教师创新品格养成的过程。在教师开展研究的价值取向上，要强调以下几点：第一，教师的研究，要以"解决实际问题，改进实际工作，优化教学效果，提升教学经验"为直接目的；以"转变教育观念，强化理性意识，端正研究态度，提高研究能力"为间接目的；以"促进学生、教师和学校共同发展"为终极目的，不能为了"研究"而"研究"，也不能为了名利而"研究"。第二，问题始终是研究的起点。研究从自己工作中产生的问题开始，研究问题的来源，不只是教学的问题，而且涉及教师工作的全部，涉及现实学校教育和管理的方方面面。第三，教师的研究，不是纯粹的理论研究，而是基于学校，边实践边研究，边研究边实践。作为一项研究，研究者要思考并解决好如下几个问题：为什么研究？谁来研究？研究什么？怎样研究？何时研究？何地研究？研究得怎样？基于教师专业发展的教师研究类型主要有三种：第一，行动研究。这种研究的问题来自教育实践，目的是为了改善实践，在教育实践中实施研究。第二，叙事研究。它是以讲故事或类似讲故事的方式，陈述自己在教育活动或教育经历中已经过去或正在发生的事件，逐步展开剖析、反思，揭示内隐于这些事件背后的意义和观念，并提出改进措施，寻求教育规律。其特征是通过故事叙事来描述人们在自然状况下的教育经验、教育行为、个体化的实践性知识，促进人们对教育的理解和解释。第三，案例研究。其特指以"问题或任务比较典型、教育过程曲折多样、取得显著效果或经验教训、发人深省的课堂教学实例或学生教育实例或管理实例"作为"案例"，展开分析、讨论、研究。进行教育科学研究可以有效地促进教师创新品格的自主养成。

（7）提炼自己的教学主张

教师的精神状态，就是课堂的精神状态。要知道一个毫无理论武装的教师在实践中是永远不能站立的。教师要在学习中实践，边学习边实践，边实践边研究，学习、研究、实践三位一体。教师在教育理论的指导下，深入实践，形成自己独特的教学经验与体会，从一个个具体的教学选择，到背后理念的挖掘，再进行深挖洞式的研究与理论思考，在导师的批驳、修正和指导下，经历一条从个人体验到个人理论的完整道路，实现个人独特理论的创新，形成自己个性化的教学主张。教师在初步形成的教学主张引领下，用课题进一步凝练、提升教学主张。研究从学生学习、发展中的问题出发，在解决问题的过程中促进学生发展。保持教学主张与教改实验互动的张力，使教学主张成为一种现实。教学风格是教师创新人格一个不可回避的问题。教师要在教学主张引领下追求教学风格，只有当自己知道了在教学改革中站在哪里的时候，才说明一个教师具有了自己的风格。一个教师的教学主张只有走向教学风格，才会是真正的名师。成为教育家型教师是一种崇高的追求，其间要经历一个艰难复杂的过程。但教育家型教师必然要走创新之路，做具备创新品格的教师——创新型教师。创新型教师是自主发展型教师，应该具有自主成长的基本素质。创新型教师除了应具备最基本的教学知识和技能之外，还应具有有别于一般教师（教书匠型）的特质，比如，具有高尚的人格，对学生的博爱胸怀；具有复合型的知识结构，特别爱研究，善于反思；具有较强的创新能力，能从自己的研究与实践中不断提炼出教学主张等。经过进一步的发展，逐渐拥有自己的思想，形成自己的理论体系，成为具有鲜明教学风格的教师，进而发展成为教育家型教师。这应是普通教师成为一名具备创新品格的创新型教师的必由之路。

 ## 道德故事

拱手让给了别人

成功进行人工合成尿素实验而享誉世界化学界的德国化学家维勒，由于一时疏忽大意，错失良机，把钒的发现拱手让给了别人。他的老师柏采里乌斯给他写过这样一封信：

"在北方一所秘密的房子里，住着一位绝顶美丽的女神，她的名字叫凡娜迪斯。有一天，一位小伙子来敲她的房门，试图向她求爱。但是，这位女神听到敲门声以后，仍旧舒服地坐着，她心里想：'让来的那个青年再敲一会儿吧。'但是，敲门声响了一次就停止了，敲门人没有坚持敲下去，而是转身走下台阶去了。这个人对于他是否被女神请进去显得满不在乎。'他究竟是谁呢？'女神觉得很奇怪，她匆忙地走到窗口，想去瞧瞧那位掉头离去的小伙子，'啊！'女神惊奇地自言自语道：'原来是维勒！好吧！让他白跑一趟是应该的，如果他不那么淡漠，我会请他进来的，你看他那股劲儿，走过我窗子的时候，竟没有向我的窗口探一下头……'过了一段时间，又有人来敲门了。这次来敲门的人和维勒大不相同。他一直敲个不停。最后，女神只好开门迎客。进来的是英俊的小伙子塞夫斯特伦，他和女神相爱了。他们结合以后，生下了新元素'钒'。"

原来1830年，维勒在研究墨西哥出产的一种褐色矿石时，发现一些五彩斑斓的金属化合物，它的一些特征和以前发现的化学元素"铬"非常相似。对于铬，维勒见得多了，当时就没有在意。一年后，瑞典化学家塞夫斯特伦在本国的矿石中，也发现了类似"铬"的金属化合物。他并没有像维勒那样把它扔到一边去，而是经过无数次实验，证实这是前人从来没有发现的新元素——"钒"。

故事启迪

在这封信中，柏采里乌斯把创新机会比喻成女神。读罢老师的信，维勒在这件事中，唯一可做的就是摇头。从上面的案例可以看出，成功者与失败者、幸运者与不幸者之间的差别，不在创新才能水平上，而在品格上。因此，我们有必要对创新者的品格特征进行研究，弄清创新者具有什么样的品格，影响创造性的品格因素有哪些等。

 师德体验

我的小创新

学完这一章，你会发现教师离不开创新，教师也能够做到创新，创新也不是很难的事情。我们人类有时候被"创新"二字给吓住了，使自己聪明的脑洞一直处于封闭状态。现在就给你机会，开动你的脑筋，去到你的教学生涯中寻找自己曾经拥有的创新和未来要进行的创新。

一、已经拥有过的创新

1. 生活中发现的：_____

2. 学习中发现的：_____

3. 备课中发现的：_____

4. 课堂中发现的：_____

5. 教研中发现的：_____

6. 活动中发现的：_____

7. 交往中发现的：_____

8. 挫折中发现的：_____

9. 成功中发现的：_____

二、将要拥有的创新

1. 生活中怎样做？_____

2. 学习中怎样做？_____

3. 备课中怎样做？_____

4. 课堂中怎样做？_____

5. 教研中怎样做？_____

6. 活动中怎样做？_____

7. 交往中怎样做？_____

8. 挫折中怎样做？_____

9. 成功中怎样做？_____

以上仅列出一部分，如果你还有什么想法，请自备纸张，认真地来写一下吧。当你写完后，你是不是有个冲动，要把自己的创新整理出来，也弄个教学成果专利。老师们，就不要等着了，抓紧行动吧。

名篇选读

基础教育阶段创新人格的培养

时代的发展，需要人才具备较高的创新素养，这不仅是建设创新型国家的需要，也是当代青少年成长发展的自身要求。

创新人才培养，是一项系统工程。其中，基础教育因为对创新人才培养具有奠基的意义，显得尤为重要。但是，长期以来固有的教育传统、家长社会单一的育人目标，都使创新教育在相当多的学校里，被简化成为对某些特殊学生的精英教育，或是在现有课程体系之外添加的特殊内容。更有一些教育工作者，把创新教育简单地理解为对某种技能的培养训练。

正是这种种误区，造成了实际意义上的创新教育在我国很多中小学校依然"空缺"，也造成了我国的创新水平一直落后于世界上发达的创新型国家。多年来，尽管我们的教育一直强调基础，但最能反映我国科技创新水准的国家自然科学奖和技术发明奖，连续四年一等奖空缺。美国中小学被批评基础教育差，而1900年至2001年，诺贝尔科技奖、经济奖的获得者，美国就占了43%。

事实上，在基础教育的日常教育教学中落实创新教育，常常会因为难度大而被忽视。所以，在基础教育阶段进一步加深对创新教育的认识理解，切实加强对少年儿童的创新教育，特别是创新人格的培养，对于落实创新人才的培养，建设创新型国家意义特别重大。

一、创新不是简单的能力，而是综合素质

创新是一种有着特别意义的思维能力，但它绝不仅仅是思维和能力层面的东西，创新实际上是综合素质的体现。

习惯上，我们将大学阶段看作培养创新精神的重要阶段，强调大学要拓宽学生知识面、培养学生的专业兴趣；要开门办学，获得更多实务性质的教育资源；要让学生拥有全球眼光，培养学生追求科学真理的热情、严谨求真的学术态度、坚韧不拔的毅力、敢为天下先的勇气以及为人类进步作出贡献的意识，等等。（徐敏、彭德倩《解放日报》）

但是，这些品质和能力绝不可能凭空而来，大学成功的创新教育一定需要基础教育阶段的积淀。从人的素质看，任何一个推动社会发展，被称之为创新的过程及结果实质上都必须具备三个关键要素：动机、情感支持和能力。

首先，要有高度的社会责任感，有崇尚科学、热爱真理、追求进步的社会价值观，并能够将这些价值观内化为自己的人生奋斗目标和社会行为的基本准则。这是创新行为和能力的最雄厚的基础和根本动力，对于一个人的创新品质和能力具有价值导向的关键作用。

其次，是情感支持，即被我们称为个性品质的部分，一方面应具有科学精神，包括实事求是、精益求精、一丝不苟的科学态度和"敢为天下先"、独立思考、独立判断的科学怀疑、理性批判精神；另一方面应具有广泛的兴趣、强烈的求知欲、坚韧不拔的毅力、果断性、自制力、独立性以及不怕挫折、不惧失败的心理承受能力等意志品质。在一定意义上说，这些个性品质对一个人的创新作为的影响，大大高于具体的思维能力和行为能力。

最后，是具体能力，这里既包括思维方式、智能结构和行为能力，也包括发现问题、规划解决问题、实施落实等多方面的实际技能。

对一个创新型人才来说，以上三方面是不可分割的统一体，是一个人创新素质的不同表现方向。例如，任何心理品质，特别是创新所依赖的个人意志品质，都不可能离开社会价值的支撑，求知欲和批判欲都需要有强烈的价值导向；再如，现代社会的创新既是个人思维能力的一种表现，也必然是团队合作的共同结果。这是因为，任何人的发明创造一定建立在他人实践结果的基础上，任何人的创新都离不开时代背景和同代同仁的努力；同时，知识经济社会进步的一个重要方面就是科学技术发明、推广、转化系统的完善，多人合作已成趋势。所以，合作能力与进步价值、独特思维一道，日渐成为创新素质的重要组成部分。

应该说，从综合素质的视角去解读创新精神和创新能力的培养，事实上是对基础教育阶段的教育提出了更为全面的责任和更为丰富的要求，也更加彰显了基础教育在培养创新人才中的重要性。

二、培养创新人格是重点

与创新技能的培养相比，在基础教育阶段，更应该把创新人格的培养作为重点。所谓创新人格，是指个人在创新方面稳定的不易改变的心理和行为上的一种特质。这种特质一旦形成，就将成为助推一个人持续创新的原动力。

有学者曾对心理学家在描述创新人格特质时使用的话语模式作了统计，发现其中频率最高的是"冒险"和"独立（判断）"，其次是"好奇或广泛的兴趣"。学者用寻求挑战、接受不安定性等来描述创新者冒险的人格特质；用好奇心、广泛的兴趣、易为事物的复杂性所吸引等来描述人格特质的求知性；用独立判断和自信、不受成规束缚、有原创力来描述人格特质的独创性。（翟青《创新力人格特质及其测量方法研究》）

从儿童和青少年发展的角度，要培养孩子的创新人格，首先就要帮助他们树立创新的志向。志向来源于人生的目标和追求。在市场经济条件下，物质化和现实化影响了很多人的人生目标，也带来了当代青少年和儿童成长发展方向上的一些偏向。一些学校功利化的办学方向，一些家长对子女强烈的成功焦虑，直接影响了孩子们的人生目标和奋斗方向。以受教育者作为被动接受思想观念的客体的传统思想道德教育形式，也间接造成了人生价值观念教育、理想信念教育有效性的缺失。

要想有效地帮助学生树立创新志向，有五个方面的价值，特别值得潜移默化地予以传递。

一是祖国利益至上。这既是中华民族优秀传统文化的核心价值，也是当代社会的全球普世价值，是一个人在社会上安身立命的基础价值。

二是坚持大多数人民的利益方向。一个人的人生目标中不能只有个人，只有把大多数人的利益放在自己的人生目标之中，才能获得有意义的生活状态，这实际上也是中国传统价值与现代全球价值的统一。

三是诚信守纪。市场经济是道德经济，诚信是市场经济的基本规则，也是创新精神的内在组成，社会诚信体系的建设，既需要社会制度的安排，也需要社会个体诚信品质的支撑，两者互相配合，社会才能有序运行，个人也才能有所发展。

四是崇尚科学，热爱劳动。科学态度和科学精神是一个内涵非常丰富的概念，涉及一个人的日常生活、工作、学习态度，也涉及一个人的精神世界的构建，对于创新人格而言，更是核心内容之一；同时，劳动作为社会发展的根本源泉，对一个人的社会性发展具有决定意义，现实教育实践中科学精神和劳动教育的不足，一定意义上将会影响整个中华民族未来的创造力，应该引起高度重视。

五是和谐与包容。这是一个人待人处世的基本价值，更是一个人建立良好外部环境的基本原则，包括对他人、对社会、对自然、对自我的和谐追求，这是创新行为的环境基础，也是创新能力的不竭源泉。

要培养孩子的创新人格，还要加强情感和意志教育，帮助孩子形成积极的情绪反应，形成敢为人先、坚忍不拔的意志品质。一个人的情感反应以价值为支撑，但反过来也会影响价值判断和社会行为。特别是在今天，社会价值多元化，人的社会行为更多地会受到内心情感的支撑和左右，更需要孩子形成积极的情感模式和人格特征。可以从以下五个方面入手。

一要培养孩子的乐群性。帮助孩子打破现实生活中人际互动不足、人机交往过多的局面，帮助孩子更多地去体会与人相处的尊敬、信任、赞美、喜悦、热情的正面态度，避免仇恨、嫉妒、厌恶、冷漠、怀疑、恐惧的负面态度，培养他们良好的群体交往心态和一定的交往能力，真正让孩子们喜欢与他人交往，能够体会到与人交往的快乐。

二要影响孩子的自我认知。自我认知是一个人的人生态度的起点之一，形成积极的自我认知，就有了一生不懈奋斗的保证。自我认知包括"清醒地认知自我"和"合理地接纳自我"两个部分。乐观的人生态度、清醒的人生设计都来自认知自我和接纳自我，这也是一个人终生充满创新激情和动力的基础。

三要锤炼孩子抗拒压力和耐受挫折的品质与能力。现代社会是一个充满压力的社会，对于个人来说，只有能够有效地抗拒压力、耐受挫折，才可能获得更多的生存与发展机会。对于创新来说，往往是成百上千次的失败，才有可能换来一次的成功，所以，抗拒压力和耐受挫折是一个创新人才必备的人格特质，它既是创新的需要，也是一个人面对现代社会必备的个性品质，更是当今社会很多青少年最缺失的东西。

四要有意识地培养生命热情和敢为人先的创造精神。在升学、就业等现实压力下，一些孩子缺乏生命热情，对很多事物表现出冷漠的态度，这不仅与创新精神相悖，而且会直接影响到他们未来的发展。事实上，点燃起孩子的生命热情，就等于给了他以创新的不竭动力。

五要帮助孩子掌握自我矫正不良心态的本领。人的心理状态受外部世界影响很大，尤其对创新人才来说，如果产生了不良的心理状态，其产生的后果影响将更大。因此，一个人能有意识地用多种方式调整不良心态，必要时懂得向专业人士求助，是现代人的必备能力，也是一个人创新人格的组成部分。一场运动、一次团体聚会、潜心读一本书、重新布置一次卧室、与他人的一次畅谈等，都是基础教育可以教给孩子养成的排解不良情绪的方式。

三、培养创新人才要讲究方法

创新教育是实施素质教育的组成部分，必须纳入基础教育阶段的全程培养之中。

应该承认，目前基础教育面临着教育体制上的缺陷以及社会教育观念的强大压力，实施有效的创新教育有不小的难度。但这并不意味着我们可以不去作为。在当前，加强创新教育，特别需要我们从以下三个方面去努力。

第一，大力提倡教学观念的变革。回顾著名科学家成长的历程，我们会发现，小学阶段任课教师的思维方式和授课过程中表达出来的思想，常常是构成这些科技人才后来被称之为科学素养的核心部分，所以，基础教育阶段教师的思维方式和思想，对创新人才的影响不仅是终身的，也是最关键的。

教育改革中，教材、教法的改革固然重要，但更为核心的是课堂中任课教师对授课原则的把握和具体的授课方式，特别是教师整体上的态度，即教学过程中蕴含的基本价值（或者叫做工具伦理），虽然是隐性的，但其影响更为长远。

所以，要培养学生的创新人格，教师都必须厘清如下问题：教育的终极目标是单纯传授前人积累的知识，还是使受教育者获得持续发展的能力？是满足于把真理交给孩子，还是努力尝试着带领孩子去寻找真理？对这些看似抽象的问题，教师做出的不同回答，其实体现了他们对于如何培养学生创新人格特质的意识和路径选择，特别是对于那些具有一定创新潜质的孩子来说，更是具有重要的奠基意义。为此，建议在教师的任职资格考试中和教师的考核体系中，增加对专业价值和伦理认知的测试，从任课教师的教育观念入手，切实发挥课堂教学在创新人才培养中的主体性作用。

第二，丰富学生课外社会实践活动，给孩子更多实践、更多方面的自我体验。很长时间以来，中小学阶段的孩子远离了劳动、远离了科学小实验、远离了可以自己动手动脑的活动阵地，课堂之外的体验也变成了风景区、名胜古迹的旅游，甚至是异国的"游学"。昔日热闹的少年儿童小电站、红领巾小火车早已看不见孩子们的身影；麦田、小工厂也成了孩子们不能踏进的禁区。没有实践，没有探索，也就没有创新；靠死读书，靠简单传授，不可能塑造出创新人才。

在这里有两个问题特别值得注意。一是无论课内课外，都要提倡"问题中心"的教育模式。问题中心强调对于具体问题的认识和分析，强调受教育者的主动探求和在实践中认知，强调教育过程中多种教育内容和教育元素的融合，强调从外到里，从浅至深，从表象达到实质的研究、探索、推理和实践。对孩子来说，这就是研究性的学习，是一种主动的学习状态；对教师而言，这是一种精心设计的引领、辅导，比起简单地告诉给孩子，这种带领孩子的探寻，更艰难，也势必更有效。它会激发孩子探求的兴趣，调动其内在对结果的好奇和期盼，在求索过程中，这种好奇和期盼就会转化为对知识的渴望，当成功欲望和求知欲望紧密结合起来的时候，必定是孩子们学习的主动性最为高涨的时候，也是创造精神和创造力最为旺盛的时候。试想一下，当我们催动了孩子们这样一种学习状态的时候，孩子内在的创新品质将会得到怎样的提升。

二是需要切实加强中小学生的劳动教育，给孩子们更多一点接触劳动的机会。劳动实践育人，早已是不争的事实，对于创新素养的培养，劳动更是不可缺失的重要环节。劳动给参与者带来的体验涵盖了人的思想观念、心理素质、社会化发展等方面，是人生的必修课，更是创新精神和能力的摇篮。

改革开放前，中小学教育计划中都有劳动课，而且这些劳动课是货真价实的工农业生产第一线的劳动。事实已经证明，新中国自己培养的第一、第二代科学家、工程技术人员，并没有因在基础教育阶段参加了工农业劳动，而影响了知识的积累和智能结构的培养；相反，正因为有了这种经历，才使得这些人胸怀远大理想，长于脚踏实地，做事认真严谨，遇难坚忍不拔，真正担当起了国家创新发展的大任。

改革开放后，教育出现的问题确实相对较为集中和复杂，而且是各种社会因素共同作用的结果。取消劳动课，可能有多种原因，但对于教育来说，育人唯此为大，为什么不能从育人的实际需求出发，以法定课程的形式给孩子们一点接触真正劳动的机会呢？目前一些学校的思想品德课、少先队活动涉及孩子的部分自我服务性劳动，有时有一些社会公益性劳动，这是远远不够的。从自理开始，逐渐扩大劳动的内容，保证接触到真正的生产性、服务性的社会劳动，是育人的必需，也是培育创新人才的需要。

第三，要切实加强中小学生科技教育。学生校内外科技活动日趋衰减，影响到整个一代人的科技素养，这一问题值得全社会重视。过去校园里轰轰烈烈的"红领巾科技月"、"小发明、小制作大奖赛"、各类科技兴趣小组，在很多学校都没有了踪迹；少年宫的航模、舰模、水电、化学等科技专题活动小组，也大多不见踪影。一些校外教育机构，开办的也大多是语文、数学、英语、声乐、舞蹈、书画、主持等项目，与科技有关的内容日渐减少。这其中的原因复杂多样，后果却简单明了，它将直接影响一代人的科技素养和创新素质，并最终对中国的发展带来影响。

当前，特别需要从政策法规上，给中小学生的科技教育给予制度安排上的保证，要通过相关教育法规文件，规定科技教育的内容、形式、评估体系等；要在教育经费上，给科技教育以必要的经费保证和支持，比例要合理，要切实有实际效果；要加大教师队伍中科普人才的培养，通过政策扶持予以保证；要积极鼓励中小学少先队、共青团以及社会各类青少年服务组织开展多种类型的科技活动，为孩子们的科技教育和创新能力的培养搭建更多、更好的平台。

在今天进行创新人格的培养，还应该特别强调孩子们的群体互动。有位小学校长在谈到今天的体育课要把孩子的安全放在第一位时提到，现在很多城市孩子摔跤了都不会手扶地，不会有效地进行自我保护。造成这种现象的原因是孩子们缺少群体活动，缺少在户外的群体活动中形成的身体互动。其实，究其背后，孩子们更缺乏的是精神和心理上的互动。教育不是简单地传授道理，创新教育更不能是生硬的大道理和强迫性的行为要求。创新的素质需要通过孩子们在群体共同的研究性学习中，在共同面对劳动的艰苦和困难的磨炼中，在现代科技的感召和影响中，逐渐凝聚起来。这是对我们现有教育的挑战，也是对每一位教育工作者对国家和孩子们责任心的考验。

——中国青年政治学院党委书记、教授陆士桢，原载《人民教育》，2008 年第 8 期

第八章　终身学习理念：师德修养的不竭动力

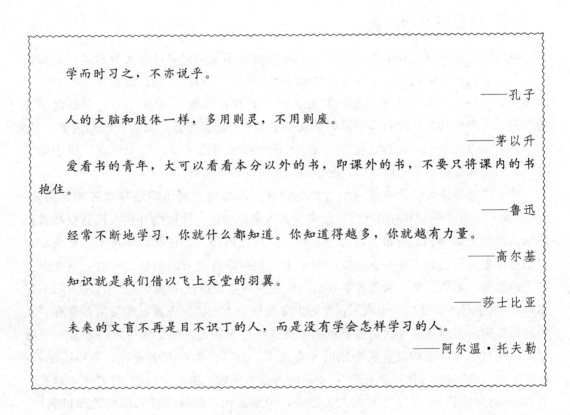

学而时习之，不亦说乎。

——孔子

人的大脑和肢体一样，多用则灵，不用则废。

——茅以升

爱看书的青年，大可以看看本分以外的书，即课外的书，不要只将课内的书抱住。

——鲁迅

经常不断地学习，你就什么都知道。你知道得越多，你就越有力量。

——高尔基

知识就是我们借以飞上天堂的羽翼。

——莎士比亚

未来的文盲不再是目不识丁的人，而是没有学会怎样学习的人。

——阿尔温·托夫勒

第一节 终身学习释义

"活到老学到老""学无止境"，就是终身学习的意思。德国教育家第斯多惠说："教师必须明确地认识到：1. 一个人一贫如洗，对别人绝不可能慷慨解囊。凡是不能自我发展，自我培养和自我教育的人，同样也不能发展、培养和教育别人；2. 教师只有先受教育，才能在一定程度上教育别人；3. 教师只有诚心诚意地自我教育，才能诚心诚意地去教育学生。"可见终身学习是教师这一职业的必然要求，没有了终身学习理念，就失去了师德修养的动力。

一、终身学习的概念

终身学习这一概念在中外教育史上出现的时间不长，但早已是无数教师的忠实追求。我国古代教育家孔子对学习的态度是"学而不厌"，用现在的话解释就是人对于学习不能有厌烦、厌恶的时候，他还说"三人行，必有我师焉"。说明学习还是随时随地的事情，这两句话从长度和宽度说明了人一辈子学习的重要性，最后，他总结道："发愤忘食，乐以忘忧，不知老之将至云尔。""吾十有五而志于学，三十而立，四十而不惑，五十而知天命，六十而耳顺，七十而从心所欲，不逾矩。"

什么是终身学习？欧洲终身学习促进会在罗马会议上提出的终身学习的定义是："终身学习是通过一个不断的支持过程来发挥人类的潜能，他激励并使人民有权利去获得所需要的全部知识、价值、技能与理解，并在任何任务、情况和环境中，有信心和有创造性地应用它们。"这一定义基本概括了人们对终身学习的阐释。此后，联合国教科文组织的一系列重要文献都非常重视倡导终身学习。1972 年出版的《学会生存》不仅指出："人永远不会变成一个成人，他的生存是一个无止境的完善过程与学习过程。"人和其他生物的不同点主要就是由于他的未完成性。事实上，他必须从他的环境中不断学习那些自然和本能所没有赋予他的生存技术。为了求生存和求发展，不得不学习。而且书中单列"向学习化社会前进"，专论终身学习问题。继后出版的《教育——财富蕴藏其中》则特别指出："每个人在人生之初，积累知识，尔后就可无限期地加以利用，这实际上已经不够了。他必须有能力在自己的一生中抓住和利用各种机会，去更新、深化和进一步充实最初获得的知识，使自己适应不断变革的世界。"可见，终身学习是当今社会每一位成员的必需和必要。其实，教师也是一个未完成的人。因此，教师在其教育职业生涯中只有做到终身学习，在自主发展中不断提升自我修养，在执著追求中不断完善自我结构，才能适应社会发展的需要、教育发展的需要与人的发展的需要。

德国著名教育家第斯多惠对此曾经指出："教师本身必须在自己的工作岗位上努力促进真正的文化教育事业，进行终身自我教育，这对教师来说是一种义不容辞的神圣职责。"

二、终身学习的特征

1. 学习贯穿于人生命从开始到结束的全过程

这是终身教育最大的特征。它突破了正规学校的框架，把教育看成是个人一生中连续不断的学习过程，是人们在一生中所受到的各种培养的总和，实现了从学前期到老年期的整个教育过程的统一。既包括正规教育，又包括非正规教育。人在一生中都需要发展，因而人总在自觉地或不自觉地进行有意识的或无意的学习。人处在一个动态发展的社会环境中，信息技术的发展使社会变迁的速度更快，社会对人在社会中生存所具有的整体素质要求在变动之中。人的一生是一个逐步成长的过程。

人从出生之始，就开始了各种形式的学习活动。每个人在人生的不同阶段承担不同的社会角色，有不同的发展任务。人在一生中都面临着生物的发展、认知的发展、情感的发展和社会发展。仅就其职业生涯而言，也有转换、升迁、失业等问题。此外，个性、潜能、情感在人的一生中总在发展、变化。人又生活在动态的社会环境中，社会和人都在变化，人要适应社会变化，要促进社会发展，要与社会在动态中达到平衡，学习必然会贯穿于人一生的全过程。

2. 终身学习是全民性的活动

终身教育的全民性，是指接受终身教育的人包括所有的人，无论男女老幼、贫富差别、种族性别。联合国教科文组织汉堡教育研究员达贝提出终身教育具有民主化的特色，反对教育知识为所谓的精英服务，是具有多种能力的一般民众能平等获得教育机会。而事实上，当今社会中的每一个人，都要学会生存，而要学会生存就离不开终身教育，因为生存发展是时代的主流，会生存必须会学习，这是现代社会给每个人提出的新课题。

3. 终身学习是个别化和个性化的学习

对于人心理和生理基础研究已经取得较为一致的认识是，除孪生者具有相同的染色体配对组合和基因外，世界所有人口中再也找不到任何两个人的遗传因素相同。这是人和人之间永远存在着个别差异的根本原因。人的差异性是社会的客观存在。而人们所处的环境，包括自然环境、社会环境、家庭环境、教育条件的不同又使人与人之间的个别差异进一步扩大，而且更为多样化。

由于人们的认知特征、情感方式、个性结构的巨大差异，由于人们所处的环境和子三千人，还编著了不少书籍。

孔子好学，即使是年纪老了，仍然不放松学习。《易》是很难读懂的一部古书，孔子到了晚年才开始学习，而且对《易》很感兴趣，读一遍不懂，反复再读，直到读通、读懂为止。

孔子所处的年代，还没有发明纸，当时的书是用竹片做成的，叫做"竹简"；古人用漆（代替墨水）在竹简上写字，再用皮带子（"皮带子"是一种柔软的熟牛皮做的）把一片片的竹简像帘子似的编起来。相传孔子读《易》的时候，因为反复读、反复钻研，竟然皮带子都磨断了。断了一次，修好后，又磨断了，再断再修，前后修了多次，所以说是"韦编三绝"。"韦编三绝"，后来成为一句成语，人们用它来称赞刻苦读书的好学精神。

故事二：司马光好学

司马光幼年的时候，总担心自己记诵诗书以备应答的能力不如别人。大家在一起学习讨论，别的弟兄已经去玩耍、休息了，司马光却独自一人继续苦读，像董仲舒和孔子读书时那样专心和刻苦，一直到能够非常熟练地背诵为止。由于读书时下的力气多，收获就长远，他所精读背诵过的书，就能终身不忘。司马光曾经说：读书不能不背诵，在骑马走路的时候，在半夜睡不着觉的时候，吟咏读过的文章，想想它的意思，

故事三："三上"文章

钱思公虽然生长在富裕的家庭里，但很少有特殊的不良爱好。在洛阳时，曾经告诉他的下属，说自己一生只喜欢读书，坐着就读经书、史书，躺下时就读小说，上厕所就看短小的辞赋，没有一刻时间丢下书本。他因此对希深（与钱思公同时代的人）说："我一生中写的文章，大多在'三上'完成，这'三上'就是'马上''枕上''厕上'。"大概只有这样才能更集中思想写作吧！

故事启迪

无论是孔子，还是司马光和钱思公，抓紧点点滴滴的时间勤奋读书，不仅成就了自己的人生，还给我们树立了榜样。正是有了这样读书学习的精神，有了读书的力量，才有了我们民族精神的永生。

第二节　终身学习的角色

身为教师，在终身学习的背景下，应该扮演十分重要的角色，以起到引领作用。同时，教师还应该建立科学的终身学习的思路，有效达到终身学习的目的。

一、终身学习的垂范者

垂范者就是表率，是先锋，是榜样。教师要制订年学习计划，并向自己所教的学生公布，以起到监督作用和榜样作用。教师总爱苦口婆心地教诲学生，几乎每节课都会自觉不自觉地教育学生要刻苦学习、努力学习、好好学习、天天向上，而对于不好好学习的学生，则是严厉训斥，甚至还放弃了对一部分学生的教育。教师是否想过，在抱怨、批评学生时，自己是否刻苦学习，是否认真研究教材，是否认真研究学生，是否认真研究教法。有一首歌中唱道："老师的房间彻夜明亮，每当我轻轻走过您窗前，明亮的灯光照耀我心房……今天深夜啊灯光仍在亮，呕心沥血您在写教材，高大的身影映在您窗上。"教师的学习就是无声的力量，做一个爱好学习的教师，就会"润物细无声"地影响到我们的学生。

二、学习理念的传播者

学生处于求知的成长成才阶段，树立科学的学习理念需要教师的引导，教师应该把学习理念，诸如自主学习、合作学习、探究学习等传递给学生。关于自主学习，教师应使学生懂得：通过自主学习，学会求知、学会做人、学会健体、学会审美、学会生活、学会交往、学会劳动、学会生存，具备与现代社会需要相适应的学习、生活、交往、生产以及不断促进自身发展的基本素质。关于合作学习，教师要教育学生建立与课堂的互动观、学习目标导向观、与教师的师生合作观、与同学的生生合作观，建立各种学习小组的形式观、学习的情景再现观、学习结果的评价观等；关于探究学习，教师的角色在《学会生存》中是这样描述的：教师的职责现在已经越来越少地传递知识，而是越来越多地鼓励学生思考，除了此正式职能外，教师将越来越多地成为一名顾问，一位交换意见的参加者，一位帮助发现矛盾论点而不是拿出真理的人。如果教师扮演好学习理念的传播者角色，学生的科学学习理念也会树立起来，以达到教师"教"是为了"不教"的目的。

 知识拓展

德国终身学习平台

一是发展社区教育中心。经过战后半个多世纪的发展，德国社区成人教育中心早已形成其显著的优势和特征。这些优势和特征大致可以归纳为：容量巨大，2004年，全国有920万人在社区成人教育中心参与学习；课程种类多，截至2004年，社区成人教育中心开设的课程已经达到上千种；科目覆盖广，已经从过去为大众提供的基础教育科目，扩展到涉及各种工作领域和职业技能的科目；开放程度高，表现为：办学机制灵活，学制多样，费用低廉，方便当地民众参与。

二是推行成人学习节。1997年，在德国汉堡举行的第五届国际成人教育研讨会通过的《成人学习汉堡宣言》指出，成人的终身学习是应对21世纪世界变化的关键所在，这也使德国各界看到终身学习已成为21世纪公民必备的素养，发展终身教育，促进终身学习是国家提升竞争力的重要策略，所以自1998年起德国每年以"塑造、开展、继续教育"为主题举办为期一周的学习节活动，旨在激发并通过各继续教育机构的力量，创造更多的学习机会，培养大众终身学习的习惯，据以实现全民终身学习的理想，建立新的学习文化，即重视以能力发展为导向的学习。

三是重视民众高等学校。民众高等学校始终是德国重要的终身学习机构。目前全德约有1000所民众高等学校以及4100个民众高等学校的教育中心，每年约提供50万个课程给社会大众，同时每年约有1000万民众到此参与学习。自20世纪90年代以来，民众高等学校亦以目标团体为导向的终身学习，作为一项重要的工作原则，除了传统的夜间课程以外，近些年来课程的开设，更注意到了弹性时间的继续教育服务，也就是说，许多课程视学习者的需要，或者白天或者假期开设。

三、教育体系的构建者

教育体系是指互相联系的各种教育机构的整体或教育大系统中的各种教育要素的有序组合。从大教育观的角度来分，教育体系有广义和狭义之分。广义的教育体系，除教育结构体系外，还包括人才预测体系、教育管理体系、师资培训体系、课程教材体系、教育科研体系、经费筹措体系等。这些体系相对于教育结构体系，称为服务体系。狭义的教育体系，仅指各级各类教育构成的学制，或称教育结构体系。可见，教师除了教授学生知识外，还必须自觉进行教育体系的研究，著书立说，发表见解，为给自己的教学提供动力，也给国家制定教育发展提供决策方面的参考。因此，教师绝不是单单教书那么简单，从这个角度来讲，教师承担着教育的兴衰成败。

四、教育服务的提供者

教育服务的提供者是指在教育教学活动中，为学生提供有利于学生成长的各种教育资源的利用。比如，在学校中，要教给学生如何运用图书馆资源进行学习、如何参加学校社团、如何做到学生参与学校教学的对接、如何参加共青团等相关事情，都应该是教师知晓的内容，并随时随地为学生做好教育服务。有些学生尤其是刚刚入校的学生由于不了解学校的具体情况，学生身边的老师是最容易问到的，所以作为一名教师，不能只关心自己的教学，应该对学校的整体情况有所了解，以随时给学生提供教育服务，尽到一个教师的责任。

五、学习活动的组织者

教师的"组织"作用主要体现在三个方面：第一，教师应当准确把握教学内容的教学实质和学生的实际情况，确定合理的教学目标，设计一个好的教学方案；第二，在教学活动中，教师要选择适当的教学方式，因势利导、适时调控，努力营造师生互动、生生互动、生动活泼的课堂氛围，形成有效的学习活动；第三，教师应该了解各种课外活动的组织方式，把学生调出教室，在教室外、校园外等地方组织相应的教学活动。通过组织课堂内外、校内外活动，发展学生的主动性、创造性精神，在活动中逐步培养学生的个性特征，成为独立人格的人。

六、困难学生的帮助者

在任何班级里，都存在优生和学困生，这是教育的自然规律，因为这些学生的个人特质、家庭出身、风土人情、智力发展等会有所差别，造成学生在学习上的差别。所以，我们教师不能只根据学生考试分数判定学生的好坏优劣，而应当根据学生的不同特质对待学生。所以，在新课标中有这样一句话："能关注学生的差异，用不同层次的问题或教学手段，引导每一个学生都能积极参与学习活动，提高教学活动的针对性和有效性。"其中"引导每一个学生"就说得更加清楚，教育允许也承认学生差异的存在，同时差异是一种教学资源，正是有了差异，我们才有了研究的资源，我们教师应该要充分利用好这种资源。那么，怎么在教师的帮助下，实现师生互动、生生互动呢？比如在教师的帮助和引导下，组织和引导"优生"教"学困生"，实现"兵"教"兵"，这样的教学手段能让"差生"得到更多的关注，只要教师的帮助作用得到好的发挥，教师就能切实帮助到困难学生。

 **道德故事**

勤奋学习故事三则

故事一：悬梁刺股

汉朝有个叫孙敬的人，从小勤奋好学，他每天晚上学习到深夜，为了避免犯困，他用绳子的一头拴住头发，一头拴在房梁上。这样，只要一低头犯困，就会因为绳子拉动头发而清醒过来。战国时，有个名叫苏秦的人，想干一番大事业，便刻苦读书。每当深夜读书时，他总爱打盹儿。于是，在自己打盹儿的时候，他就会用锥子往大腿上刺一下，以提精神。孙敬和苏秦的故事感动了后人，人们用"悬梁刺股"来表示刻苦学习的精神。

故事二：鲁迅卖奖章

鲁迅在南京江南水师学堂读书时，因考试成绩优异，学校奖给他一枚金质奖章。他没有戴此奖章，作为炫耀自己的凭证，而是拿到鼓楼大街把它卖了，买回几本心爱的书和一串红辣椒。每当读书读到夜深人静、天寒体困时，他就摘下一只辣椒，分成几片，放在嘴里咀嚼，直嚼得额头冒汗，眼里流泪，嘴里"唏唏"，顿时，周身发暖，困意消除，于是又捧起书攻读。

故事三：一个月看一本书

一班大学同学十年后到母校相聚，教授对他们的成就很不满意，以前他认为其中几个学生具有杰出才干，想不到十年过去了，他们却表现平平。

教授问学生们："你们当中有谁在毕业后平均每月看过一本书的请举手！"

学生们脸上都露出惭愧之色，没有一个人举手。

教授说："每月读一本书对任何人都不困难，为什么你们一个人也做不到呢？难道你们认为在学校学习的那点知识已经够用了吗？难道你们工作中没有遇到任何问题，不需要学习新的知识来解决吗？"

故事启迪

无论是古代，还是近现代，人们都明白一个道理，不读书永远也不能取得成功。在成功路上，读书是最好的方法，也是最便捷的路。作为一名教师，一年又能读多少本书呢？有多少教师敢理直气壮地说："我一年读了100本以上的书。"要知道以色列每个公民平均一年读60本以上的书啊，教师是知识的继承者和传承者，更应该多读书、读好书，方能对得起那一张张求知的稚嫩的脸庞。

第三节　终身学习的资源

现代社会，做到终身学习已经不是什么难事，学习的资源非常多，为了便于教师学习，不断充实自己，提高自己，我们给教师提供一些终身学习的载体，以便于规划自己的学习。

一、成人教育学习资源

1. 成人高等教育

成人高等教育是高等教育的重要组成部分。经教育部审定核准举办成人高等学历教育的广播电视大学、职工高等学校、职业技术学院、农民高等学校、管理干部学院、教育学院、独立设置的函授学院和普通高校所属的成（继）教院（以下统称成人高校）实行全国统一招生。

招生类型：分专科起点升本科（简称专升本）、高中起点升本科（简称高起本）和高中起点升专科（简称高起专）三种。

学习形式：分脱产、业余（包括半脱产、夜大学）和函授三种，其中脱产最短学习年限为：专升本两年，高起本四年，高起专两年；业余和函授最短学习年限为：专升本两年半，高起本五年，高起专两年半。

其中函授，函，即信件，通信。授，传授。即是通过信件传授的一种教育方式。函授教育是相对于面授教育而提出的，函授教育主要对象为离不开工作学习岗位的在职人员在校生。教学以自学为主，面授为辅，学员通过信函报名，学校将教材及其他辅导资料邮寄给学员，教师与学生的交流也通过信函完成，使学员在不耽误工作学习的情况下完成学业。

特点：有门槛限制，需参加统一报名、考试和录取。历史悠久，考生群体庞大。本科招生院校多有成人学士学位授予权。

2. 电大教育

电大开放教育是相对于封闭教育而言的一种教育形式，基本特征为：以学生和学习为中心，取消和突破对学习者的限制和障碍。比如开放教育对入学者的年龄、职业、地区、学习资历等方面没有太多的限制，凡有志向学习者，具备一定文化基础的，不需参加入学考试，均可以申请入学；学生对课程选择和媒体使用有一定的自主权，在学习方式、学习进度、时间和地点等方面也可以由学生根据需要决定；在教学上采用多种媒体教材和现代信息技术手段等。

招生类型：专科、专升本。

学习形式：远程教育结合面授，实行学分制，毕业年限最长可达8年。

特点：学生需具备一定上网学习条件。以在职、业余、自主学习为主，接受必要的面授辅导和学习支持服务。学习时间自由度较高，没有固定的班级建制。入学考试相当于摸底测试，不做录取依据，基本无门槛。电大其他类型的学生则需通过普通高考或成人高考录取。宽进不"宽出"，毕业年限前必须取得规定学分。

3. 高等教育自学考试

高等教育自学考试是对自学者进行的以学历考试为主的高等教育国家考试，是个人自学、社会助学和国家考试相结合的高等教育形式，是我国社会主义高等教育体系的重要组成部分。其任务是通过国家考试促进广泛的个人自学和社会助学活动，推进在职专业教育和大学后继续教育，造就和选拔德才兼备的专门人才，提高全民族的思想道德、科学文化素质，适应社会主义现代化建设的需要。中华人民共和国公民，不受性别、年龄、民族、种族和已受教育程度的限制，均可依照国务院《高等教育自学考试暂行条例》的规定参加自学考试。目前，高等教育自学考试已成为我国规模最大的开程学分。其中，由全国高等学校教学研究中心和爱课程网合作的"中国大学 MOOC"已成为目前国内参与建设高校最多、开课数量最多、总选课人数最多的慕课平台。自2014年上线以来，该平台共开设课程1300余门次，注册用户超过620万，选课人次超过2000万。

　## 知识拓展

英国终身学习的法律保障

英国是典型的法治国家，一切按法律行事。

英国政府于1998年发表了《学习时代》绿皮书，提出复兴英国的成人教育，"要建立学习化社会，使不同阶层、不同背景的人都能有继续学习和终身学习的机会"。绿皮书认为，英国正处于一个新的时代，要迎接这个时代的挑战，必须发展一种新的学习文化，这不仅要打牢家庭和学校教育的基础，同时还要在人的一生中通过各种形式推进学习，并提出如何为求学者提供高质量的学习机会。

1999年6月，英国政府发布了《学习成功》白皮书，副标题为"16岁之后的学习框架"，并提交国会审查。白皮书分为十章论述，即迎接新世纪的目标、为什么必须改变、成立学习与技能部、16岁后学习成功的框架、增进品质、青年的教育与训练、支持成人学习者、鼓励学习事业、实施计划的安排与进度、咨询建议。总之，英国政府认为，要建立终身学习体系必须改变当前提供给16岁以上公民的学习框架，继续改革其提供给义务教育后的终身学习机会。因此，需要将原有的比较僵化的、不能适应需要的补助政策、执行机构、督导制度加以改革，从而建立反应灵活、适应地方需要、质量保证的新制度。

为了实现这些新制度，英国政府于2000年2月拟定《学习与技能法》草案，提交国会审议，同年7月28日完成立法程序，并正式实施。《学习与技能法》的主要内容有三点：首先，成立中央一级的学习与技能委员会，取代原有的继续教育基金委员会，对继续教育机构进行资助和指导。这不仅充分整合了政府与民间组织的资源，而且扩大了对成人学习活动的资助。其次，建立地方的学习与技能委员会，根据地方实际情况，可吸收原来的企业训练委员会，并加强与社区教育组织的联系。最后，设立成人学习督导制度，促进各地方成人教育活动，以平衡发展成人学习的机会，保证课程与活动质量。

法律的出台为英国终身学习的推广提供了坚实的基础，促进了终身学习的许多活动在这些法律的框架下逐步展开。

七、全民终身化学习的新载体

1. 国家开放大学云平台

国家开放大学(The Open University of China)是教育部直属的，以现代信息技术为支撑，学历教育与非学历教育并举，实施远程开放教育的新型高等学校。

国家开放大学是在中央广播电视大学和地方广播电视大学的基础上组建的，以现代信息技术为支撑，办学网络立体覆盖全国城乡，学历与非学历教育并重，面向全体社会成员，没有围墙的新型大学。目前注册在籍学生 359 万人，其中本科学生 105 万人，专科学生 254 万人，包括近 20 万农民学生，10 万士官学生，6000 多名残疾学生。

为实现国家开放大学的历史使命和社会价值，促进学习型社会形成，充分利用社会优质资源，国家开放大学成立四大支持联盟。与国内若干所大学合作，成立大学支持联盟，依托其师资、专业、课程资源优势，全面促进国家开放大学建设。与若干行业协会、大型企业、中心城市合作，成立行业支持联盟、企业支持联盟和城市支持联盟，利用各自资源和优势，大力开展各类职业技能培训、社区教育、公民素质教育，推进学习型行业、学习型企业和学习型城市建设。

2. 国家图书馆全民开放

国家图书馆全民开放，资源类型包括电子图书、论文、期刊、报纸、古籍、音视频等多种，文种包括中文和外文。国家图书馆读者卡用户可远程免费使用的数据库多达 175 个(具体访问数量与权限参见：http://dportal.nlc.cn: 8332/zylb/zylb.htm)。比如，以医学类常用的 Science Direct 全文数据库为例，明星刊物《柳叶刀》系列，在线预览全文或下载 PDF 都能做到。再比如 SAGE Journals Online 数据库，国家图书馆可访问 SAGE 出版社出版的 648 种期刊的全文内容；同时可访问 381 种回溯期刊全文，最早可回溯至第 1 卷第 1 期，涉及商业、人文科学、社会科学、自然科学、医药学等学科。

3. 河南终身学习网

河南终身学习网(河南社区教育网)是服务全省社区教育的重要公共基础设施，是面向全省社区教育的数字化资源支撑平台、全省社区教育网站标准化建设平台。

河南终身学习网作为服务全省社区教育的重要公共基础设施，这座网上"学习超市"计划构筑学历教育、非学历教育(社区教育)、职业教育三大支柱，还将通过线上、线下的社区教育互动，共同构成一个终身教育公共服务平台，向社区、政府、企业提供各取所需的教育服务，为公众提供全方位的教育内容。

用户可以网上选择课程在线学习，还可以通过教育部门组织的讲座、现场体验、现场教学作为实践，满足城乡居民日益多样化、个性化的学习需求，逐步在全省建立"人人皆学、处处可学、时时能学"的现代化终身教育制度。

道德故事

教育家的读书育人故事

魏书生在接第一个班时，全是男生，纪律很差，文化课基础也很差，根本没法上课。于是他根据那时候的男孩子都崇拜英雄故事的心理，采取了从讲革命故事入手的办法。他开始讲《红旗谱》，什么课也不上，节节讲，天天讲。一直讲了两周，直到把孩子们带到了那个战火纷飞的革命年代，激发出了孩子们对革命先烈献身革命的崇拜之情和孩子们内心深处愿意成为一个好人的愿望。这个时候才开始上文化课。

梁晓声的小说《老师》中那个深受学生爱戴的女老师的一项光荣传统就是每周都要给孩子们读故事，从梁晓声的笔下，我们可以感到孩子们对每周的故事课都充满了期待。

故事启迪

没有强迫、没有指责、没有压制，教师总是这样，循循善诱，用读书故事的形式对学生进行爱的教育、自律的教育、热爱学习的教育，这就是读书学习"润物细无声"的魔力。老师们，拿起书本吧，不但常常自己拿起来读书，还要教育我们的学生常常读书，让我们的教育通过读书来一场大变革吧！

师德体验

我的读书生涯

古人苏轼说过："发奋识遍天下字，立志读尽人间书。"今人毛泽东说："饭可以一日不吃，觉可以一日不睡，书不可以一日不读。"可见，读书能成就人，能发展人，能醒悟人。我们教师为了能做到成就人、发展人、醒悟人，就必须常读书，多读书，读好书，好读书。事实上，世上再也没有比教师更需要读书了，现在就让我们汇总一下，我们教师的读书生涯。

1. 我的购书计划：

_____

_____

2. 我的读书种类：

_____

_____

3. 我的读书方法：

_____

_____

4. 我的读书时间安排：
_____

5. 读书给我带来了什么？
_____

6. 我的书房布置特点：
_____

7. 我最喜欢的十本书：
_____

8. 我的读书故事：
_____

_____

 **名篇选读**

远骑的足迹

也许常有这样的时刻，我们会在疲于奔走的人生驿路上驻足回望，看看身后留下的足迹，情不自禁地激情上涌：是依恋？是欢快？是叹息？冰心老人说得多好啊，"成功的花，人们只惊美它现时的鲜艳，然而当初的芽浸透了奋斗的泪泉，洒遍了牺牲的血雨。"正是这富有人生哲理的名言，成了我人生道路上催我向上、促我奋进的精神食粮，激励我留下一串串远骑的足迹……

我是一个农村孩子，贫寒的家境和拮据的生活伴我度过了孩提时代，兄妹八人，就我读完了高中。那时，我听得最多的是父亲的一句话："好好读书吧，将来有点出息。"我懂得这句话的背后是全家人对我的希望，我用心读书不能辜负他们美好的憧憬。小学两次跳级，全村人都说我聪明。以优异的成绩高中毕业后，我留校做了教师。幸运之神落在我的身上，恢复高考制度第一年，我成了全乡唯一考上的本科生，踏进了大学的校门，在乡邻的夸赞声中，在父辈期望的目光中，我放飞自己心中美好理想，立志学好知识，做一名更加出色的中学教师……

一、摸着石头过河

那是1982年的春天，我和许多有志青年一样，迈出大学的校门，像第一次跳离枝头的小鸟，追逐着前辈的羽翼，尽情地幻想能展翅翱翔。那时的我，多么自信，总认为读了几年书，论学识，虽不是满腹经纶，也还算是学有专长，论表述，虽不能口若悬河，也还至少是口齿清楚。有了这两点，还怕教不好书么？退一步说，中学语文教材比较浅显，而且又有参考书，怎么不好对付？就是怀着这样盲目乐观的心理，我走上讲台，台下那一双双神秘的大眼睛望着我，他们是多么想从我身上学到知识本领。

第一节课，我讲方纪的散文《挥手之间》，校长来了，教研组长来了，他们坐在后面想听听新来的教师怎么样上课。课上，我从作者简况讲到重庆谈判的背景，从主席机场送别讲到电影蒙太奇的手法；从挥手告别的动作讲到远镜头、特写镜头、慢镜头，直至讲到"定格"。旁征博引，信手拈来，奔腾由之。一堂课我是全神贯注，课后还颇自信：教者讲得传神，学者听得入迷。

晚上，清风徐来，校园点点灯火。校长走进我的宿舍，留给我一段话："贵重的钟表在于准，分秒无误；恰当的教育在于适，适事、适人。教育要看对象，俗话说：'摸着石头过河'。"老校长一席话犹如一盏灯，照亮了我前进的路，我心里明白了许多，是啊，我教的是初中学生，可不是大学课堂里那些做作品分析的大学生。教书育人，首先得了解教育的对象，了解学生，胸中有书，目中有人，教学要面向实际，"摸着石头过河"啊。可我知道"石头"在哪里吗？我摸着了吗？今天这一堂课，我全包下了，他们到底听懂了多少呢？他们的知识底细又怎么样呢？如此教下去，不是"醉汉赶车"吗？想到此，我鼓起勇气，向那明亮的教室走去，作为教海初航者，我要去探探"海"的深浅。

二、不跌不长

记得我孩提时，蹒跚学步，经常跌跤，旁边的大人见了，往往说一句：不跌不长。我在教育的征程上，因跌跤而留下的痕迹也不少。

一度，我热衷于追求课堂气氛的活跃，追求一个问题下去，学生"举手如林"的效果。那时我根本不考虑怎样把学生求知的积极性引向实质性的知识目标，以致课上提问、讨论，热热闹闹，课后回顾，学生却并无所得，教学效果也就可想而知了。1983年，培养学生的自学能力，成了教改的新课题，对此，我也一味强调学生要自学，总认为只要让学生知道了自学的好处，他们自然就能认真地学起来。结果试行不久，学生就厌倦了，两次试验，两次失败。我平心静思，并非"启发"的过错，"培养自学能力"也没有什么不好，什么原因呢？为了寻求答案，我认真学习了《教育学》、《心理学》，懂得了自学毕竟是艰苦的思维劳动，没有学生自己的主动性，"牛不喝水强按头"效果是绝不会好的。

失败使我获得了一点启示，我面向实际，开始了农村中学语文教学改革的探索。1984年，我瞄准"课堂教学改革"这个突破口，以"诱发兴趣，开拓智力"为目标，改革课堂教学，着重研究如何"教"的问题。随着教育改革步伐的不断迈进，从1984年起，我从研究如何"教"转变到研究学生如何"学"。尝试了"自读—讨论—点拨—探索"四段教学法，调动了学生自己读书的积极性，逐渐地，学生的读写能力、分析能力、表达能力提高了，我的课也越上越好，得到同行们的称赞，并在县、市青年语文教师教学观摩评比中得奖。1984年，我带着教改的初步成果，参加了省教育厅、中语会召开的"农村中学语文教学研讨会"，汇报了自己"面向实际，改革农村中学语文教学"的一点体会。《语文教学通讯》、《中学语文》、《语文教研》相继刊登了我的几篇教改体会文章。辛苦耕耘获佳果的喜悦，教改实践收成效的欢愉，使我忘记了疲劳，只觉得"不跌不长"，我们青年教师只要勤于总结，勇于探索，不怕失败，立志改革，是大有可为的！

三、教然后知困

在大学读书时，老师常常开导我们说："要给学生一杯水，自己先要有一桶水。"可真正体会到"一桶水"和"一杯水"的关系，那还是在走上讲台以后。记得有一次教《木兰诗》，讲到最后两句："雄兔脚扑朔，雌兔眼迷离。双兔傍地走，安能辨我是雄雌。"我便按书上的注解照本宣科：兔子静卧时，雄兔两只前脚时时爬搔，雌兔两只眼睛时常眯着，所以容易辨认。雄、雌两兔一起贴着地面跑，就难辨谁雄谁雌了。讲完我还补充一句：这里运用了拟人的手法。至此，自认为讲得很地道了。不料，一个学生理直气壮地反诘："我家养了不少兔子，这个说法与实际不符。雌兔也脚扑朔，雄兔也眼迷离。"还有一次教《荷塘月色》，我刚把课文范读完，一位学生站起来说："老师，我家的池塘里就有荷花，荷花晚上是不开的，那'袅娜地开着的'是荷花吗？"类似这样的教学情景，教学中碰到不少，于此我明白了"教然后知困"。

教海无涯，学无止境。我自知浅陋，唯有不断进修学习才行。于是酷热的暑假，凛冽的寒假，便成了我系统读书、整理资料的良辰，在这一段时间内，我打"阵地战"，啃语法、修辞、逻辑，学习教育学、心理学，研读特级教师的教学经验。平时教学，我打"游击战"，教到什么地方，就多看看与课文相关联的书籍。我懂得：语文教师的品位，在于他读书的层次。在我们的脚下，有一条滋养了我们这个民族几千年的文化长河，天地玄黄，宇宙洪荒，夸父在烈日下奔走，精卫鸟在蓝天上歌唱；嶙嶙魏晋风骨，巍巍盛唐气象；苏东坡月下把酒，声声向苍天发问，辛弃疾挑灯看剑，夜夜梦里点兵……教师应该多读书，在教学中和学生同步成长，和学生一起沿着历史长河的古道潮流而上，拾一块女娲补天的彩石，借一弯斜照汉室宫阙的冷月，折一枝渭城朝雨中的柳丝，带着学生走上精神之旅。几年来，教学的需要，始终像一条无形的鞭子，驱赶着我，使我充实，使我进步。我懂得，作为一个青年教师，航行的船，不能永远停在知识的港湾，而应当遨游在知识的海洋上，这样才能赶上时代的潮流。

四、科研常充电

无数次问自己，教学究竟是什么？怎样教才是有效的？如何科学地评价学生的学业成绩？思考又一次陷于困惑，困惑又一次触发思考。

思考的结果，我深切地感受到：教学既是一门科学，又是一门艺术。我理想中的教学应当是科学地再现求"知"与艺术地表现求"美"，进而使师生双方发展求"优"的完美统一。这是我追求的教学艺术境界。于此，我探究课堂教学艺术，努力形成一种实中求活、洒脱雅致的教学风格，努力让语文课堂高悬艺术的明灯，洞开学生心灵的艺术之窗，引导学生去鉴赏美、创造美。使学生少一分冷漠，多一分温情；少一分粗糙，多一分细腻；少一分庸俗，多一分浪漫；少一分功利主义、实用主义，多一分理想主义、英雄主义。把每一节课当做一件艺术品，精思巧授，心存爱意，善待学生，师生之间心灵交融，满腔激情地讲闻一多的《最后一次讲演》、讲郭沫若的《炉中煤》、探讨鲁迅先生的《药》、探讨汪曾祺的《胡同文化》，扫除传统课堂的沉闷，高扬人文的旗帜，开发学生的创造潜能。这种境界的语文课堂，诗意洋溢，学生在学习的过程中享受着欣赏艺术的快乐。

无论是作为一名语文教师，还是分管教学的副局长，我始终不忘总结教改成果，探究教育教学的客观规律。在江苏工作期间，我坚持不懈地开展教育科研，先后开展了"以阅读为基础，以表达为手段，以思维训练为主线"的农村中学语文教改实验、"大语文教育环境建设"的教改实验，都取得了丰硕的成果。我撰写的《论作文教学中立体思维的培养》《论课堂教学机制》《论语文教学中的情感教育》《论中学语文教学中的鉴赏教育》《论语文教学设计的策略》《论语文教学质量的测定和评价》等系列文章先后在《中国教育学刊》《语文教学通讯》《中学语文》等刊物发表，在同行中产生了一定的影响。

教育科研给了我一把金钥匙，我先后参与了6个国家级科研课题"农村教育与农村社会的全面文明进步"、"21世纪中小学校长队伍建设的研究"等的研究，主持了两个省级课题"农村中小学青年教师培养模式研究"、"依法治校程序性制度建设与执行"的研究，这些研究均取得了较为丰硕的研究成果。

来到北京中国人民大学附中后，我在语文教学中积极开展"生活语文"的教学实验，让学生明白"语文学习的外延与生活的外延相等"，倡导学生走进书本，走近名人，与大师对话，与名人交流，在语文教学中努力培育学生的人文精神。学生听我的课感到轻松愉快。工作近三十年，我在教育科研的园地里不断耕耘，也有收获，先后在省级以上报刊发表教育科研论文150余篇，总计80余万字。

我庆幸能有机会与大师、专家、学者对话，魏书生、钱梦龙为我指点迷津，朱小蔓、班华、裴娣娜等教授的热情辅导，人大附中刘彭芝校长给我撑起了一方教育的蓝天。尤其是我刚进大学时王湛老师那种对中华文化的赤诚、对学生的热爱，使我受益终身！在宁波、太原、无锡、北京、延安，我给同行们讲《我理解的教育》、《我理解的课堂》、《我理解的课程改革》、《我理解的研究性学习》……每次讲学我都力争"未成曲调先有情"，"语不惊人死不休"。如果说我能步入教育的神圣殿堂，得益于他们的指点，数十个春秋已逝，涌上心头的话语是：师恩难忘！师恩难忘！

"路漫漫其修远兮，吾将上下而求索"！但愿我在中学讲台上能留下远骑的足迹！

——中国人民大学附属中学　肖远骑，原载《人民教育》，2004 年第 23 期

教育永恒的支柱：历史与文学

教育是传承文明和接续历史的活动。教育的目的是为了扩大而不是控制学生的思想和精神。作为教育的内容，作为承载我们的心灵飞升的载体，历史与文学对于拓展我们的精神空间，丰富我们的内心感受，对抗我们精神的平庸和堕落，有着不可替代的价值。

历史的学习，是增进个体与整个人类的情感联系和熟悉人类经历的心路历程的桥梁和纽带。因为，"人是什么，只有历史才能告诉你。"（狄尔泰）在人类千百年的历史长河中，充满了刀光剑影、生离死别、血腥与暴力、眼泪与欢笑以及正义战胜邪恶、文明战胜野蛮的艰辛与曲折，一幕幕的喜剧、悲剧、闹剧竞相上演，异彩纷呈，令人目不暇接。这种丰富性其本身就有着极其重要的教育价值：世界原本就是丰富多样的存在，谁又有理由推行霸权与独裁？

历史既不是子虚乌有的过去，也不是凝固的实体性的存在。历史的丰富性、偶然性给了我们感受历史的体温、气息和色彩的畛域，给了我们尽情地展开想象的翅膀的广袤的空间，给了我们的心灵自由地舞蹈的宽阔舞台。在历史的荒原中，有我们可以发现的、能够深刻地校正我们观念的最为异己的文化，使我们获得对于我们自身所处状态的一种洞见，从而使我们自己获得应付陌生事物的信心。就是这样，我们一次又一次地从狭隘走向广阔。

"如果我们放弃历史，那么对历史的每一次超越就都成了幻觉。事实上，只有在这个世界之内，我们才能超越这个世界地生活。世界周围没有道路，历史周围没有道路，而只有一条穿越历史的道路。"（雅斯贝尔斯）要真正历史地把握过去，就要体验到时间异质而充实的内涵，在这个体验中唤醒我们深刻而丰富的记忆，从而进入历史。

我们只有通过记忆苏醒的瞬间才能进入历史；只有进入历史，才能真正历史地把握过去。面对历史，我们可以哭、可以笑；可以追思，也可以戏说；可以歌唱，也可以怒骂。历史给了我们宣泄情感、升华体验、深化认识的处所，这又何尝不是我们的祖先留给我们的一笔宝贵的财富?! 为了使这笔财富充分地发挥它的作用，发挥它培植年轻一代的历史理性与人文关怀的价值，这就需要我们摒弃那种按照某种政治需要将历史涂抹成宣传工具的企图，摒弃那种将一种解释非法地晋升为唯一正确解释的企图。

这并非危言耸听的杞人忧天。据《历史与未来》披露：亚洲大部分国家都患了选择性健忘，历史教材被明显删节与肆意歪曲弄得千疮百孔。日本篡改历史教科书，美化其"二战"侵略史早已臭名远扬；而韩国那些斩手指抗议的青年又是否记得所学课本也极少涉及"慰安妇"的历史；印尼更加不会提到1965年，苏哈托执政后那场50万人大屠杀；泰国、印度、柬埔寨也是这方面的"典范"。真不知道这些国家是否清楚历史是明镜，不让下一代人从完整的历史中学习与思考，又怎能期望他们能更好地建设未来呢？

文学是虚构的艺术，是想象的殿堂。无论什么时代，文学都是对于人类所面临的问题的象征性的解答，因此而成为生活的教科书；文学还是人类灵魂的守护神：文学之于读者，是精神得以寄托与憩息的殿堂；读者与文学，应该是走进这殿堂寻找自我的一个过程。

有作家说，小说是什么？小说是碰触人类伤口之后流出来的血。好的小说是过渡读者精神的桥梁，通过这样的桥梁，我们可以抵达广阔的精神彼岸，奔向崭新的精神天地。好的作家，会让不同的人在自己修筑的殿堂里找到恰当的座位，让每个人都心甘情愿地走进去流连忘返。想一想，古往今来有多少可以构筑这华美殿堂的超凡圣手。手捧他们的作品，读着读着，我们久已忘却的梦想和沉沦的激情也渐渐升起来了。想起安徒生，想起美人鱼，我们就不可避免地想起了爱与美，那是隐藏于日常生活中的智慧，它们像金子一样闪闪发光，使我们平凡的生命焕发出非凡的亮丽。

然而，我们有一种很令人沮丧的阅读习惯：人们会在不同的时代背景下，要求文学作品富有更多的社会意义，或者哲学意义，或者其他什么意义。这种功利性极强的阅读习惯由来已久，文学的艺术价值丧失了其独立存在的意义，文学沦落为宣传的工具。由于这种比较浅薄和恶劣的阅读习惯，导致我们的语文教学成为枯燥乏味的、模式化的流程。

在文学经典那里找到的可能是自己的形骸，也可能是一束思想、一点灵光、一把可以拾得起的记忆……莱昂内尔·特里林说："文学是教会我们人类多样性的范围与这种多样性之价值的唯一武器。"相信人生许多感悟，就在捧卷细读之时——感谢在一个阳光明媚的午后，茶烟轻扬，书香浮动，风尘仆仆的心灵终于可以回家了。抑或在那幽静的夜晚，我们守在小窗前，望着那灿烂的星空，憧憬着美妙的人生境界，吟咏着自己宽广而又温柔的心灵。久而久之，我们的身心都与那广阔的星空、美妙的境界融为了一体，实现着人生的超越。

我们倡扬人文教育，其目的并不在于熟识作品名称、文人姓氏，而在于引导学生迈进价值观念、学术思想的角斗场，竞才智之技，将学生引领到广袤的时空之中，感受博大、丰富、深邃。唯其如此，人文精神方有望养成，才能实现教育的真正价值。

让学生从历史中、从伟大人物的传记中、从文学作品中，去感悟生命的伟大，去感悟人性的美好，去感悟人生的创造之美、奋斗之美，去激发和推动他们追求比生活本身更高远的东西，这就是历史和文学的教育价值。正如有识之士所指出的："历史、文学、人物传记，并不是能更直接地参与世界的改造，但它却能唤起人们内心深处渴望改造世界的冲动和欲望，能唤起人之所以为人的自豪感受，能唤起一个人坚信自己内在的力量是无坚不摧的信念。"

教师通过历史与文学作品中的大量事例这一最丰富的资源来进行有关好与坏、对与错、正义与邪恶、文明与野蛮、真理与谬误的辨识、领悟，从而起到启迪智慧、陶冶情操、生成信念的作用。现代派诗人、著名文学史家闻一多先生宣称："一般人爱说唐诗，我却要说'诗唐'——懂得诗的唐朝，才能欣赏唐朝的诗。"历史与文学，在这里成为相互解读的依凭。还是孔德说得好：认识了人，就是认识了历史。而"对过去视而不见的人，对未来也将是盲目的。"（德国前总统魏茨曼）

随着历史的变迁，作为教育的核心要素的课程总会有所增加或者减少，但历史和文学，作为两大永恒的支柱将一如既往地支撑着教育大厦的巍然耸立。

——选自《教育的理想与信念》，肖川著，岳麓书社，2002 年

附录：师德建设规章制度选辑

中华人民共和国教育法

1995 年 3 月 18 日第八届全国人民代表大会第三次会议通过

1995 年 3 月 18 日中华人民共和国主席令第四十五号公布

自 1995 年 9 月 1 起施行

（根据 2009 年 8 月 27 日第十一届全国人民代表大会常务委员会第十次会议《关于修改部分法律的决定》第一次修正；根据 2015 年 12 月 27 日第十二届全国人民代表大会常务委员会第十八次会议《关于修改〈中华人民共和国教育法〉的决定》第二次修正）

第一章 总 则

第一条 为了发展教育事业，提高全民族的素质，促进社会主义物质文明和精神文明建设，根据宪法，制定本法。

第二条 在中华人民共和国境内的各级各类教育，适用本法。

第三条 国家坚持以马克思列宁主义、毛泽东思想和建设有中国特色社会主义理论为指导，遵循宪法确定的基本原则，发展社会主义的教育事业。

第四条 教育是社会主义现代化建设的基础，国家保障教育事业优先发展。

全社会应当关心和支持教育事业的发展。

全社会应当尊重教师。

第五条 教育必须为社会主义现代化建设服务、为人民服务，必须与生产劳动和社会实践相结合，培养德、智、体、美等方面全面发展的社会主义建设者和接班人。

第六条 教育应当坚持立德树人，对受教育者加强社会主义核心价值观教育，增强受教育者的社会责任感、创新精神和实践能力。

国家在受教育者中进行爱国主义、集体主义、中国特色社会主义的教育，进行理想、道德、纪律、法治、国防和民族团结的教育。

第七条 教育应当继承和弘扬中华民族优秀的历史文化传统，吸收人类文明发展的一切优秀成果。

第八条 教育活动必须符合国家和社会公共利益。

国家实行教育与宗教相分离。任何组织和个人不得利用宗教进行妨碍国家教育制度的活动。

第九条 中华人民共和国公民有受教育的权利和义务。

公民不分民族、种族、性别、职业、财产状况、宗教信仰等，依法享有平等的受教育机会。

第十条 国家根据各少数民族的特点和需要，帮助各少数民族地区发展教育事业。

国家扶持边远贫困地区发展教育事业。

国家扶持和发展残疾人教育事业。

第十一条 国家适应社会主义市场经济发展和社会进步的需要，推进教育改革，推动各级各类教育协调发展、衔接融通，完善现代国民教育体系，健全终身教育体系，提高教育现代化水平。

国家采取措施促进教育公平，推动教育均衡发展。

国家支持、鼓励和组织教育科学研究，推广教育科学研究成果，促进教育质量提高。

第十二条 国家通用语言文字为学校及其他教育机构的基本教育教学语言文字，学校及其他教育机构应当使用国家通用语言文字进行教育教学。

民族自治地方以少数民族学生为主的学校及其他教育机构，从实际出发，使用国家通用语言文字和本民族或者当地民族通用的语言文字实施双语教育。

国家采取措施，为少数民族学生为主的学校及其他教育机构实施双语教育提供条件和支持。

第十三条 国家对发展教育事业做出突出贡献的组织和个人，给予奖励。

第十四条 国务院和地方各级人民政府根据分级管理、分工负责的原则，领导和管理教育工作。

中等及中等以下教育在国务院领导下，由地方人民政府管理。

高等教育由国务院和省、自治区、直辖市人民政府管理。

第十五条 国务院教育行政部门主管全国教育工作，统筹规划、协调管理全国的教育事业。

县级以上地方各级人民政府教育行政部门主管本行政区域内的教育工作。

县级以上各级人民政府其他有关部门在各自的职责范围内，负责有关的教育工作。

第十六条 国务院和县级以上地方各级人民政府应当向本级人民代表大会或者其

常务委员会报告教育工作和教育经费预算、决算情况，接受监督。

第二章 教育基本制度

第十七条 国家实行学前教育、初等教育、中等教育、高等教育的学校教育制度。

国家建立科学的学制系统。学制系统内的学校和其他教育机构的设置、教育形式、修业年限、招生对象、培养目标等，由国务院或者由国务院授权教育行政部门规定。

第十八条 国家制定学前教育标准，加快普及学前教育，构建覆盖城乡，特别是农村的学前教育公共服务体系。

各级人民政府应当采取措施，为适龄儿童接受学前教育提供条件和支持。

第十九条 国家实行九年制义务教育制度。

各级人民政府采取各种措施保障适龄儿童、少年就学。

适龄儿童、少年的父母或者其他监护人以及有关社会组织和个人有义务使适龄儿童、少年接受并完成规定年限的义务教育。

第二十条 国家实行职业教育制度和继续教育制度。

各级人民政府、有关行政部门和行业组织以及企业事业组织应当采取措施，发展并保障公民接受职业学校教育或者各种形式的职业培训。

国家鼓励发展多种形式的继续教育，使公民接受适当形式的政治、经济、文化、科学、技术、业务等方面的教育，促进不同类型学习成果的互认和衔接，推动全民终身学习。

第二十一条 国家实行国家教育考试制度。

国家教育考试由国务院教育行政部门确定种类，并由国家批准的实施教育考试的机构承办。

第二十二条 国家实行学业证书制度。

经国家批准设立或者认可的学校及其他教育机构按照国家有关规定，颁发学历证书或者其他学业证书。

第二十三条 国家实行学位制度。

学位授予单位依法对达到一定学术水平或者专业技术水平的人员授予相应的学位，颁发学位证书。

第二十四条 各级人民政府、基层群众性自治组织和企业事业组织应当采取各种措施，开展扫除文盲的教育工作。

按照国家规定具有接受扫除文盲教育能力的公民，应当接受扫除文盲的教育。

第二十五条 国家实行教育督导制度和学校及其他教育机构教育评估制度。

第三章 学校及其他教育机构

第二十六条 国家制定教育发展规划，并举办学校及其他教育机构。

国家鼓励企业事业组织、社会团体、其他社会组织及公民个人依法举办学校及其他教育机构。

国家举办学校及其他教育机构，应当坚持勤俭节约的原则。

以财政性经费、捐赠资产举办或者参与举办的学校及其他教育机构不得设立为营利性组织。

第二十七条　设立学校及其他教育机构，必须具备下列基本条件：

（一）有组织机构和章程；

（二）有合格的教师；

（三）有符合规定标准的教学场所及设施、设备等；

（四）有必备的办学资金和稳定的经费来源。

第二十八条　学校及其他教育机构的设立、变更和终止，应当按照国家有关规定办理审核、批准、注册或者备案手续。

第二十九条　学校及其他教育机构行使下列权利：

（一）按照章程自主管理；

（二）组织实施教育教学活动；

（三）招收学生或者其他受教育者；

（四）对受教育者进行学籍管理，实施奖励或者处分；

（五）对受教育者颁发相应的学业证书；

（六）聘任教师及其他职工，实施奖励或者处分；

（七）管理、使用本单位的设施和经费；

（八）拒绝任何组织和个人对教育教学活动的非法干涉；

（九）法律、法规规定的其他权利。

国家保护学校及其他教育机构的合法权益不受侵犯。

第三十条　学校及其他教育机构应当履行下列义务：

（一）遵守法律、法规；

（二）贯彻国家的教育方针，执行国家教育教学标准，保证教育教学质量；

（三）维护受教育者、教师及其他职工的合法权益；

（四）以适当方式为受教育者及其监护人了解受教育者的学业成绩及其他有关情况提供便利；

（五）遵照国家有关规定收取费用并公开收费项目；

（六）依法接受监督。

第三十一条　学校及其他教育机构的举办者按照国家有关规定，确定其所举办的学校或者其他教育机构的管理体制。

学校及其他教育机构的校长或者主要行政负责人必须由具有中华人民共和国国籍、在中国境内定居、并具备国家规定任职条件的公民担任，其任免按照国家有关规定办理。学校的教学及其他行政管理，由校长负责。

学校及其他教育机构应当按照国家有关规定，通过以教师为主体的教职工代表大会等组织形式，保障教职工参与民主管理和监督。

第三十二条　学校及其他教育机构具备法人条件的，自批准设立或者登记注册之日起取得法人资格。

学校及其他教育机构在民事活动中依法享有民事权利，承担民事责任。

学校及其他教育机构中的国有资产属于国家所有。

学校及其他教育机构兴办的校办产业独立承担民事责任。

第四章　教师和其他教育工作者

第三十三条　教师享有法律规定的权利，履行法律规定的义务，忠诚于人民的教育事业。

第三十四条　国家保护教师的合法权益，改善教师的工作条件和生活条件，提高教师的社会地位。

教师的工资报酬、福利待遇，依照法律、法规的规定办理。

第三十五条　国家实行教师资格、职务、聘任制度，通过考核、奖励、培养和培训，提高教师素质，加强教师队伍建设。

第三十六条　学校及其他教育机构中的管理人员，实行教育职员制度。

学校及其他教育机构中的教学辅助人员和其他专业技术人员，实行专业技术职务聘任制度。

第五章　受教育者

第三十七条　受教育者在入学、升学、就业等方面依法享有平等权利。

学校和有关行政部门应当按照国家有关规定，保障女子在入学、升学、就业、授予学位、派出留学等方面享有同男子平等的权利。

第三十八条　国家、社会对符合入学条件、家庭经济困难的儿童、少年、青年，提供各种形式的资助。

第三十九条　国家、社会、学校及其他教育机构应当根据残疾人身心特性和需要实施教育，并为其提供帮助和便利。

第四十条　国家、社会、家庭、学校及其他教育机构应当为有违法犯罪行为的未成年人接受教育创造条件。

第四十一条　从业人员有依法接受职业培训和继续教育的权利和义务。

国家机关、企业事业组织和其他社会组织，应当为本单位职工的学习和培训提供条件和便利。

第四十二条　国家鼓励学校及其他教育机构、社会组织采取措施，为公民接受终身教育创造条件。

第四十三条　受教育者享有下列权利：

（一）参加教育教学计划安排的各种活动，使用教育教学设施、设备、图书资料；

（二）按照国家有关规定获得奖学金、贷学金、助学金；

（三）在学业成绩和品行上获得公正评价，完成规定的学业后获得相应的学业证书、学位证书；

（四）对学校给予的处分不服向有关部门提出申诉，对学校、教师侵犯其人身权、财产权等合法权益，提出申诉或者依法提起诉讼；

（五）法律、法规规定的其他权利。

第四十四条　受教育者应当履行下列义务：

（一）遵守法律、法规；

（二）遵守学生行为规范，尊敬师长，养成良好的思想品德和行为习惯；

（三）努力学习，完成规定的学习任务；

（四）遵守所在学校或者其他教育机构的管理制度。

第四十五条　教育、体育、卫生行政部门和学校及其他教育机构应当完善体育、卫生保健设施，保护学生的身心健康。

第六章　教育与社会

第四十六条　国家机关、军队、企业事业组织、社会团体及其他社会组织和个人，应当依法为儿童、少年、青年学生的身心健康成长创造良好的社会环境。

第四十七条　国家鼓励企业事业组织、社会团体及其他社会组织同高等学校、中等职业学校在教学、科研、技术开发和推广等方面进行多种形式的合作。

企业事业组织、社会团体及其他社会组织和个人，可以通过适当形式，支持学校的建设，参与学校管理。

第四十八条　国家机关、军队、企业事业组织及其他社会组织应当为学校组织的学生实习、社会实践活动提供帮助和便利。

第四十九条　学校及其他教育机构在不影响正常教育教学活动的前提下，应当积极参加当地的社会公益活动。

第五十条　未成年人的父母或者其他监护人应当为其未成年子女或者其他被监护人受教育提供必要条件。

未成年人的父母或者其他监护人应当配合学校及其他教育机构，对其未成年子女或者其他被监护人进行教育。

学校、教师可以对学生家长提供家庭教育指导。

第五十一条　图书馆、博物馆、科技馆、文化馆、美术馆、体育馆（场）等社会公共文化体育设施，以及历史文化古迹和革命纪念馆（地），应当对教师、学生实行优待，为受教育者接受教育提供便利。

广播、电视台（站）应当开设教育节目，促进受教育者思想品德、文化和科学技术素质的提高。

第五十二条　国家、社会建立和发展对未成年人进行校外教育的设施。

学校及其他教育机构应当同基层群众性自治组织、企业事业组织、社会团体相互配合，加强对未成年人的校外教育工作。

第五十三条　国家鼓励社会团体、社会文化机构及其他社会组织和个人开展有益于受教育者身心健康的社会文化教育活动。

第七章　教育投入与条件保障

第五十四条　国家建立以财政拨款为主、其他多种渠道筹措教育经费为辅的体制，逐步增加对教育的投入，保证国家举办的学校教育经费的稳定来源。

企业事业组织、社会团体及其他社会组织和个人依法举办的学校及其他教育机构，办学经费由举办者负责筹措，各级人民政府可以给予适当支持。

第五十五条　国家财政性教育经费支出占国民生产总值的比例应当随着国民经济的发展和财政收入的增长逐步提高。具体比例和实施步骤由国务院规定。

全国各级财政支出总额中教育经费所占比例应当随着国民经济的发展逐步提高。

第五十六条　各级人民政府的教育经费支出，按照事权和财权相统一的原则，在财政预算中单独列项。

各级人民政府教育财政拨款的增长应当高于财政经常性收入的增长，并使按在校学生人数平均的教育费用逐步增长，保证教师工资和学生人均公用经费逐步增长。

第五十七条　国务院及县级以上地方各级人民政府应当设立教育专项资金，重点扶持边远贫困地区、少数民族地区实施义务教育。

第五十八条　税务机关依法足额征收教育费附加，由教育行政部门统筹管理，主要用于实施义务教育。

省、自治区、直辖市人民政府根据国务院的有关规定，可以决定开征用于教育的地方附加费，专款专用。

第五十九条　国家采取优惠措施，鼓励和扶持学校在不影响正常教育教学的前提下开展勤工俭学和社会服务，兴办校办产业。

第六十条　国家鼓励境内、境外社会组织和个人捐资助学。

第六十一条　国家财政性教育经费、社会组织和个人对教育的捐赠，必须用于教育，不得挪用、克扣。

第六十二条　国家鼓励运用金融、信贷手段，支持教育事业的发展。

第六十三条　各级人民政府及其教育行政部门应当加强对学校及其他教育机构教育经费的监督管理，提高教育投资效益。

第六十四条　地方各级人民政府及其有关行政部门必须把学校的基本建设纳入城

乡建设规划，统筹安排学校的基本建设用地及所需物资，按照国家有关规定实行优先、优惠政策。

第六十五条 各级人民政府对教科书及教学用图书资料的出版发行，对教学仪器、设备的生产和供应，对用于学校教育教学和科学研究的图书资料、教学仪器、设备的进口，按照国家有关规定实行优先、优惠政策。

第六十六条 国家推进教育信息化，加快教育信息基础设施建设，利用信息技术促进优质教育资源普及共享，提高教育教学水平和教育管理水平。

县级以上人民政府及其有关部门应当发展教育信息技术和其他现代化教学方式，有关行政部门应当优先安排，给予扶持。

国家鼓励学校及其他教育机构推广运用现代化教学方式。

第八章 教育对外交流与合作

第六十七条 国家鼓励开展教育对外交流与合作，支持学校及其他教育机构引进优质教育资源，依法开展中外合作办学，发展国际教育服务，培养国际化人才。

教育对外交流与合作坚持独立自主、平等互利、相互尊重的原则，不得违反中国法律，不得损害国家主权、安全和社会公共利益。

第六十八条 中国境内公民出国留学、研究、进行学术交流或者任教，依照国家有关规定办理。

第六十九条 中国境外个人符合国家规定的条件并办理有关手续后，可以进入中国境内学校及其他教育机构学习、研究、进行学术交流或者任教，其合法权益受国家保护。

第七十条 中国对境外教育机构颁发的学位证书、学历证书及其他学业证书的承认，依照中华人民共和国缔结或者加入的国际条约办理，或者按照国家有关规定办理。

第九章 法律责任

第七十一条 违反国家有关规定，不按照预算核拨教育经费的，由同级人民政府限期核拨；情节严重的，对直接负责的主管人员和其他直接责任人员，依法给予处分。

违反国家财政制度、财务制度，挪用、克扣教育经费的，由上级机关责令限期归还被挪用、克扣的经费，并对直接负责的主管人员和其他直接责任人员，依法给予处分；构成犯罪的，依法追究刑事责任。

第七十二条 结伙斗殴、寻衅滋事，扰乱学校及其他教育机构教育教学秩序或者破坏校舍、场地及其他财产的，由公安机关给予治安管理处罚；构成犯罪的，依法追究刑事责任。

侵占学校及其他教育机构的校舍、场地及其他财产的，依法承担民事责任。

第七十三条 明知校舍或者教育教学设施有危险，而不采取措施，造成人员伤亡或者重大财产损失的，对直接负责的主管人员和其他直接责任人员，依法追究刑事责任。

第七十四条　违反国家有关规定，向学校或者其他教育机构收取费用的，由政府责令退还所收费用；对直接负责的主管人员和其他直接责任人员，依法给予处分。

第七十五条　违反国家有关规定，举办学校或者其他教育机构的，由教育行政部门或者其他有关行政部门予以撤销；有违法所得的，没收违法所得；对直接负责的主管人员和其他直接责任人员，依法给予处分。

第七十六条　学校或者其他教育机构违反国家有关规定招收学生的，由教育行政部门或者其他有关行政部门责令退回招收的学生，退还所收费用；对学校、其他教育机构给予警告，可以处违法所得五倍以下罚款；情节严重的，责令停止相关招生资格一年以上三年以下，直至撤销招生资格、吊销办学许可证；对直接负责的主管人员和其他直接责任人员，依法给予处分；构成犯罪的，依法追究刑事责任。

第七十七条　在招收学生工作中徇私舞弊的，由教育行政部门或者其他有关行政部门责令退回招收的人员；对直接负责的主管人员和其他直接责任人员，依法给予处分；构成犯罪的，依法追究刑事责任。

第七十八条　学校及其他教育机构违反国家有关规定向受教育者收取费用的，由教育行政部门或者其他有关行政部门责令退还所收费用；对直接负责的主管人员和其他直接责任人员，依法给予处分。

第七十九条　考生在国家教育考试中有下列行为之一的，由组织考试的教育考试机构工作人员在考试现场采取必要措施予以制止并终止其继续参加考试；组织考试的教育考试机构可以取消其相关考试资格或者考试成绩；情节严重的，由教育行政部门责令停止参加相关国家教育考试一年以上三年以下；构成违反治安管理行为的，由公安机关依法给予治安管理处罚；构成犯罪的，依法追究刑事责任：

（一）非法获取考试试题或者答案的；

（二）携带或者使用考试作弊器材、资料的；

（三）抄袭他人答案的；

（四）让他人代替自己参加考试的；

（五）其他以不正当手段获得考试成绩的作弊行为。

第八十条　任何组织或者个人在国家教育考试中有下列行为之一，有违法所得的，由公安机关没收违法所得，并处违法所得一倍以上五倍以下罚款；情节严重的，处五日以上十五日以下拘留；构成犯罪的，依法追究刑事责任；属于国家机关工作人员的，还应当依法给予处分：

（一）组织作弊的；

（二）通过提供考试作弊器材等方式为作弊提供帮助或者便利的；

（三）代替他人参加考试的；

（四）在考试结束前泄露、传播考试试题或者答案的；

（五）其他扰乱考试秩序的行为。

第八十一条　举办国家教育考试，教育行政部门、教育考试机构疏于管理，造成考场秩序混乱、作弊情况严重的，对直接负责的主管人员和其他直接责任人员，依法给予处分；构成犯罪的，依法追究刑事责任。

第八十二条　学校或者其他教育机构违反本法规定，颁发学位证书、学历证书或者其他学业证书的，由教育行政部门或者其他有关行政部门宣布证书无效，责令收回或者予以没收；有违法所得的，没收违法所得；情节严重的，责令停止相关招生资格一年以上三年以下，直至撤销招生资格、颁发证书资格；对直接负责的主管人员和其他直接责任人员，依法给予处分。

前款规定以外的任何组织或者个人制造、销售、颁发假冒学位证书、学历证书或者其他学业证书，构成违反治安管理行为的，由公安机关依法给予治安管理处罚；构成犯罪的，依法追究刑事责任。

以作弊、剽窃、抄袭等欺诈行为或者其他不正当手段获得学位证书、学历证书或者其他学业证书的，由颁发机构撤销相关证书。购买、使用假冒学位证书、学历证书或者其他学业证书，构成违反治安管理行为的，由公安机关依法给予治安管理处罚。

第八十三条　违反本法规定，侵犯教师、受教育者、学校或者其他教育机构的合法权益，造成损失、损害的，应当依法承担民事责任。

第十章　附　则

第八十四条　军事学校教育由中央军事委员会根据本法的原则规定。

宗教学校教育由国务院另行规定。

第八十五条　境外的组织和个人在中国境内办学和合作办学的办法，由国务院规定。

第八十六条　本法自1995年9月1日起施行。

中华人民共和国教师法

1993 年 10 月 31 日第八届全国人民代表大会常务委员会第四次会议通过

1993 年 10 月 31 日中华人民共和国主席令第十五号公布

自 1994 年 1 月 1 日起施行

第一章　总　则

第一条　为了保障教师的合法权益，建设具有良好思想品德修养和业务素质的教师队伍，促进社会主义教育事业的发展，制定本法。

第二条 本法适用于在各级各类学校和其他教育机构中专门从事教育教学工作的教师。

第三条 教师是履行教育教学职责的专业人员，承担教书育人，培养社会主义事业建设者和接班人、提高民族素质的使命。教师应当忠诚于人民的教育事业。

第四条 各级人民政府应当采取措施，加强教师的思想政治教育和业务培训，改善教师的工作条件和生活条件，保障教师的合法权益，提高教师的社会地位。

全社会都应当尊重教师。

第五条 国务院教育行政部门主管全国的教师工作。

国务院有关部门在各自职权范围内负责有关的教师工作。

学校和其他教育机构根据国家规定，自主进行教师管理工作。

第六条 每年九月十日为教师节。

第二章 权利和义务

第七条 教师享有下列权利：

（一）进行教育教学活动，开展教育教学改革和实验；

（二）从事科学研究、学术交流，参加专业的学术团体，在学术活动中充分发表意见；

（三）指导学生的学习和发展，评定学生的品行和学业成绩；

（四）按时获取工资报酬，享受国家规定的福利待遇以及寒暑假期的带薪休假；

（五）对学校教育教学、管理工作和教育行政部门的工作提出意见和建议，通过教职工代表大会或者其他形式，参与学校的民主管理；

（六）参加进修或者其他方式的培训。

第八条 教师应当履行下列义务：

（一）遵守宪法、法律和职业道德，为人师表；

（二）贯彻国家的教育方针，遵守规章制度，执行学校的教学计划，履行教师聘约，完成教育教学工作任务；

（三）对学生进行宪法所确定的基本原则的教育和爱国主义、民族团结的教育，法制教育以及思想品德、文化、科学技术教育，组织、带领学生开展有益的社会活动；

（四）关心、爱护全体学生，尊重学生人格，促进学生在品德、智力、体质等方面全面发展；

（五）制止有害于学生的行为或者其他侵犯学生合法权益的行为，批评和抵制有害于学生健康成长的现象；

（六）不断提高思想政治觉悟和教育教学业务水平。

第九条 为保障教师完成教育教学任务，各级人民政府、教育行政部门、有关部门、学校和其他教育机构应当履行下列职责：

（一）提供符合国家安全标准的教育教学设施和设备；

（二）提供必需的图书、资料及其他教育教学用品；

（三）对教师在教育教学、科学研究中的创造性工作给以鼓励和帮助；

（四）支持教师制止有害于学生的行为或者其他侵犯学生合法权益的行为。

第三章　资格和任用

第十条　国家实行教师资格制度。

中国公民凡遵守宪法和法律，热爱教育事业，具有良好的思想品德，具备本法规定的学历或者经国家教师资格考试合格，有教育教学能力，经认定合格的，可以取得教师资格。

第十一条　取得教师资格应当具备的相应学历是：

（一）取得幼儿园教师资格，应当具备幼儿师范学校毕业及其以上学历；

（二）取得小学教师资格，应当具备中等师范学校毕业及其以上学历；

（三）取得初级中学教师、初级职业学校文化、专业课教师资格，应当具备高等师范专科学校或者其他大学专科毕业及其以上学历；

（四）取得高级中学教师资格和中等专业学校、技工学校、职业高中文化课、专业课教师资格，应当具备高等师范院校本科或者其他大学本科毕业及其以上学历；取得中等专业学校、技工学校和职业高中学生实习指导教师资格应当具备的学历，由国务院教育行政部门规定；

（五）取得高等学校教师资格，应当具备研究生或者大学本科毕业学历；

（六）取得成人教育教师资格，应当按照成人教育的层次、类别，分别具备高等、中等学校毕业及其以上学历。

不具备本法规定的教师资格学历的公民，申请获取教师资格，必须通过国家教师资格考试。国家教师资格考试制度由国务院规定。

第十二条　本法实施前已经在学校或者其他教育机构中任教的教师，未具备本法规定学历的，由国务院教育行政部门规定教师资格过渡办法。

第十三条　中小学教师资格由县级以上地方人民政府教育行政部门认定。中等专业学校、技工学校的教师资格由县级以上地方人民政府教育行政部门组织有关主管部门认定。普通高等学校的教师资格由国务院或者省、自治区、直辖市教育行政部门或者由其委托的学校认定。

具备本法规定的学历或者经国家教师资格考试合格的公民，要求有关部门认定其教师资格的，有关部门应当依照本法规定的条件予以认定。

取得教师资格的人员首次任教时，应当有试用期。

第十四条　受到剥夺政治权利或者故意犯罪受到有期徒刑以上刑事处罚的，不能取得教师资格；已经取得教师资格的，丧失教师资格。

第十五条 各级师范学校毕业生，应当按照国家有关规定从事教育教学工作。

国家鼓励非师范高等学校毕业生到中小学或者职业学校任教。

第十六条 国家实行教师职务制度，具体办法由国务院规定。

第十七条 学校和其他教育机构应当逐步实行教师聘任制。教师的聘任应当遵循双方地位平等的原则，由学校和教师签订聘任合同，明确规定双方的权利、义务和责任。

实施教师聘任制的步骤、办法由国务院教育行政部门规定。

第四章 培养和培训

第十八条 各级人民政府和有关部门应当办好师范教育，并采取措施，鼓励优秀青年进入各级师范学校学习。各级教师进修学校承担培训中小学教师的任务。

非师范学校应当承担培养和培训中小学教师的任务。

各级师范学校学生享受专业奖学金。

第十九条 各级人民政府教育行政部门、学校主管部门和学校应当制定教师培训规划，对教师进行多种形式的思想政治、业务培训。

第二十条 国家机关、企业事业单位和其他社会组织应当为教师的社会调查和社会实践提供方便，给予协助。

第二十一条 各级人民政府应当采取措施，为少数民族地区和边远贫困地区培养、培训教师。

第五章 考 核

第二十二条 学校或者其他教育机构应当对教师的政治思想、业务水平、工作态度和工作成绩进行考核。

教育行政部门对教师的考核工作进行指导、监督。

第二十三条 考核应当客观、公正、准确，充分听取教师本人、其他教师以及学生的意见。

第二十四条 教师考核结果是受聘任教、晋升工资、实施奖惩的依据。

第六章 待 遇

第二十五条 教师的平均工资水平应当不低于或者高于国家公务员的平均工资水平，并逐步提高。建立正常晋级增薪制度，具体办法由国务院规定。

第二十六条 中小学教师和职业学校教师享受教龄津贴和其他津贴，具体办法由国务院教育行政部门会同有关部门制定。

第二十七条 地方各级人民政府对教师以及具有中专以上学历的毕业生到少数民族地区和边远贫困地区从事教育教学工作的，应当予以补贴。

第二十八条 地方各级人民政府和国务院有关部门，对城市教师住房的建设、租赁、出售实行优先、优惠。

县、乡两级人民政府应当为农村中小学教师解决住房提供方便。

第二十九条　教师的医疗同当地国家公务员享受同等的待遇；定期对教师进行身体健康检查，并因地制宜安排教师进行休养。

医疗机构应当对当地教师的医疗提供方便。

第三十条　教师退休或者退职后，享受国家规定的退休或者退职待遇。

县级以上地方人民政府可以适当提高长期从事教育教学工作的中小学退休教师的退休金比例。

第三十一条　各级人民政府应当采取措施，改善国家补助、集体支付工资的中小学教师的待遇，逐步做到在工资收入上与国家支付工资的教师同工同酬，具体办法由地方各级人民政府根据本地区的实际情况规定。

第三十二条　社会力量所办学校的教师的待遇，由举办者自行确定并予以保障。

第七章　奖　励

第三十三条　教师在教育教学、培养人才、科学研究、教学改革、学校建设、社会服务、勤工俭学等方面成绩优异的，由所在学校予以表彰、奖励。

国务院和地方各级人民政府及其有关部门对有突出贡献的教师，应当予以表彰、奖励。

对有重大贡献的教师，依照国家有关规定授予荣誉称号。

第三十四条　国家支持和鼓励社会组织或者个人向依法成立的奖励教师的基金组织捐助资金，对教师进行奖励。

第八章　法律责任

第三十五条　侮辱、殴打教师的，根据不同情况，分别给予行政处分或者行政处罚；造成损害的，责令赔偿损失；情节严重，构成犯罪的，依法追究刑事责任。

第三十六条　对依法提出申诉、控告、检举的教师进行打击报复的，由其所在单位或者上级机关责令改正；情节严重的，可以根据具体情况给予行政处分。

国家工作人员对教师打击报复构成犯罪的，依照刑法第一百四十六条的规定追究刑事责任。

第三十七条　教师有下列情形之一的，由所在学校、其他教育机构或者教育行政部门给予行政处分或者解聘：

(一)故意不完成教育教学任务给教育教学工作造成损失的；

(二)体罚学生，经教育不改的；

(三)品行不良、侮辱学生，影响恶劣的。

教师有前款第(二)项、第(三)项所列情形之一，情节严重，构成犯罪的，依法追究刑事责任。

第三十八条　地方人民政府对违反本法规定，拖欠教师工资或者侵犯教师其他合法权益的，应当责令其限期改正。

违反国家财政制度、财务制度，挪用国家财政用于教育的经费，严重妨碍教育教学工作，拖欠教师工资，损害教师合法权益的，由上级机关责令限期归还被挪用的经费，并对直接责任人员给予行政处分；情节严重，构成犯罪的，依法追究刑事责任。

第三十九条　教师对学校或者其他教育机构侵犯其合法权益的，或者对学校或者其他教育机构作出的处理不服的，可以向教育行政部门提出申诉，教育行政部门应当在接到申诉的三十日内，作出处理。

教师认为当地人民政府有关行政部门侵犯其根据本法规定享有的权利的，可以向同级人民政府或者上一级人民政府有关部门提出申诉，同级人民政府或者上一级人民政府有关部门应当作出处理。

第九章　附　则

第四十条　本法下列用语的含义是：

（一）各级各类学校，是指实施学前教育、普通初等教育、普通中等教育、职业教育、普通高等教育以及特殊教育、成人教育的学校。

（二）其他教育机构，是指少年宫以及地方教研室、电化教育机构等。

（三）中小学教师，是指幼儿园、特殊教育机构、普通中小学、成人初等中等教育机构、职业中学以及其他教育机构的教师。

第四十一条　学校和其他教育机构中的教育教学辅助人员，其他类型的学校的教师和教育教学辅助人员，可以根据实际情况参照本法的有关规定执行。

军队所属院校的教师和教育教学辅助人员，由中央军事委员会依照本法制定有关规定。

第四十二条　外籍教师的聘任办法由国务院教育行政部门规定。

第四十三条　本法自 1994 年 1 月 1 日起施行。

中华人民共和国义务教育法

1986 年 4 月 12 日第六届全国人民代表大会第四次会议通过

1986 年 4 月 12 日中华人民共和国主席令第三十八号公布

自 1986 年 7 月 1 日起施行

（1986 年 4 月 12 日第六届全国人民代表大会第四次会议通过；2006 年 6 月 29 日第十届全国人民代表大会常务委员会第二十二次会议修订；根据 2015 年 4 月 24 日第十二届全国人民代表大会常务委员会第十四次会议全国人民代表大会常务委员会《关于修改〈中华人民共和国义务教育法〉等五部法律的决定》修正）

第一章　总　则

第一条　为了保障教师的合法权益，建设具有良好思想品德修养和业务素质的教师队伍，促进社会主义教育事业的发展，制定本法。

第二条　本法适用于在各级各类学校和其他教育机构中专门从事教育教学工作的教师。

第三条　教师是履行教育教学职责的专业人员，承担教书育人，培养社会主义事业建设者和接班人、提高民族素质的使命。教师应当忠诚于人民的教育事业。

第四条　各级人民政府应当采取措施，加强教师的思想政治教育和业务培训，改善教师的工作条件和生活条件，保障教师的合法权益，提高教师的社会地位。

全社会都应当尊重教师。

第五条　国务院教育行政部门主管全国的教师工作。

国务院有关部门在各自职权范围内负责有关的教师工作。

学校和其他教育机构根据国家规定，自主进行教师管理工作。

第六条　每年九月十日为教师节。

第二章　权利和义务

第七条　教师享有下列权利：

(一)进行教育教学活动，开展教育教学改革和实验；

(二)从事科学研究、学术交流，参加专业的学术团体，在学术活动中充分发表意见；

(三)指导学生的学习和发展，评定学生的品行和学业成绩；

(四)按时获取工资报酬，享受国家规定的福利待遇以及寒暑假期的带薪休假；

(五)对学校教育教学、管理工作和教育行政部门的工作提出意见和建议，通过教职工代表大会或者其他形式，参与学校的民主管理；

(六)参加进修或者其他方式的培训。

第八条　教师应当履行下列义务：

(一)遵守宪法、法律和职业道德，为人师表；

(二)贯彻国家的教育方针，遵守规章制度，执行学校的教学计划，履行教师聘约，完成教育教学工作任务；

(三)对学生进行宪法所确定的基本原则的教育和爱国主义、民族团结的教育，法制教育以及思想品德、文化、科学技术教育，组织、带领学生开展有益的社会活动；

(四)关心、爱护全体学生，尊重学生人格，促进学生在品德、智力、体质等方面全面发展；

(五)制止有害于学生的行为或者其他侵犯学生合法权益的行为，批评和抵制有害于学生健康成长的现象；

(六)不断提高思想政治觉悟和教育教学业务水平。

第九条　为保障教师完成教育教学任务，各级人民政府、教育行政部门、有关部门、学校和其他教育机构应当履行下列职责：

（一）提供符合国家安全标准的教育教学设施和设备；

（二）提供必需的图书、资料及其他教育教学用品；

（三）对教师在教育教学、科学研究中的创造性工作给以鼓励和帮助；

（四）支持教师制止有害于学生的行为或者其他侵犯学生合法权益的行为。

第三章　资格和任用

第十条　国家实行教师资格制度。

中国公民凡遵守宪法和法律，热爱教育事业，具有良好的思想品德，具备本法规定的学历或者经国家教师资格考试合格，有教育教学能力，经认定合格的，可以取得教师资格。

第十一条　取得教师资格应当具备的相应学历是：

（一）取得幼儿园教师资格，应当具备幼儿师范学校毕业及其以上学历；

（二）取得小学教师资格，应当具备中等师范学校毕业及其以上学历；

（三）取得初级中学教师、初级职业学校文化、专业课教师资格，应当具备高等师范专科学校或者其他大学专科毕业及其以上学历；

（四）取得高级中学教师资格和中等专业学校、技工学校、职业高中文化课、专业课教师资格，应当具备高等师范院校本科或者其他大学本科毕业及其以上学历；取得中等专业学校、技工学校和职业高中学生实习指导教师资格应当具备的学历，由国务院教育行政部门规定；

（五）取得高等学校教师资格，应当具备研究生或者大学本科毕业学历；

（六）取得成人教育教师资格，应当按照成人教育的层次、类别，分别具备高等、中等学校毕业及其以上学历。

不具备本法规定的教师资格学历的公民，申请获取教师资格，必须通过国家教师资格考试。国家教师资格考试制度由国务院规定。

第十二条　本法实施前已经在学校或者其他教育机构中任教的教师，未具备本法规定学历的，由国务院教育行政部门规定教师资格过渡办法。

第十三条　中小学教师资格由县级以上地方人民政府教育行政部门认定。中等专业学校、技工学校的教师资格由县级以上地方人民政府教育行政部门组织有关主管部门认定。普通高等学校的教师资格由国务院或者省、自治区、直辖市教育行政部门或者由其委托的学校认定。

具备本法规定的学历或者经国家教师资格考试合格的公民，要求有关部门认定其教师资格的，有关部门应当依照本法规定的条件予以认定。

取得教师资格的人员首次任教时，应当有试用期。

第十四条　受到剥夺政治权利或者故意犯罪受到有期徒刑以上刑事处罚的，不能取得教师资格；已经取得教师资格的，丧失教师资格。

第十五条　各级师范学校毕业生，应当按照国家有关规定从事教育教学工作。

国家鼓励非师范高等学校毕业生到中小学或者职业学校任教。

第十六条　国家实行教师职务制度，具体办法由国务院规定。

第十七条　学校和其他教育机构应当逐步实行教师聘任制。教师的聘任应当遵循双方地位平等的原则，由学校和教师签订聘任合同，明确规定双方的权利、义务和责任。

实施教师聘任制的步骤、办法由国务院教育行政部门规定。

第四章　培养和培训

第十八条　各级人民政府和有关部门应当办好师范教育，并采取措施，鼓励优秀青年进入各级师范学校学习。各级教师进修学校承担培训中小学教师的任务。

非师范学校应当承担培养和培训中小学教师的任务。

各级师范学校学生享受专业奖学金。

第十九条　各级人民政府教育行政部门、学校主管部门和学校应当制定教师培训规划，对教师进行多种形式的思想政治、业务培训。

第二十条　国家机关、企业事业单位和其他社会组织应当为教师的社会调查和社会实践提供方便，给予协助。

第二十一条　各级人民政府应当采取措施，为少数民族地区和边远贫困地区培养、培训教师。

第五章　考　核

第二十二条　学校或者其他教育机构应当对教师的政治思想、业务水平、工作态度和工作成绩进行考核。

教育行政部门对教师的考核工作进行指导、监督。

第二十三条　考核应当客观、公正、准确，充分听取教师本人、其他教师以及学生的意见。

第二十四条　教师考核结果是受聘任教、晋升工资、实施奖惩的依据。

第六章　待　遇

第二十五条　教师的平均工资水平应当不低于或者高于国家公务员的平均工资水平，并逐步提高。建立正常晋级增薪制度，具体办法由国务院规定。

第二十六条　中小学教师和职业学校教师享受教龄津贴和其他津贴，具体办法由国务院教育行政部门会同有关部门制定。

第二十七条　地方各级人民政府对教师以及具有中专以上学历的毕业生到少数民族地区和边远贫困地区从事教育教学工作的，应当予以补贴。

第二十八条　地方各级人民政府和国务院有关部门，对城市教师住房的建设、租赁、出售实行优先、优惠。

县、乡两级人民政府应当为农村中小学教师解决住房提供方便。

第二十九条　教师的医疗同当地国家公务员享受同等的待遇；定期对教师进行身体健康检查，并因地制宜安排教师进行休养。

医疗机构应当对当地教师的医疗提供方便。

第三十条　教师退休或者退职后，享受国家规定的退休或者退职待遇。

县级以上地方人民政府可以适当提高长期从事教育教学工作的中小学退休教师的退休金比例。

第三十一条　各级人民政府应当采取措施，改善国家补助、集体支付工资的中小学教师的待遇，逐步做到在工资收入上与国家支付工资的教师同工同酬，具体办法由地方各级人民政府根据本地区的实际情况规定。

第三十二条　社会力量所办学校的教师的待遇，由举办者自行确定并予以保障。

第七章　奖　励

第三十三条　教师在教育教学、培养人才、科学研究、教学改革、学校建设、社会服务、勤工俭学等方面成绩优异的，由所在学校予以表彰、奖励。

国务院和地方各级人民政府及其有关部门对有突出贡献的教师，应当予以表彰、奖励。

对有重大贡献的教师，依照国家有关规定授予荣誉称号。

第三十四条　国家支持和鼓励社会组织或者个人向依法成立的奖励教师的基金组织捐助资金，对教师进行奖励。

第八章　法律责任

第三十五条　侮辱、殴打教师的，根据不同情况，分别给予行政处分或者行政处罚；造成损害的，责令赔偿损失；情节严重，构成犯罪的，依法追究刑事责任。

第三十六条　对依法提出申诉、控告、检举的教师进行打击报复的，由其所在单位或者上级机关责令改正；情节严重的，可以根据具体情况给予行政处分。

国家工作人员对教师打击报复构成犯罪的，依照刑法第一百四十六条的规定追究刑事责任。

第三十七条　教师有下列情形之一的，由所在学校、其他教育机构或者教育行政部门给予行政处分或者解聘：

（一）故意不完成教育教学任务给教育教学工作造成损失的；

（二）体罚学生，经教育不改的；

（三）品行不良、侮辱学生，影响恶劣的。

教师有前款第（二）项、第（三）项所列情形之一，情节严重，构成犯罪的，依法追究刑事责任。

第三十八条 地方人民政府对违反本法规定，拖欠教师工资或者侵犯教师其他合法权益的，应当责令其限期改正。

违反国家财政制度、财务制度，挪用国家财政用于教育的经费，严重妨碍教育教学工作，拖欠教师工资，损害教师合法权益的，由上级机关责令限期归还被挪用的经费，并对直接责任人员给予行政处分；情节严重，构成犯罪的，依法追究刑事责任。

第三十九条 教师对学校或者其他教育机构侵犯其合法权益的，或者对学校或者其他教育机构作出的处理不服的，可以向教育行政部门提出申诉，教育行政部门应当在接到申诉的三十日内，作出处理。

教师认为当地人民政府有关行政部门侵犯其根据本法规定享有的权利的，可以向同级人民政府或者上一级人民政府有关部门提出申诉，同级人民政府或者上一级人民政府有关部门应当作出处理。

第九章 附 则

第四十条 本法下列用语的含义是：

（一）各级各类学校，是指实施学前教育、普通初等教育、普通中等教育、职业教育、普通高等教育以及特殊教育、成人教育的学校。

（二）其他教育机构，是指少年宫以及地方教研室、电化教育机构等。

（三）中小学教师，是指幼儿园、特殊教育机构、普通中小学、成人初等中等教育机构、职业中学以及其他教育机构的教师。

第四十一条 学校和其他教育机构中的教育教学辅助人员，其他类型的学校的教师和教育教学辅助人员，可以根据实际情况参照本法的有关规定执行。

军队所属院校的教师和教育教学辅助人员，由中央军事委员会依照本法制定有关规定。

第四十二条 外籍教师的聘任办法由国务院教育行政部门规定。

第四十三条 本法自 1994 年 1 月 1 日起施行。

中华人民共和国职业教育法

1996 年 5 月 15 日第八届全国人民代表大会常务委员会第十九次会议通过

1996 年 5 月 15 日中华人民共和国主席令第六十九号公布

自 1996 年 9 月 1 日起施行

第一章 总 则

第一条 为了实施科教兴国战略，发展职业教育，提高劳动者素质，促进社会主义现代化建设，根据教育法和劳动法，制定本法。

第二条 本法适用于各级各类职业学校教育和各种形式的职业培训。国家机关实施的对国家机关工作人员的专门培训由法律、行政法规另行规定。

第三条 职业教育是国家教育事业的重要组成部分，是促进经济、社会发展和劳动就业的重要途径。

国家发展职业教育，推进职业教育改革，提高职业教育质量，建立、健全适应社会主义市场经济和社会进步需要的职业教育制度。

第四条 实施职业教育必须贯彻国家教育方针，对受教育者进行思想政治教育和职业道德教育，传授职业知识，培养职业技能，进行职业指导，全面提高受教育者的素质。

第五条 公民有依法接受职业教育的权利。

第六条 各级人民政府应当将发展职业教育纳入国民经济和社会发展规划。

行业组织和企业、事业组织应当依法履行实施职业教育的义务。

第七条 国家采取措施，发展农村职业教育，扶持少数民族地区、边远贫困地区职业教育的发展。

国家采取措施，帮助妇女接受职业教育，组织失业人员接受各种形式的职业教育，扶持残疾人职业教育的发展。

第八条 实施职业教育应当根据实际需要，同国家制定的职业分类和职业等级标准相适应，实行学历证书、培训证书和职业资格证书制度。

国家实行劳动者在就业前或者上岗前接受必要的职业教育的制度。

第九条 国家鼓励并组织职业教育的科学研究。

第十条 国家对在职业教育中作出显著成绩的单位和个人给予奖励。

第十一条 国务院教育行政部门负责职业教育工作的统筹规划、综合协调、宏观管理。

国务院教育行政部门、劳动行政部门和其他有关部门在国务院规定的职责范围内，分别负责有关的职业教育工作。

县级以上地方各级人民政府应当加强对本行政区域内职业教育工作的领导、统筹协调和督导评估。

第二章 职业教育体系

第十二条 国家根据不同地区的经济发展水平和教育普及程度，实施以初中后为重点的不同阶段的教育分流，建立、健全职业学校教育与职业培训并举，并与其他教育相互沟通、协调发展的职业教育体系。

第十三条 职业学校教育分为初等、中等、高等职业学校教育。

初等、中等职业学校教育分别由初等、中等职业学校实施；高等职业学校教育根据需要和条件由高等职业学校实施，或者由普通高等学校实施。其他学校按照教育行政部门的统筹规划，可以实施同层次的职业学校教育。

第十四条　职业培训包括从业前培训、转业培训、学徒培训、在岗培训、转岗培训及其他职业性培训，可以根据实际情况分为初级、中级、高级职业培训。

职业培训分别由相应的职业培训机构、职业学校实施。

其他学校或者教育机构可以根据办学能力，开展面向社会的、多种形式的职业培训。

第十五条　残疾人职业教育除由残疾人教育机构实施外，各级各类职业学校和职业培训机构及其他教育机构应当按照国家有关规定接纳残疾学生。

第十六条　普通中学可以因地制宜地开设职业教育的课程，或者根据实际需要适当增加职业教育的教学内容。

第三章　职业教育的实施

第十七条　县级以上地方各级人民政府应当举办发挥骨干和示范作用的职业学校、职业培训机构，对农村、企业、事业组织、社会团体、其他社会组织及公民个人依法举办的职业学校和职业培训机构给予指导和扶持。

第十八条　县级人民政府应当适应农村经济、科学技术、教育统筹发展的需要，举办多种形式的职业教育，开展实用技术的培训，促进农村职业教育的发展。

第十九条　政府主管部门、行业组织应当举办或者联合举办职业学校、职业培训机构，组织、协调、指导本行业的企业、事业组织举办职业学校、职业培训机构。

国家鼓励运用现代化教学手段，发展职业教育。

第二十条　企业应当根据本单位的实际，有计划地对本单位的职工和准备录用的人员实施职业教育。

企业可以单独举办或者联合举办职业学校、职业培训机构，也可以委托学校、职业培训机构对本单位的职工和准备录用的人员实施职业教育。

从事技术工种的职工，上岗前必须经过培训；从事特种作业的职工必须经过培训，并取得特种作业资格。

第二十一条　国家鼓励事业组织、社会团体、其他社会组织及公民个人按照国家有关规定举办职业学校、职业培训机构。

境外的组织和个人在中国境内举办职业学校、职业培训机构的办法，由国务院规定。

第二十二条　联合举办职业学校、职业培训机构，举办者应当签订联合办学合同。

政府主管部门、行业组织、企业、事业组织委托学校、职业培训机构实施职业教育的，应当签订委托合同。

第二十三条　职业学校、职业培训机构实施职业教育应当实行产教结合，为本地区经济建设服务，与企业密切联系，培养实用人才和熟练劳动者。

职业学校、职业培训机构可以举办与职业教育有关的企业或者实习场所。

第二十四条 职业学校的设立，必须符合下列基本条件：

(一)有组织机构和章程；

(二)有合格的教师；

(三)有符合规定标准的教学场所、与职业教育相适应的设施、设备；

(四)有必备的办学资金和稳定的经费来源。

职业培训机构的设立，必须符合下列基本条件：

(一)有组织机构和管理制度；

(二)有与培训任务相适应的教师和管理人员；

(三)有与进行培训相适应的场所、设施、设备；

(四)有相应的经费。

职业学校和职业培训机构的设立、变更和终止，应当按照国家有关规定执行。

第二十五条 接受职业学校教育的学生，经学校考核合格，按照国家有关规定，发给学历证书。接受职业培训的学生，经培训的职业学校或者职业培训机构考核合格，按照国家有关规定，发给培训证书。

学历证书、培训证书按照国家有关规定，作为职业学校、职业培训机构的毕业生、结业生从业的凭证。

第四章 职业教育的保障条件

第二十六条 国家鼓励通过多种渠道依法筹集发展职业教育的资金。

第二十七条 省、自治区、直辖市人民政府应当制定本地区职业学校学生人数平均经费标准；国务院有关部门应当会同国务院财政部门制定本部门职业学校学生人数平均经费标准。职业学校举办者应当按照学生人数平均经费标准足额拨付职业教育经费。

各级人民政府、国务院有关部门用于举办职业学校和职业培训机构的财政性经费应当逐步增长。

任何组织和个人不得挪用、克扣职业教育的经费。

第二十八条 企业应当承担对本单位的职工和准备录用的人员进行职业教育的费用，具体办法由国务院有关部门会同国务院财政部门或者省、自治区、直辖市人民政府依法规定。

第二十九条 企业未按本法第二十条的规定实施职业教育的，县级以上地方人民政府应当责令改正；拒不改正的，可以收取企业应当承担的职业教育经费，用于本地区的职业教育。

第三十条 省、自治区、直辖市人民政府按照教育法的有关规定决定开征的用于教育的地方附加费，可以专项或者安排一定比例用于职业教育。

第三十一条 各级人民政府可以将农村科学技术开发、技术推广的经费，适当用于农村职业培训。

第三十二条　职业学校、职业培训机构可以对接受中等、高等职业学校教育和职业培训的学生适当收取学费，对经济困难的学生和残疾学生应当酌情减免。收费办法由省、自治区、直辖市人民政府规定。

国家支持企业、事业组织、社会团体、其他社会组织及公民个人按照国家有关规定设立职业教育奖学金、贷学金，奖励学习成绩优秀的学生或者资助经济困难的学生。

第三十三条　职业学校、职业培训机构举办企业和从事社会服务的收入应当主要用于发展职业教育。

第三十四条　国家鼓励金融机构运用信贷手段，扶持发展职业教育。

第三十五条　国家鼓励企业、事业组织、社会团体、其他社会组织及公民个人对职业教育捐资助学，鼓励境外的组织和个人对职业教育提供资助和捐赠。提供的资助和捐赠，必须用于职业教育。

第三十六条　县级以上各级人民政府和有关部门应当将职业教育教师的培养和培训工作纳入教师队伍建设规划，保证职业教育教师队伍适应职业教育发展的需要。

职业学校和职业培训机构可以聘请专业技术人员、有特殊技能的人员和其他教育机构的教师担任兼职教师。有关部门和单位应当提供方便。

第三十七条　国务院有关部门、县级以上地方各级人民政府以及举办职业学校、职业培训机构的组织、公民个人，应当加强职业教育生产实习基地的建设。

企业、事业组织应当接纳职业学校和职业培训机构的学生和教师实习；对上岗实习的，应当给予适当的劳动报酬。

第三十八条　县级以上各级人民政府和有关部门应当建立、健全职业教育服务体系，加强职业教育教材的编辑、出版和发行工作。

第五章　附　则

第三十九条　在职业教育活动中违反教育法规定的，应当依照教育法的有关规定给予处罚。

第四十条　本法自 1996 年 9 月 1 日起施行。

教育部关于建立健全中小学师德建设长效机制的意见

教师〔2013〕10 号

各省、自治区、直辖市教育厅（教委），新疆生产建设兵团教育局，部属师范大学：

教师是教育的根本，师德是教师的灵魂。长期以来，全国广大中小学教师教书育人，敬业奉献，为我国教育事业改革和发展作出了重要贡献，赢得了全社会的广泛赞誉和普遍尊重。但是，近年来极少数教师严重违反师德的现象时有发生，引起社会广泛关注，损害了教师队伍的整体形象。为贯彻落实《国务院关于加强教师队伍建设的意见》，以社会主义核心价值体系为引领，充分尊重教师主体地位，大力弘扬高尚师德，切实解决当前出现的师德突出问题，引导教师立德树人，为人师表，不断提升人格修养和学识修养，努力建设一支师德高尚、业务精湛、结构合理、充满活力的中小学教师队伍。现就建立健全教育、宣传、考核、监督与奖惩相结合的中小学师德建设长效机制提出如下意见：

一、创新师德教育，引导教师树立远大职业理想。将师德教育纳入教师教育课程体系。师范生培养必须开设师德教育课程，新任教师岗前培训开设师德教育专题，在职教师培训把师德教育作为重要内容，记入培训学分。重视法制教育、心理健康教育和民族团结教育。创新师德教育内容、模式和方法，突出针对性和实效性。采取实践反思，师德典型案例评析，情景教学等丰富师德教育形式，把教书育人楷模、一线优秀教师等请进课堂，用优秀教师的感人事迹诠释师德内涵。结合教育教学、社会实践活动开展师德教育，切实增强师德教育效果。

二、加强师德宣传，营造尊师重教的社会氛围。将师德宣传作为教育行政部门和学校重点工作。坚持正确舆论导向，大力宣传教师的地位和作用，让全社会广泛了解教师工作的重要性和特殊性。大力树立和宣传优秀教师先进典型，通过组织举办形式多样、务实有效的活动，深入宣传优秀教师先进事迹，充分展现当代教师的精神风貌，弘扬高尚师德，弘扬主旋律，增强正能量。针对师德建设中出现的热点、难点问题，要及时应对并加以引导。充分利用教师节等重大节庆日、纪念日的契机，联合电视、广播、报纸、网络等多种媒体集中宣传优秀教师先进事迹，努力营造尊师重教的浓厚社会氛围。

三、严格师德考核，促进教师自觉加强师德修养。将师德考核作为教师考核的核心内容，摆在首要位置。各级教育行政部门要制定师德考核办法，学校制定具体的实施细则。师德考核应充分尊重教师主体地位，符合教师职业性质，促进教师专业发展；坚持公平、公正、公开原则；采取教师个人自评、家长和学生参与测评、考核工作小组综合评定等多种方式进行。考核结果一般分为优秀、合格、基本合格、不合格四个等次。考核结果公示后存入师德考核档案并报学校主管部门备案。师德考核不合格者年度考核应评定为不合格，并在教师资格定期注册、职务（职称）评审、岗位聘用、评优奖励和特级教师评选等环节实行一票否决。

四、突出师德激励，促进形成重德养德良好风气。将师德表彰奖励纳入教师和教育工作者奖励范围。完善师德表彰奖励制度。把师德表现作为评选教书育人楷模，模范教师、教育系统先进工作者，优秀教师、优秀教育工作者，中小学优秀班主任、中小学德育先进工作者等表彰奖励的必要条件。在同等条件下，师德表现突出的，优先评选特级教师和晋升教师职务（职称）、选培学科带头人和骨干教师。

五、强化师德监督，有效防止失德行为。教育行政部门和学校要建立健全师德年度评议制度，师德问题报告制度，师德状况定期调查分析制度和师德舆情快速反应制度，及时研究加强和改进师德建设的政策和措施。构建学校、教师、学生、家长和社会广泛参与的师德监督体系。教育行政部门和学校要建立行之有效的多种形式的师德投诉、举报平台，及时获取掌握师德信息动态，及时发现并纠正不良倾向和问题，将违反师德行为消除在萌芽状态。要将师德建设纳入教育督导评估体系。

六、规范师德惩处，坚决遏制失德行为蔓延。建立健全违反师德行为的惩处制度。依据有关法律法规和《中小学教师职业道德规范》，教育部研究制定《中小学教师违反职业道德行为处理办法》，明确教师不可触犯的师德禁行性行为，并提出相应处理办法。对危害严重、影响恶劣者，要坚决清除出教师队伍。建立问责制度。对教师严重违反师德行为监管不力、拒不处分、拖延处分或推诿隐瞒，造成不良影响或严重后果的，要追究学校或教育主管部门主要负责人的责任。对涉及违法犯罪的要及时移交司法部门。

七、注重师德保障，将师德建设工作落到实处。建立师德建设领导责任制度。地方各级教育行政部门负责对师德建设工作的指导和监管，主要负责人是师德建设工作第一责任人，有关职责要落实到具体的职能机构和人员。各地要结合实际，制订本地师德建设规划和实施方案。充分发挥教育工会等教师行业组织在师德建设中的积极作用。中小学校要把师德建设摆在教师工作首位，贯穿于管理工作全过程。中小学校长要亲自抓师德建设。学校基层党组织、广大党员教师要充分发挥政治核心和先锋模范作用。学校教代会和群团组织紧密配合，形成加强和推进师德建设合力。

教育部

2013 年 9 月 2 日

教育部、中国教科文卫体工会全国委员会关于重新修订和印发《中小学教师职业道德规范》的通知

教师〔2008〕2 号

各省、自治区、直辖市教育厅(教委)、教科文卫体(教育)工会，新疆生产建设兵团教育局、教育工会，有关部门(单位)教育司(局)：

为贯彻落实党的十七大精神和胡锦涛总书记"8.31"重要讲话精神，进一步加强教师队伍建设，全面提高中小学教师队伍的师德素质和专业水平，在广泛征求意见的基础上，对 1997 年国家教委和全国教育工会联合印发的《中小学教师职业道德规范》进行

了修订，现予印发，并就学习宣传和贯彻实施工作提出如下要求：

一、充分认识新时期加强教师职业道德建设的重要意义

教师是人类灵魂的工程师，是青少年学生成长的引路人。教师的思想政治素质和职业道德水平直接关系到中小学德育工作状况和亿万青少年的健康成长，关系到国家的前途命运和民族的未来。加强中小学教师职业道德建设，提高教师的师德素养，对于确保党的事业后继有人和社会主义事业兴旺发达，全面建设小康社会，构建社会主义和谐社会，实现中华民族伟大复兴，具有十分重要的意义。

长期以来，广大教师教书育人，敬业奉献，赢得了全社会的尊重，教师队伍中不断涌现出一批又一批可歌可泣的模范人物。在今年发生的四川汶川大地震中，震区广大教师奋不顾身地保护学生，表现了崇高的师德精神。在新形势下修订并重新印发《中小学教师职业道德规范》，对于激励和引导广大教师向全国教育系统的模范教师，特别是抗震救灾英模教师学习，树立崇高的职业理想，自觉规范思想行为和职业行为，做让人民满意的教师，具有重要的现实意义。

二、全面准确地理解《中小学教师职业道德规范(2008 年修订)》的基本内容

《规范》的基本内容继承了我国的优秀师德传统，并充分反映了新形势下经济、社会和教育发展对中小学教师应有的道德品质和职业行为的基本要求。《规范》对教师的职业道德起指导作用，是调节教师与学生、教师与学校、教师与国家、教师与社会相互关系的基本行为准则。《规范》不是对教师的全部道德行为和教育教学工作的要求，不能取代学校的其他各项规章制度。《规范》的许多内容是《中华人民共和国教师法》相关条文的具体化，各地教育行政部门和学校在学习贯彻时应注意和教育法规的学习结合进行。

三、认真做好《中小学教师职业道德规范(2008 年修订)》的学习宣传和贯彻实施工作

1. 各级教育行政部门、教育系统工会和中小学校要高度重视，并认真组织好《规范》的学习宣传。要通过开展主题学习、研讨会、座谈会等形式多样和扎实有效的教育活动，组织广大教师深入学习和贯彻《规范》，帮助广大教师全面了解新时期教师职业道德的基本要求，统一思想认识，规范职业行为，全面提高师德素养，营造良好的教书育人环境。学校领导要言传身教，率先垂范。

2. 各级教育行政部门、教育系统工会和学校要把贯彻实施《规范》列入师德建设的重要议事日程，结合当地的实际情况，制订具体的实施办法和工作计划。要将学习《规范》的内容和要求列入教师的继续教育计划，把教师贯彻落实《规范》的情况列为教师岗位责任制的要求，定期考核检查。

各地学习贯彻《规范》的情况请及时报送教育部师范教育司。

附件：中小学教师职业道德规范(2008 年修订)

中华人民共和国教育部

2008 年 9 月 1 日

附件：

中小学教师职业道德规范

（2008 年修订）

一、爱国守法。热爱祖国，热爱人民，拥护中国共产党领导，拥护社会主义。全面贯彻国家教育方针，自觉遵守教育法律法规，依法履行教师职责权利。不得有违背党和国家方针政策的言行。

二、爱岗敬业。忠诚于人民教育事业，志存高远，勤恳敬业，甘为人梯，乐于奉献。对工作高度负责，认真备课上课，认真批改作业，认真辅导学生。不得敷衍塞责。

三、关爱学生。关心爱护全体学生，尊重学生人格，平等公正对待学生。对学生严慈相济，做学生良师益友。保护学生安全，关心学生健康，维护学生权益。不讽刺、挖苦、歧视学生，不体罚或变相体罚学生。

四、教书育人。遵循教育规律，实施素质教育。循循善诱，诲人不倦，因材施教。培养学生良好品行，激发学生创新精神，促进学生全面发展。不以分数作为评价学生的唯一标准。

五、为人师表。坚守高尚情操，知荣明耻，严于律己，以身作则。衣着得体，语言规范，举止文明。关心集体，团结协作，尊重同事，尊重家长。作风正派，廉洁奉公。自觉抵制有偿家教，不利用职务之便谋取私利。

六、终身学习。崇尚科学精神，树立终身学习理念，拓宽知识视野，更新知识结构。潜心钻研业务，勇于探索创新，不断提高专业素养和教育教学水平。

教育部、财政部关于实施中等职业学校教师素质提高计划的意见

教职成〔2006〕13 号

各省、自治区、直辖市教育厅（教委）、财政厅（局），各计划单列市教育局、财政局，新疆生产建设兵团教育局、财务局，全国重点建设职教师资培养培训基地：

为贯彻落实《国务院关于大力发展职业教育的决定》（国发〔2005〕35 号）关于实施"职业院校教师素质提高计划"的精神，切实提高中等职业学校教师队伍的整体素质，优化教师队伍结构，完善教师队伍建设的有效机制，现就"十一五"期间实施中等职业学校教师素质提高计划提出如下意见：

一、指导思想

以邓小平理论和"三个代表"重要思想为指导，树立和落实科学发展观，全面贯彻全国职业教育工作会议和《国务院关于大力发展职业教育的决定》的精神，适应职业教育扩大规模和提高质量的需要，着力提高中等职业学校教师队伍的整体素质特别是实践教学能力，完善职教师资培养培训体系，创新中等职业学校用人机制，加大财政的支持引导力度，全面推动职教教师队伍建设工作，加快造就一支适应职业教育以就业为导向，满足技能性和实践性教学要求的教师队伍，为职业教育持续快速健康发展提供强有力的保障。

二、目标任务

到 2010 年，培训 15 万名中等职业学校（含办学特色鲜明、成绩突出的技工类学校）专业骨干教师，其中中央财政重点支持培训 3 万名，省级培训 12 万名，优化教师队伍的素质结构，提高职业教育教学水平；支持全国重点建设职教师资培养培训基地和全国职教师资专业技能培训示范单位开发 80 个专业的师资培养培训方案、课程和教材，适应职教教师培养培训的需要；支持中等职业学校面向社会聘请专业技术人员、高技能人才兼职任教，促进教师队伍结构的优化，推动教师队伍建设的制度创新。

三、基本思路和原则

1. 统筹规划，分级实施。各级有关部门要精心策划、周密安排，以提高专业教师实践教学能力为重点，着力培训一批具有"双师"素质的专业骨干教师。按照中央、省（区、市）两级组织的方式，中央财政在中等职业学校教师素质提高计划实施中主要起引导和示范作用，地方财政等部门单位要加大经费投入力度，在教师队伍建设中发挥主体作用，整体推进该计划的实施。

2. 明确责任，分担成本。中央重点支持的 3 万名骨干教师国家级培训，按成本拨付培训经费；地方支持的 12 万名骨干教师省级培训，由地方财政、学校和教师分担培训成本；探索建立鼓励行业企业积极参与培训的有效机制，为计划的全面实施调动更广泛的社会资源。

3. 鼓励竞争，支持创新。积极引入竞争机制，采取培训机构申报、专家评审认定的项目招标方式，充分发挥职教师资基地和师资专业技能培训示范单位的主体作用，广泛调动有条件的实训基地和企业的积极性，不断优化培训资源配置。支持鼓励职教师资基地和师资专业技能培训示范单位不断更新培训内容，创新培训模式，完善职教师资培养培训项目体系，促进教师培养培训工作的科学化、规范化。

4. 重点扶持，推动改革。通过中央财政支持，资助中等职业学校面向社会广泛聘请各类优秀人才兼职任教，在缓解中等职业学校紧缺专业教师不足问题的同时，积极探索和推动职业学校用人制度的改革与创新。

四、计划的内容

1. 实施专业骨干教师国家级培训

"十一五"期间，中央财政安排专项资金，重点支持 3 万名中等职业学校专业骨干教师参加国家级培训。培训对象为中等职业学校的具有中级以上教师职务的专业带头人和骨干教师。培训任务主要由具备相关专业培训条件的全国重点建设职教师资培养培训基地和全国职教师资专业技能培训示范单位承担，同时吸收部分有条件的实训基地、企业参与，采取"基地培训＋企业实践"的模式进行，时间为两个月。参培教师先在国家公布的培训机构进行 1 个月的专业理论和教育教法培训，然后到对口企业进行 1 个月的企业实践活动，通过现场观摩、上岗操作等方式，熟悉相关专业领域的新知识、新技能、新工艺、新方法。培训结束时，教师要按规定完成教学论文或教案，经考核合格，由培训机构颁发《中等职业学校骨干教师国家级培训证书》，同时，培训机构要创造条件，支持和帮助教师按照国家有关规定取得相关专业技术资格或职业资格证书。

2007 年—2010 年，教育部、财政部每年从经过国家级培训的教师中选拔 250 名成绩优异者赴国（境）外深造 1～2 个月，重点学习国（境）外先进的职业教育教学理念和专业教学法，培养一批高水平的职业教育教学专家。

2. 实施专业骨干教师省级培训

各省（区、市）要针对教师实际培训需要，通过"基地培训"、"企业实践"或"基地培训＋企业实践"等灵活多样的方式，完成中等职业学校专业骨干教师省级培训 12 万人。培训时间不少于 1 个月。

骨干教师省级培训经费由地方财政、学校和教师个人分担。经费具体分担方式由省级财政、教育部门确定。中央财政根据各省（区、市）培训任务完成的情况，对成绩显著的地方予以适当奖励，奖励资金继续用于师资培训工作。

3. 开发重点专业师资培养培训方案、课程和教材

中央财政安排专项资金，支持全国重点建设职教师资培养培训基地和全国职教师资专业技能培训示范单位等有关机构，开发 80 个重点专业、紧缺专业的师资培养培训方案、课程和教材，完善教师培养培训项目体系，满足新师资培养、教师继续教育和校长培训等不同层次和类型的培养培训需求。各专业的师资培养培训方案、课程和教材开发一般由专业优势明显的基地学校或师资专业技能培训示范单位牵头，相关单位共同参与。项目经费要专款专用，不得用于硬件建设。各地要根据培养培训体系建设的需要，加大资金投入。

4. 实施中等职业学校紧缺专业特聘兼职教师资助计划

"十一五"期间，中央财政安排专项资金，支持一批发展势头良好、社会声誉较高、专业师资紧缺的中等职业学校从社会上聘请在职或退休的专业技术人员、高技能人才兼职任教，以补充学校专业课和实习指导教师的不足。特聘兼职教师实行岗位聘任、

合同管理，享受合同规定的相关待遇，聘任期间不占用学校现有编制，其在原单位的人事关系不变。兼职教师采取灵活的聘任和报酬支付方式，聘期根据教学需要由学校自行确定，授课报酬可按课时支付，也可按月支付。所聘人员原则上应具有中级以上专业技术职务或高级工以上技术等级资格，具备良好的职业道德、专业素养和较高的技能水平，胜任教育教学工作。各省（区、市）在中央财政资助额度内，根据实际需要确定具体的聘任人数和补贴标准。

五、计划的组织实施

1. 骨干教师国家级培训。教育部、财政部每年下达骨干教师国家级培训年度计划，公布培训专业、培训机构名单，分配各省（区、市）教师培训名额。培训机构具体组织培训工作。

2. 骨干教师省级培训。由各省（区、市）教育、财政部门自行组织。财政部、教育部可根据各地培训工作完成情况，以及国家级培训的选派组织等情况，对各省（区、市）予以适当奖励资助。

3. 重点专业师资培养培训方案、课程和教材开发。全国重点建设职教师资培养培训基地和全国职教师资专业技能培训示范单位按要求填写重点专业职教师资培养培训项目申报书，教育部、财政部组织专家评审，评审结果经教育部、财政部审核同意后据实核拨经费。

4. 中等职业学校紧缺专业特聘兼职教师资助计划。每年年底，各省级教育行政、财政部门按照中等职业学校教师素质提高计划要求，申报拟资助的学校、专业和经费使用方案，报财政部、教育部审核。财政部、教育部根据各地上报的经费申请和经费使用方案下达经费。在实施过程中，各地要严格按照中央财政资助额度，足额使用经费，并确保专款专用。

六、骨干教师培训和紧缺专业特聘兼职教师资助名额分配

1. 中央财政支持的3万名专业骨干教师国家级培训，按各省（区、市）的中等职业学校专任教师数分配名额，兼顾经济社会发展对职业教育需求情况，注重和经济带发展结合，适当向中西部地区、老工业基地倾斜。

2. 各地组织的专业骨干教师省级培训人数，按各省（区、市）的中等职业学校专任教师数确定。各地应培训人数见附件。

3. 中等职业学校紧缺专业特聘兼职教师资助计划的经费额度，综合考虑各省（区、市）中等职业学校在校生数和生师比等因素确定。

七、中央财政支持项目的实施步骤

2006年，中央财政支持专业骨干教师国家级培训4800人；支持全国重点建设职教师资培养培训基地开发80个专业的师资培养培训方案、课程和教材；支持当年中等职业学校特聘兼职教师资助计划。

2007 年，中央财政支持专业骨干教师国家级培训 6950 人，其中出国培训 250 人；支持当年中等职业学校特聘兼职教师资助计划。

2008 年，中央财政支持专业骨干教师国家级培训 6850 人，其中出国培训 250 人；支持当年中等职业学校特聘兼职教师资助计划。

2009 年，中央财政支持专业骨干教师国家级培训 5750 人，其中出国培训 250 人；支持当年中等职业学校特聘兼职教师资助计划。

2010 年，中央财政支持专业骨干教师国家级培训 5650 人，其中出国培训 250 人；支持当年中等职业学校特聘兼职教师资助计划。

八、工作要求

实施好中等职业学校教师素质提高计划，是"十一五"期间职教师资队伍建设的一项重要任务。各地要切实提高认识，加强领导，周密部署，精心组织，确保计划的顺利实施。

1. 各地要按照计划的整体安排和要求，开展深入细致的调查研究，结合自身的实际情况，认真制订本地区、本单位实施中等职业学校教师素质提高计划的整体规划和工作方案，并于之前报教育部、财政部。

2. 要把计划的实施与建立职教师资队伍建设的长效机制结合起来。通过实施中等职业学校教师素质提高计划，既要解决当前职教师资队伍建设中存在的突出问题，又要探索有效的教师补充机制、管理制度和培养培训模式，促进职教师资队伍的持续健康发展。

3. 各级教育行政、财政部门要会同有关部门，明确责任、加强合作，认真做好有关项目的申报和实施工作，及时反馈实施过程中出现的情况和问题，保证计划实施的进度和质量。教育部、财政部将定期对各地区、各单位的计划执行情况和资金使用情况进行检查和考评，并将检查和考评结果作为安排后续年度专项资金的重要依据。

附件：略

教育部　财政部

二〇〇六年十二月二十六日

中小学教师继续教育规定

（中华人民共和国教育部令第 7 号 1999 年 9 月 13 日）

第一章　总　则

第一条　为了提高中小学教师队伍整体素质，适应基础教育改革发展和全面推进素质教育的需要，根据《中华人民共和国教育法》和《中华人民共和国教师法》，制定本规定。

第二条　本规定适用于国家和社会力量举办的中小学在职教师的继续教育工作。

第三条　中小学教师继续教育，是指对取得教师资格的中小学在职教师为提高思想政治和业务素质进行的培训。

第四条　参加继续教育是中小学教师的权利和义务。

第五条　各级人民政府教育行政部门管理中小学教师继续教育工作，应当采取措施，依法保障中小学教师继续教育工作的实施。

第六条　中小学教师继续教育应坚持因地制宜、分类指导、按需施教、学用结合的原则，采取多种形式，注重质量和实效。

第七条　中小学教师继续教育原则上每五年为一个培训周期。

第二章　内容与类别

第八条　中小学教师继续教育要以提高教师实施素质教育的能力和水平为重点。中小学教师继续教育的内容主要包括：思想政治教育和师德修养；专业知识及更新与扩展；现代教育理论与实践；教育科学研究；教育教学技能训练和现代教育技术；现代科技与人文社会科学知识等。

第九条　中小学教师继续教育分为非学历教育和学历教育。

（一）非学历教育包括：

新任教师培训：为新任教师在试用期内适应教育教学工作需要而设置的培训。培训时间应不少于120学时。

教师岗位培训：为教师适应岗位要求而设置的培训。培训时间每五年累计不少于240学时。

骨干教师培训：对有培养前途的中青年教师按教育教学骨干的要求和对现有骨干教师按更高标准进行的培训。

（二）学历教育：对具备合格学历的教师进行的提高学历层次的培训。

第三章　组织管理

第十条　国务院教育行政部门宏观管理全国中小学教师继续教育工作；制定有关方针、政策；制定中小学教师继续教育教学基本文件，组织审定统编教材；建立中小学教师继续教育评估体系；指导各省、自治区、直辖市中小学教师继续教育工作。

第十一条　省、自治区、直辖市人民政府教育行政部门主管本地区中小学教师继续教育工作；制定本地区中小学教师继续教育配套政策和规划；全面负责本地区中小学教师继续教育的实施、检查和评估工作。市（地、州、盟）、县（区、市、旗）人民政府教育行政部门在省级人民政府教育行政部门指导下，负责管理本地区中小学教师继续教育工作。

第十二条　各级教师进修院校和普通师范院校在主管教育行政部门领导下，具体实施中小学教师继续教育的教育教学工作。中小学校应有计划地安排教师参加继续教育，并组织开展校内多种形式的培训。综合性高等学校、非师范类高等学校和其他教育机构，经教育行政部门批准，可参与中小学教师继续教育工作。经主管教育行政部门批准，社会力量可以举办中小学教师继续教育机构，但要符合国家规定的办学标准，保证中小学教师继续教育质量。

第四章　条件保障

第十三条　中小学教师继续教育经费以政府财政拨款为主，多渠道筹措，在地方教育事业费中专项列支。地方教育费附加应有一定比例用于义务教育阶段的教师培训。省、自治区、直辖市人民政府教育行政部门要制定中小学教师继续教育人均基本费用标准。中小学教师继续教育经费由县级及以上教育行政部门统一管理，不得截留或挪用。社会力量举办的中小学和其他教育机构教师的继续教育经费，由举办者自筹。

第十四条　地方各级人民政府教育行政部门要按照国家规定的办学标准，保证对中小学教师培训机构的投入。

第十五条　地方各级人民政府教育行政部门要加强中小学教师培训机构的教师队伍建设。

第十六条　经教育行政部门和学校批准参加继续教育的中小学教师，学习期间享受国家规定的工资福利待遇。学费、差旅费按各地有关规定支付。

第十七条　各级人民政府教育行政部门应当采取措施，大力扶持少数民族地区和边远贫困地区的中小学教师继续教育工作。

第五章　考核与奖惩

第十八条　地方各级人民政府教育行政部门要建立中小学教师继续教育考核和成绩登记制度。考核成绩作为教师职务聘任、晋级的依据之一。

第十九条　各级人民政府教育行政部门要对中小学教师继续教育工作成绩优异的单位和个人，予以表彰和奖励。

第二十条　违反本规定，无正当理由拒不参加继续教育的中小学教师，所在学校应督促其改正，并视情节给予批评教育。

第二十一条　对中小学教师继续教育质量达不到规定要求的，教育行政主管部门应责令其限期改正。对未按规定办理审批手续而举办中小学教师继续教育活动的，教育行政主管部门应责令其补办手续或停止其举办中小学教师继续教育活动。

第六章　附　则

第二十二条　本规定所称中小学教师，是指幼儿园，特殊教育机构，普通中小学，成人初等、中等教育机构，职业中学以及其他教育机构的教师。

第二十三条　各省、自治区、直辖市可根据本地区的实际情况，制定具体实施办法。

第二十四条　本规定自发布之日起施行。

教育行政处罚暂行实施办法

1998 年 3 月 6 日发布

第一章 总 则

第一条 为了规范教育行政处罚行为，保障和监督教育行政部门有效实施教育行政管理，保护公民、法人和其他组织的合法权益，根据有关法律、行政法规制定本法。

第二条 对违反教育行政管理秩序，按照《中华人民共和国教育法》和其他教育法律、法规、规章的规定，应当给予行政处罚的违法行为，依据《中华人民共和国行政处罚法》和本办法的规定实施处罚。

第三条 实施教育行政处罚必须以事实为依据，以法律为准绳，遵循公正、公开、及时的原则。实施教育行政处罚，应当坚持教育与处罚相结合，纠正违法行为，教育公民、法人和其他组织自觉守法。

第二章 实施机关与管辖

第四条 实施教育行政处罚的机关，除法律、法规另有规定的外，必须是县级以上人民政府的教育行政部门。

教育行政部门可以委托符合《中华人民共和国行政处罚法》第十九条规定的组织实施处罚。

受委托组织应以委托教育行政部门的名义作出处罚决定；委托教育行政部门应对受委托组织实施处罚的行为进行监督，并对其处罚行为的后果承担法律责任。

教育行政部门委托实施处罚，应当与受委托组织签订《教育行政处罚委托书》，在《教育行政处罚委托书》中依法规定双方实施处罚的权利和义务。

第五条 教育行政处罚由违法行为发生地的教育行政部门管辖。

对给予撤销学校或者其他教育机构处罚的案件，由批准该学校或者其他教育机构设立的教育行政部门管辖。国务院教育行政部门管辖以下处罚案件：应当由其撤销高等学校或者其他教育机构的案件；应当由其撤销教师资格的案件；全国重大、复杂的案件以及教育法律、法规规定由其管辖的处罚案件。

除国务院教育行政部门管辖的处罚案件外，对其他各级各类学校或者其他教育机构及其内部人员处罚案件的管辖为：

（一）对高等学校或者其他高等教育机构及其内部人员的处罚，为省级人民政府教育行政部门；

（二）对中等学校或者其他中等教育机构及其内部人员的处罚，为省级或地、设区的市级人民政府教育行政部门；

(三)对实施初级中等以下义务教育的学校或者其他教育机构、幼儿园及其内部人员的处罚,为县、区级人民政府教育行政部门。

第六条 上一级教育行政部门认为必要时,可以将下一级教育行政部门管辖的处罚案件提到本部门处理;下一级教育行政部门认为所管辖的处罚案件重大、复杂或超出本部门职权范围,应当报请上一级教育行政部门处理。

第七条 两个以上教育行政部门对同一个违法行为都具有管辖权的,由最先立案的教育行政部门管辖;主要违法行为发生地的教育行政部门处理更为合适的,可以移送主要违法行为发生地的教育行政部门处理。

第八条 教育行政部门发现正在处理的行政处罚案件,还应由其他行政主管机关处罚的,应向有关行政机关通报情况、移送材料并协商意见;对构成犯罪的,应先移送司法机关依法追究刑事责任。

第三章 处罚种类与主要违法情形

第九条 教育行政处罚的种类包括:

(一)警告;

(二)罚款;

(三)没收违法所得,没收违法颁发、印制的学历证书、学位证书及其他学业证书;

(四)撤销违法举办的学校和其他教育机构;

(五)取消颁发学历、学位和其他学业证书的资格;

(六)撤销教师资格;

(七)停考,停止申请认定资格;

(八)责令停止招生;

(九)吊销办学许可证;

(十)法律、法规规定的其他教育行政处罚。

教育行政部门实施上述处罚时,应当责令当事人改正、限期改正违法行为。

第十条 幼儿园在实施保育教学活动中具有下列情形之一的,由教育行政部门责令限期整顿,并视情节轻重给予停止招生、停止办园的处罚:

(一)未经注册登记,擅自招收幼儿的;

(二)园舍、设施不符国家卫生标准、安全标准,妨害幼儿身体健康或威胁幼儿生命安全的;

(三)教育内容和方法违背幼儿教育规律,损害幼儿身心健康的。

具有下列情形之一的单位或个人,由教育行政部门对直接责任人员给予警告、一千元以下的罚款,或者由教育行政部门建议有关部门对责任人员给予行政处分:

(一)体罚或变相体罚幼儿的;

(二)使用有毒、有害物质制作教具、玩具的;

（三）克扣、挪用幼儿园经费的；

（四）侵占、破坏幼儿园园舍、设备的；

（五）干扰幼儿园正常工作秩序的；

（六）在幼儿园周围设置有危险、有污染或者影响幼儿园采光的建筑和设施的。

前款所列情形，情节严重，构成犯罪的，由司法机关依法追究刑事责任。

第十一条　适龄儿童、少年的父母或监护人，未按法律规定送子女或被监护人就学接受义务教育的，城市由市、市辖区人民政府或者其指定机构，农村由乡级人民政府，对经教育仍拒绝送子女或被监护人就学的，根据情节轻重，给予罚款的处罚。

第十二条　违反法律、法规和国家有关规定举办学校或其他教育机构的，由教育行政部门予以撤销；有违法所得的，没收违法所得。社会力量举办的教育机构，举办者虚假出资或者在教育机构成立后抽逃出资的，由审批的教育行政部门责令改正；拒不改正的，处以应出资金额或者抽逃资金额两倍以下、最高不超过十万元的罚款；情节严重的，由审批的教育行政部门给予责令停止招生、吊销办学许可证的处罚。

第十三条　非法举办国家教育考试的，由主管教育行政部门宣布考试无效；有违法所得，没收违法所得。

第十四条　参加国家教育考试的考生，有下列情形之一的，由主管教育行政部门宣布考试无效；已经被录取或取得学籍的，由教育行政部门责令学校退回招收的学员；参加高等教育自学考试的应试者，有下列情形之一，情节严重的，由各省、自治区、直辖市高等教育自学考试委员会同时给予警告或停考一至三年的处罚：

（一）以虚报或伪造、涂改有关材料及其他欺诈手段取得考试资格的；

（二）在考试中有夹带、传递、抄袭、换卷、代考等考场舞弊行为的；

（三）破坏报名点、考场、评卷地点秩序，使考试工作不能正常进行或以其他方法影响、妨碍考试工作人员使其不能正常履行责任以及其他严重违反考场规则的行为。

第十五条　社会力量举办的学校或者其他教育机构不确定各类人员的工资福利开支占经常办学费用的比例或者不按照确定的比例执行的，或者将积累用于分配或者校外投资的，由审批的教育行政部门责令改正，并可给予警告；情节严重或者拒不改正的，由审批的教育行政部门给予责令停止招生、吊销办学许可证的处罚。

第十六条　社会力量举办的学校或者其他教育机构管理混乱，教学质量低下，造成恶劣影响的，由审批的教育行政部门限期整顿，并可以给予警告；情节严重或经整顿后仍达不到要求的，由审批的教育行政部门给予责令停止招生、吊销办学许可证的处罚。

第十七条　学校或其他教育机构违反法律、行政法规的规定，颁发学位、学历或者其他学业证书的，由教育行政部门宣布该证书无效，责令收回或者予以没收；有违法所得的，没收违法所得；情节严重的，取消其颁发证书的资格。

第十八条　教师有下列情形之一的，由教育行政部门给予撤销教师资格、自撤销之日起五年内不得重新申请认定教师资格的处罚：

（一）弄虚作假或以其他欺骗手段获得教师资格的；

（二）品行不良、侮辱学生，影响恶劣的。

受到剥夺政治权利或因故意犯罪受到有期徒刑以上刑事处罚的教师，永远丧失教师资格。

上述被剥夺教师资格的教师资格证书应由教育行政部门收缴。

第十九条　参加教师资格考试的人员有作弊行为的，其考试成绩作废，并由教育行政部门给予三年内不得参加教师资格考试的处罚。

第四章　处罚程序与执行

第二十条　实施教育行政处罚，应当根据法定的条件和案件的具体情况分别适用《中华人民共和国行政处罚法》和本办法规定的简易程序、一般程序和听证程序。

第二十一条　教育行政处罚执法人员持有能够证明违法事实的确凿证据和法定的依据，对公民处以五十元以下、对法人或者其他组织处以一千元以下罚款或给予警告处罚的，可以适用简单程序，当场作出处罚决定，但应报所属教育行政部门备案。

第二十二条　执法人员当场作出教育行政处罚决定的，应向当事人出示执法身份证件，制作《教育行政处罚当场处罚笔录》，填写《教育行政处罚当场处罚决定书》，按规定格式载明当事人的违法行为、处罚依据、给予的处罚、时间、地点以及教育行政部门的名称，由教育行政执法人员签名或者盖章后，当场付当事人。

第二十三条　除依法适用简易程序和听证程序以外，对其他教育违法行为的处罚应当适用一般程序。教育行政部门发现公民、法人或者其他组织有应当给予教育行政处罚的违法行为的，应当作出立案决定，进行调查。教育行政部门在调查时，执法人员不得少于两人。

执法人员与当事人有直接利害关系的，应当主动回避，当事人有权以口头或者书面方式申请他们回避。执法人员的回避，由其所在教育行政部门的负责人决定。

第二十四条　教育行政部门必须按照法定程序和方法，全面、客观、公正地调查、收集有关证据；必要时，依照法律、行政法规的规定，可以进行检查。教育行政部门在进行检查时，执法人员不得少于两人。教育行政部门在收集证据时，对可能灭失或者以后难以取得的证据，经教育行政部门负责人批准，可以将证据先行登记，就地封存。

第二十五条　在作出处罚决定前，教育行政部门应当发出《教育行政处罚告知书》，告知当事人作出处罚决定的事实、理由和依据，并告知当事人依法享有的陈述权、申辩权和其他权利。

当事人在收到《教育行政处罚告知书》后七日内，有权向教育行政部门以书面方式提出陈述、申辩意见以及相应的事实、理由和证据。

教育行政部门必须充分听取当事人的意见，对当事人提出的事实、理由和证据进行复核，当事人提出的事实、理由或者证据成立的，教育行政部门应当采纳。教育行政部门不得因当事人的申辩而加重处罚。

第二十六条　调查终结，案件承办人员应当向所在教育行政部门负责人提交《教育行政处罚调查处理意见书》，详细陈述所查明的事实、应当作出的处理意见及其理由和依据并应附上全部证据材料。教育行政部门负责人应当认真审查调查结果，按照《中华人民共和国行政处罚法》第三十八条的规定，根据不同情况作出决定。

教育行政部门决定给予行政处罚的，应当按照《中华人民共和国行政处罚法》第三十九条的规定，制作《教育行政处罚决定书》。

《教育行政处罚决定书》的送达，应当按照《中华人民共和国行政处罚法》第四十条和《中华人民共和国民事诉讼法》第七章第二节的规定执行。

第二十七条　教育行政部门在作出本办法第九条第（三）、（四）、（五）、（六）、（七）、（八）、（九）项之一以及较大数额罚款的处罚决定前，除应当告知作出处罚决定的事实、理由和依据外，还应当书面告知当事人有要求举行听证的权利。

前款所指的较大数额的罚款，标准为：由国务院教育行政部门作出罚款决定的，为五千元以上；由地方人民政府教育行政部门作出罚款决定的，具体标准由省一级人民政府决定。

当事人在教育行政部门告知后三日内提出举行听证要求的，教育行政部门应当按照《中华人民共和国行政处罚法》第四十二条规定，组织听证。

第二十八条　听证结束后，听证主持人应当提出《教育行政处罚听证报告》，连同听证笔录和有关证据呈报教育行政部门负责人。

教育行政部门负责人应当对《教育行政处罚听证报告》进行认真审查，并按照《中华人民共和国行政处罚法》第三十八条规定作出处罚决定。

第二十九条　除依照《中华人民共和国行政处罚法》的规定可以当场收缴罚款外，作出罚款决定的教育行政部门应当与收缴罚款的机构分离，有关罚款的收取、缴纳及相关活动，适用国务院《罚款决定与罚款收缴分离实施办法》的规定。

第三十条　教育行政处罚决定作出后，当事人应当在行政处罚决定的期限内，予以履行。当事人逾期不履行的，教育行政部门可以申请人民法院强制执行。

第三十一条　当事人对行政处罚决定不服的，有权依据法律、法规的规定，申请行政复议或者提起行政诉讼。

行政复议、行政诉讼期间，行政处罚不停止执行。

第三十二条　教育行政部门的职能机构查处教育行政违法案件需要给予处罚的，应当以其所属的教育行政部门的名义作出处罚决定。

教育行政部门的法制工作机构，依法对教育行政执法工作监督检查，对教育行政部门的其他职能机构作出的行政处罚调查处理意见进行复核，并在其职责范围内具体负责组织听证及其他行政处罚工作。

第三十三条　教育行政部门及其工作人员在实施教育行政处罚中，有违反《中华人民共和国行政处罚法》和本办法行为的，应当按照《中华人民共和国行政处罚法》第七章的规定追究法律责任。

教育行政部门应当加强对行政处罚的监督检查，认真审查处理有关申诉和检举；发现教育行政处罚有错误的，应主动改正；对当事人造成损害的，应当依法赔偿。

第三十四条　教育行政部门应当建立行政处罚统计制度，每年向上一级教育行政部门和本级人民政府提交一次行政处罚处理报告。

第五章　附　则

第三十五条　本办法规定使用的各类教育行政处罚文本的格式，由国务院教育行政部门和各省、自治区、直辖市人民政府教育行政部门统一制定。

第三十六条　本办法自发布之日起施行。

中等职业学校教师职业道德规范（试行）

（2000 年 5 月 16 日　教育部　全国教育工会印发）

一、坚持正确方向。学习、宣传马列主义、毛泽东思想和邓小平理论，拥护党的路线、方针、政策，自觉遵守《教育法》、《教师法》、《职业教育法》等法律法规。全面贯彻党和国家的教育方针，积极实施素质教育，促进学生在德、智、体、美等方面全面主动地发展。

二、热爱职业教育。忠诚于职业教育事业，爱岗敬业，教书育人。树立正确教育思想，全面履行教师职责。自觉遵守学校规章制度，认真完成教育教学任务，积极参与教育教学改革。

三、关心爱护学生。热爱全体学生，尊重学生人格，公正对待学生，维护学生合法权益与身心健康。深入了解学生，严格要求学生，实行因材施教，实现教学相长。

四、刻苦钻研业务。树立优良学风，坚持终身学习。不断更新知识结构，努力增强实践能力。积极开展教育教学研究，努力改进教育教学方法，不断提高教育教学水平。探索职业教育教学规律，掌握现代教育教学手段，积极开拓，勇于创新。

五、善于团结协作。尊重同志，胸襟开阔，相互学习，相互帮助，正确处理竞争与合作的关系。维护集体荣誉，创建文明校风，优化育人环境。

六、自觉为人师表。注重言表风范，加强人格修养，维护教师形象，坚持以身作则。廉洁从教，作风正派，严于律己，乐于奉献。

教育部关于印发《中等职业学校教师专业标准(试行)》的通知

教师〔2013〕12 号

各省、自治区、直辖市教育厅(教委),各计划单列市教育局,新疆生产建设兵团教育局:

为贯彻党的十八大关于加快发展现代职业教育的重大部署,落实教育规划纲要和《国务院关于加强教师队伍建设的意见》(国发〔2012〕41 号)精神,构建教师队伍建设标准体系,建设高素质"双师型"中等职业学校教师队伍,教育部制定了《中等职业学校教师专业标准(试行)》(以下简称《专业标准》)。现印发给你们,请结合实际认真贯彻执行。并就有关事项通知如下:

《专业标准》是国家对合格中等职业学校教师专业素质的基本要求,是中等职业学校教师开展教育教学活动的基本规范,是引领中等职业学校教师专业发展的基本准则,是中等职业学校教师培养、准入、培训、考核等工作的基本依据。各地教育行政部门、中等职业学校师资培养培训院校(机构)、中等职业学校要把贯彻落实《专业标准》作为加强教师队伍建设的重要任务和举措,认真制订工作方案,精心组织实施,务求取得实效。

各地、各校要采取多种形式组织开展《专业标准》学习宣传活动,帮助广大中等职业学校教师和师范生准确理解《专业标准》的基本理念,全面把握《专业标准》的内容要求,把《专业标准》作为开展教育教学实践、提升专业发展水平的行为准则。要紧密结合实际,抓紧制定贯彻落实《专业标准》的具体措施。依据《专业标准》调整中等职业学校教师培养方案,科学设置教师教育课程,改革教育教学方式。将《专业标准》作为教师培训的重要内容,依据《专业标准》制定教师培训课程指南。将《专业标准》作为中等职业学校教师考核的重要依据,进一步完善考核的内容和指标。

教育部

2013 年 9 月 20 日

中等职业学校教师专业标准(试行)

为促进中等职业学校教师专业发展,建设高素质"双师型"教师队伍,根据《中华人民共和国教师法》、《中华人民共和国职业教育法》、《中华人民共和国劳动法》,特制定《中等职业学校教师专业标准(试行)》(以下简称《专业标准》)。

中等职业学校教师是履行中等职业学校教育教学工作职责的专业人员,要经过系统的培养与培训,具有良好的职业道德,掌握系统的专业知识和专业技能,专业课教师和实习指导教师要具有企事业单位工作经历或实践经验并达到一定的职业技能水平。

《专业标准》是国家对合格中等职业学校教师专业素质的基本要求，是中等职业学校教师开展教育教学活动的基本规范，是引领中等职业学校教师专业发展的基本准则，是中等职业学校教师培养、准入、培训、考核等工作的基本依据。

一、基本理念

（一）师德为先

热爱职业教育事业，具有职业理想、敬业精神和奉献精神，践行社会主义核心价值体系，履行教师职业道德规范，依法执教。立德树人，为人师表，教书育人，自尊自律，关爱学生，团结协作。以人格魅力、学识魅力、职业魅力教育和感染学生，做学生职业生涯发展的指导者和健康成长的引路人。

（二）学生为本

树立人人皆可成才的职业教育观。遵循学生身心发展规律，以学生发展为本，培养学生的职业兴趣、学习兴趣和自信心，激发学生的主动性和创造性，发挥学生特长，挖掘学生潜质，为每一个学生提供适合的教育，提高学生的就业能力、创业能力和终身学习能力，促进学生健康快乐成长，学有所长，全面发展。

（三）能力为重

在教学和育人过程中，把专业理论与职业实践相结合、职业教育理论与教育实践相结合；遵循职业教育规律和技术技能人才成长规律，提升教育教学专业化水平；坚持实践、反思、再实践、再反思，不断提高专业能力。

（四）终身学习

学习专业知识、职业教育理论与职业技能，学习和吸收国内外先进职业教育理念与经验；参与职业实践活动，了解产业发展、行业需求和职业岗位变化，不断跟进技术进步和工艺更新；优化知识结构和能力结构，提高文化素养和职业素养；具有终身学习与持续发展的意识和能力，做终身学习的典范。

二、基本内容

维度	领域	基本要求
专业理念与师德	（一）职业理解与认识	1. 贯彻党和国家教育方针政策，遵守教育法律法规。 2. 理解职业教育工作的意义，把立德树人作为职业教育的根本任务。 3. 认同中等职业学校教师的专业性和独特性，注重自身专业发展。 4. 注重团队合作，积极开展协作与交流。
	（二）对学生的态度与行为	5. 关爱学生，重视学生身心健康发展，保护学生人身与生命安全。 6. 尊重学生，维护学生合法权益，平等对待每一个学生，采用正确的方式方法引导和教育学生。 7. 信任学生，积极创造条件，促进学生的自主发展。

续表

维度	领域	基本要求
专业理念与师德	（三）教育教学态度与行为	8. 树立育人为本、德育为先、能力为重的理念，将学生的知识学习、技能训练与品德养成相结合，重视学生的全面发展。 9. 遵循职业教育规律、技术技能人才成长规律和学生身心发展规律，促进学生职业能力的形成。 10. 营造勇于探索、积极实践、敢于创新的氛围，培养学生的动手能力、人文素养、规范意识和创新意识。 11. 引导学生自主学习、自强自立，养成良好的学习习惯和职业习惯。
	（四）个人修养与行为	12. 富有爱心、责任心，具有让每一个学生都能成为有用之才的坚定信念。 13. 坚持实践导向，身体力行，做中教，做中学。 14. 善于自我调节，保持平和心态。 15. 乐观向上、细心耐心，有亲和力。 16. 衣着整洁得体，语言规范健康，举止文明礼貌。
专业知识	（五）教育知识	17. 熟悉技术技能人才成长规律，掌握学生身心发展规律与特点。 18. 了解学生思想品德和职业道德形成的过程及其教育方法。 19. 了解学生不同教育阶段以及从学校到工作岗位过渡阶段的心理特点和学习特点，并掌握相关教育方法。 20. 了解学生集体活动特点和组织管理方式。
	（六）职业背景知识	21. 了解所在区域经济发展情况、相关行业现状趋势与人才需求、世界技术技能前沿水平等基本情况。 22. 了解所教专业与相关职业的关系。 23. 掌握所教专业涉及的职业资格及其标准。 24. 了解学校毕业生对口单位的用人标准、岗位职责等情况。 25. 掌握所教专业的知识体系和基本规律。
	（七）课程教学知识	26. 熟悉所教课程在专业人才培养中的地位和作用。 27. 掌握所教课程的理论体系、实践体系及课程标准。 28. 掌握学生专业学习认知特点和技术技能形成的过程及特点。 29. 掌握所教课程的教学方法与策略。
	（八）通识性知识	30. 具有相应的自然科学和人文社会科学知识。 31. 了解中国经济、社会及教育发展的基本情况。 32. 具有一定的艺术欣赏与表现知识。 33. 具有适应教育现代化的信息技术知识。
专业能力	（九）教学设计	34. 根据培养目标设计教学目标和教学计划。 35. 基于职业岗位工作过程设计教学过程和教学情境。 36. 引导和帮助学生设计个性化的学习计划。 37. 参与校本课程开发。

续表

维度	领域	基本要求
专业能力	（十）教学实施	38. 营造良好的学习环境与氛围，培养学生的职业兴趣、学习兴趣和自信心。 39. 运用讲练结合、工学结合等多种理论与实践相结合的方式方法，有效实施教学。 40. 指导学生主动学习和技术技能训练，有效调控教学过程。 41. 应用现代教育技术手段实施教学。
	（十一）实训实习组织	42. 掌握组织学生进行校内外实训实习的方法，安排好实训实习计划，保证实训实习效果。 43. 具有与实训实习单位沟通合作的能力，全程参与实训实习。 44. 熟悉有关法律和规章制度，保护学生的人身安全，维护学生的合法权益。
	（十二）班级管理与教育活动	45. 结合课程教学并根据学生思想品德和职业道德形成的特点开展育人和德育活动。 46. 发挥共青团和各类学生组织自我教育、管理与服务作用，开展有益于学生身心健康的教育活动。 47. 为学生提供必要的职业生涯规划、就业创业指导。 48. 为学生提供学习和生活方面的心理疏导。 49. 妥善应对突发事件。
	（十三）教育教学评价	50. 运用多元评价方法，结合技术技能人才培养规律，多视角、全过程评价学生发展。 51. 引导学生进行自我评价和相互评价。 52. 开展自我评价、相互评价与学生对教师评价，及时调整和改进教育教学工作。
	（十四）沟通与合作	53. 了解学生，平等地与学生进行沟通交流，建立良好的师生关系。 54. 与同事合作交流，分享经验和资源，共同发展。 55. 与家长进行沟通合作，共同促进学生发展。 56. 配合和推动学校与企业、社区建立合作互助的关系，促进校企合作，提供社会服务。
	（十五）教学研究与专业发展	57. 主动收集分析毕业生就业信息和行业企业用人需求等相关信息，不断反思和改进教育教学工作。 58. 针对教育教学工作中的现实需要与问题，进行探索和研究。 59. 参加校本教学研究和教学改革。 60. 结合行业企业需求和专业发展需要，制定个人专业发展规划，通过参加专业培训和企业实践等多种途径，不断提高自身专业素质。

三、实施要求

(一)各级教育行政部门要将《专业标准》作为中等职业学校教师队伍建设的基本依据。根据中等职业学校教育改革发展的需要,充分发挥《专业标准》的引领和导向作用,深化教师教育改革,建立教师教育质量保障体系,不断提高教师培养培训质量。制定中等职业学校教师准入标准,严把教师入口关;制定中等职业学校教师聘任(聘用)、考核、退出等管理制度,保障教师合法权益,形成科学有效的中等职业学校教师队伍管理和督导机制。

(二)开展中等职业学校教师教育的院校要将《专业标准》作为教师培养培训的主要依据。重视中等职业学校教师职业特点,加强专业建设,深化校企合作;完善教师培养培训方案,科学设置教师教育课程,改革教育教学方式;重视教师职业道德教育,重视职业实践、社会实践和教育实习;加强从事中等职业学校教师教育的师资队伍建设,建立科学的质量评价制度。

(三)中等职业学校要将《专业标准》作为教师管理的重要依据。制定中等职业学校教师专业发展规划,注重教师职业理想与职业道德教育,增强教师育人的责任感与使命感;开展校本研修,促进教师专业发展;完善教师岗位职责和考核评价制度,健全中等职业学校教师绩效管理机制。

(四)中等职业学校教师要将《专业标准》作为自身专业发展的基本依据。制定个人专业发展规划,爱岗敬业,增强专业发展自觉性;大胆开展教育教学改革,不断创新;积极进行自我评价,主动参加教师培训和自主研修,逐步提升专业发展水平。